COCINA CON
JOAN ROCA

COCINA CON

JOAN ROCA

TÉCNICAS BÁSICAS PARA COCINAR EN CASA

Planeta

Diagonal, 662-664, 08034 Barcelona (España)
www.editorial.planeta.es
www.planetadelibros.com

Fotografías del interior: © Joan Pujol-Creus, excepto pp. 41 (Thinkstock), 46-47 (Shutterstock) y 49, foto núm. 2 (Shutterstock)
Diseño del interior y composición: Sàpiens Publicacions (Cuina)
Àrea de Desenvolupament i Nous Projectes

Primera edición: marzo de 2014
Segunda impresión: abril de 2014
Tercera impresión: octubre de 2014
Depósito legal: B. 3.034-2014
ISBN 978-84-08-12147-3
Impresión y encuadernación: Egedsa
Printed in Spain – Impreso en España

El papel utilizado para la impresión de este libro es cien por cien libre de cloro y está calificado como **papel ecológico**

La información académica
al servicio de la intuición doméstica

INTRODUCCIÓN

CUANDO COCINAMOS AUNAMOS MULTITUD DE INGREDIENTES: EXPERIENCIA, TÉCNICA, TRADICIÓN, EXPRESIÓN, VALORES, INNOVACIÓN, EXPERIMENTACIÓN... CADA COCINERO Y COCINERA BASA SU COCINA EN DIFERENTES FACTORES, MUCHAS VECES DIFÍCILES DE EXPLICAR, QUE SIN DUDA DISTINGUEN SUS PLATOS Y MENÚS. ESTOS SON PRECISAMENTE ALGUNOS DE LOS GRANDES VALORES DE LA COCINA: LA DIVERSIDAD Y LA SINGULARIDAD.

El objetivo de este libro es acercar a las cocinas domésticas las técnicas y los procesos que permitan adquirir conocimiento, mejorar y conseguir que los platos se preparen con la mayor eficiencia. No es un recetario, aunque contenga una selección de elaboraciones, sino un libro con el que se intenta, a partir de mi experiencia profesional y docente, y con el apoyo de mi equipo, explicar de modo didáctico las técnicas y los principios que permiten a todo cocinero tener una base óptima. Para ello, enumeramos las herramientas necesarias en la cocina, ofrecemos un conocimiento adecuado de los productos y por último explicamos cómo estos pueden ser tratados y cocinados para sacarles el mayor partido desde el punto de vista técnico, cualitativo, gustativo y saludable.

Estamos convencidos de que la aplicación correcta de las técnicas culinarias es imprescindible para evolucionar en cualquier y hacia cualquier tipo de cocina, así como para comprender las características y peculiaridades de cada uno de los ingredientes que intervienen y forman parte de nuestros platos. Dominar la técnica y saber tratar el producto dotan a cualquier cocinero de una base sólida para reproducir, adaptar o crear recetas con mayor éxito, que, además, bajo su propia manera de entender la cocina, pueden resultar excepcionales.

La experiencia adquirida en la Escuela de Hostelería y Turismo de Girona nos permite aportar y compartir conocimiento técnico, pero no queremos convertir este libro en una escuela de cocina enciclopédica, sino en una herramienta útil y cercana para ayudar a todos aquellos que desean avanzar en comprensión y conocimientos porque sienten que la cocina es parte fundamental de su día a día, un universo de posibilidades creativas o, sencillamente, una actividad que les apasiona.

Para nosotros, cocinar es aquello que al final nos invita a compartir, a preparar un pequeño acto de convivencia alrededor de la mesa, donde la comida es un vehículo para disfrutar de los nuestros; motivo para expresar sensaciones y pasiones; pretexto para hablar, reflexionar, mirarse y sentir.

Por ello, porque la cocina es parte de la emoción, también consideramos muy relevante cocinar con sentido y valores. Por un lado, nos importa mantener la cultura gastronómica de nuestro territorio, sus usos, costumbres y tradiciones. Cocinar con productos de proximidad, porque al utilizarlos valoramos y ayudamos a mantener nuestro entorno; con productos de temporada, porque así respetamos los ciclos de la naturaleza y podemos disfrutar de los productos en el punto óptimo de madurez y de plenitud de sabor. Por otro lado, nos gusta disfrutar de la experiencia culinaria y que esta sea también capaz de nutrirnos saludablemente.

Os ofrecemos un libro que debe permitiros incorporar nuevos hábitos y procesos, y revisar usos y costumbres. Una guía para empezar a organizarse en la cocina y en todas aquellas actividades que le son propias, como la misma lista de la compra. Os presentamos una aproximación a las características de los productos propios de nuestra cocina y también de otras culturas. Una revisión de las herramientas imprescindibles y la maquinaria más adecuada para cada técnica. Y una pauta –pilar fundamental del libro– para conocer y poner en práctica las principales técnicas de preelaboración de los alimentos, de cocción y de conservación. Además, ofrecemos un repaso a las bases y fondos imprescindibles para multitud de elaboraciones, y una selección de platos que permiten experimentar y obtener distintos resultados según se apliquen unas técnicas u otras. Y, sobre todo, os invitamos a cocinar con generosidad y cariño, que no es más que ese toque final, esa pizca de sal, que hace de cualquier plato un motivo, a veces simple, a veces grande, de felicidad.

Joan Roca

UNA COCINA NUTRITIVA

CADA DÍA ESTAMOS MÁS SENSIBILIZADOS CON LA NECESIDAD DE SEGUIR UNA DIETA EQUILIBRADA QUE NOS APORTE BIENESTAR FÍSICO Y MENTAL. A CONTINUACIÓN EXPONEMOS TODAS LAS CLAVES DE UNA DIETA SANA.

Alimentarse de una forma sana y equilibrada es una preocupación muy común en la sociedad actual. Los profesionales de la restauración tenemos también esta misma inquietud y, cada vez más, procuramos ofrecer a nuestros clientes platos que favorezcan una sensación y un estado de bienestar, sin renunciar a una cocina sabrosa.

Efectivamente, lejos queda la época en que se acudía a los restaurantes a degustar platos pesados y contundentes. El mundo de la restauración profesional lleva años trabajando en una línea de cocina en la que triunfan los ingredientes saludables, las combinaciones armónicas, las cocciones ligeras y las raciones ajustadas. Por eso, este manual de cocina que tenemos en las manos, si bien describe todo tipo de productos y procedimientos de cocción, está repleto de propuestas tan deliciosas como saludables.

Para empezar, merece la pena dejarse asesorar por los expertos. Mireia Anglada, cocinera, consultora y especialista en nutrición, además de buena amiga y colaboradora de El Celler de Can Roca, comparte siempre con nosotros consejos y sugerencias para cocinar y comer saludablemente. En las páginas que siguen exponemos sus recomendaciones.

LA ALIMENTACIÓN RESPONSABLE

LOGRAR UNA DIETA SANA Y EQUILIBRADA ES MUCHO MÁS FÁCIL DE LO QUE PARECE. BASTA CON ADQUIRIR LA COSTUMBRE DE COMER VARIADO, Y EN LAS PROPORCIONES CORRECTAS DE CADA GRUPO DE ALIMENTOS ESENCIALES.

Según la Organización Mundial de la Salud, el 80 % de las enfermedades actuales están relacionadas con una mala nutrición. Por ello debemos mentalizarnos de una vez por todas de que nuestra alimentación es determinante para la salud.

Los nutrientes que nuestro organismo necesita para su adecuado desarrollo no se hallan en cualquier tipo de alimento, y por eso los nutricionistas dicen que comer no es lo mismo que nutrirse. Por este motivo, de vez en cuando, merece la pena que nos paremos a pensar y a valorar qué comemos y cómo comemos. Nos daremos cuenta entonces de las inercias que nos llevan a cometer pequeños o grandes errores en nuestra alimentación cotidiana, y que seguramente, de un modo u otro, ya están afectando a nuestra salud.

Alimentarnos de manera consciente, con productos naturales, de proximidad, frescos y sin aditivos; cocinar los ingredientes de la manera adecuada para preservar al máximo sus propiedades nutricionales y, por último, comer con calma, disfrutando de la experiencia, son las claves que nos ayudan a mejorar nuestra salud y son el punto de partida de una alimentación responsable.

LA IMPORTANCIA DE LOS NUTRIENTES

Los nutrientes son la base necesaria para que nuestro organismo funcione de manera equilibrada. Algunas de estas sustancias, en particular los hidratos de carbono y las grasas, tienen una función energética y nos permiten realizar nuestras actividades diarias. Otros nutrientes, sobre todo las proteínas, son estructurales, es decir, construyen la estructura de nuestro organismo, con sus distintos tejidos. Finalmente, están los componentes reguladores: las vitaminas y los minerales, que permiten a nuestro organismo utilizar correctamente las funciones ya citadas.

Puesto que ningún alimento aporta por sí mismo todos estos nutrientes, la clave de una correcta alimentación es la variedad.

PRINCIPALES NUTRIENTES

- **Hidratos de carbono.** Son la principal fuente de la energía que el cuerpo necesita, y deben representar entre un 50 % y un 60 % de las calorías que ingerimos diariamente (entre 4 y 6 raciones). Los encontramos en los cereales, las frutas, las legumbres y las verduras. Aunque son imprescindibles cuando se practica ejercicio o se realiza esfuerzo físico, un consumo excesivo puede provocar un almacenamiento de grasas innecesarias. Es recomendable priorizar los cereales de grano entero (cereales integrales) frente a los productos refinados (pasta blanca, pan blanco...), puesto que aquellos tienen un mayor contenido nutritivo y en fibras.

- **Proteínas.** Se encuentran sobre todo en la carne, los huevos y el pescado. Aunque estamos acostumbrados a un consumo elevado de proteína animal, esta no debería superar el 15 % del total de las calorías que ingerimos al día. Pueden sustituirse por alimentos ricos en proteína vegetal, como las legumbres y ciertos cereales, como la quinua.
- **Grasas.** Si bien nuestro cuerpo necesita un aporte diario de grasas -deben representar aproximadamente un 30 % de las calorías consumidas al día-, una ingesta excesiva de grasas de origen animal perjudica nuestro sistema cardiovascular. Por ello es preferible priorizar las grasas de origen vegetal, como las que nos proporcionan el aceite de oliva y las semillas (de girasol, de calabaza, de sésamo...).
- **Vitaminas.** Imprescindibles para múltiples funciones vitales, están presentes en cualquier dieta equilibrada. Cada vitamina desempeña su papel: la vitamina A, abundante en los pimientos y las zanahorias, mantiene sana la piel; las del grupo B, presentes en frutos secos y lácteos, protegen el sistema inmunológico, digestivo y nervioso; la vitamina C, que encontramos en los cítricos, es antioxidante. Para preservar las vitaminas de los alimentos es importante utilizar métodos de cocción adecuados.
- **Minerales.** Muy importantes para la formación de los huesos y otros tejidos, algunos de los principales minerales son el calcio, abundante en los lácteos, los frutos secos y las semillas; el fósforo, que encontramos en los huevos y el pan integral; el sodio, que hallamos en la sal; el hierro de la carne y las verduras de hoja verde, y muchos otros. Están presentes en cualquier dieta variada, aunque un consumo excesivo de azúcares refinados o de grasas dificulta su absorción.
- **Agua.** El 60 % de nuestro cuerpo es agua, así que acordémonos de beber con regularidad. Se recomienda tomar unos 2 litros al día, aunque hay que tener en cuenta que, al ingerir alimentos como frutas, verduras o caldos, también la estamos consumiendo.

PLANIFICAR LA DIETA SEMANAL

En nuestra dieta no deben faltar los alimentos básicos que garanticen la energía y los nutrientes imprescindibles para nuestro cuerpo. Para asegurarnos de ello, hay ciertas normas que no debemos descuidar.

Debemos incluir toda clase de verduras y frutas, legumbres y cereales. También es importante el pescado y un consumo moderado de carnes, y al tiempo restringir al mínimo posible el consumo de azúcares. No son convenientes ni los excesos ni las carencias de cualquier grupo de alimentos.

Es recomendable comer entre 4 y 5 veces al día y no saltarse ninguna comida. Así evitaremos picar entre horas y realizar ingestas demasiado abundantes.

La primera comida del día, el desayuno, es una de las más importantes. Debemos empezar el día con un desayuno completo a base de cereales –mucho mejor si son integrales y sin azúcares añadidos–, fruta y algún producto que contenga calcio, como los frutos secos, los lácteos o las semillas como el sésamo. Con estos ingredientes nutriremos nuestro cuerpo y le proporcionaremos la energía que necesita para emprender el día.

RACIONES DIARIAS

- **Frutas y verduras.** Es aconsejable consumir un mínimo de 5 raciones al día (3 piezas de fruta y 2 raciones de verdura) para conseguir el aporte de vitaminas, minerales, agua y fibra necesarios.
- **Pescados y carnes.** Para asegurarnos una cantidad de proteínas adecuada, es recomendable comer pescado azul (atún, salmón, bonito, sardina, caballa) 2 o 3 veces a la semana. Este tipo de pescado es, además, muy rico en ácidos grasos omega-3 y nutrientes esenciales. Debemos completar la semana con proteína animal de buena calidad: un día optaremos por la carne roja (cordero, buey, ternera, cerdo), mientras que la carne blanca (pollo, pavo) la podemos comer 2 días.
- **Huevos.** Preferiblemente ecológicos, se pueden consumir con regularidad (3 o 4 a la semana).
- **Legumbres.** Son también una estupenda fuente de proteínas y aminoácidos esenciales. Debemos tomarlas un mínimo de 2 veces por semana.
- **Arroz, pastas y pan.** Los hidratos de carbono son la base de nuestro aporte energético y, por tanto, se necesitan unas 5 o 6 raciones diarias. Son preferibles las harinas y los arroces integrales.
- **Lácteos, semillas y frutos secos.** Un aporte de calcio diario es necesario y podemos conseguirlo tomando entre 2 y 4 raciones diarias de productos lácteos, si no se tiene intolerancia, o a través de frutos secos, semillas y alimentos de hoja verde.

ENSALADA DE TOMATE, CEBOLLAS Y ACEITUNAS

Tiempo: 1 h | Nivel: bajo

INGREDIENTES PARA 4 PERSONAS

Tomates de distintas variedades (pera, de Montserrat, corazón de buey, raf, muchamiel, cherries variados)
Cebollas variadas (tierna, roja, de Figueres)
Ajos tiernos
Aceitunas variadas (arbequina, hojiblanca, sevillana, aloreña, de Kalamata)
Aceite de oliva
Vinagre de Jerez
Tomillo
Romero
1 limón
Sal y pimienta
Azúcar

ELABORACIÓN

1 Para macerar las aceitunas, las sumergimos en aceite de oliva durante unas horas y añadimos al macerado el tomillo y la piel de limón.

2 Para preparar la vinagreta, mezclamos 3 partes de aceite y 1 de vinagre de Jerez y añadimos sal y pimienta. La mezcla de aceite y vinagre es un punto de partida que se puede rectificar al gusto de cada comensal.

3 Trataremos los tomates de distinto modo. Aquellos que sean especialmente gustosos, tersos y que desprendan aroma de tomate, los pelamos. Se pueden escaldar para pelarlos mejor, pero si son para ensalada, aunque cueste más, es preferible pelarlos con el cuchillo. De los tomates más jugosos, aprovechamos el corazón y las semillas, es decir, el caviar del tomate.

4 Cortamos a gajos la parte externa de los tomates más jugosos y los cocinamos a horno suave durante 30 minutos con aceite de oliva, sal, pimienta, tomillo, romero y un poco de azúcar.

5 Partimos los tomates cherry y los salteamos, es decir, les damos un golpe de calor en la sartén.

6 Dejamos macerar los tomates salteados sumergiéndolos en aceite y vinagre durante unos minutos. Después, podemos aprovechar el jugo restante de la maceración para añadirlo a la vinagreta que hemos preparado anteriormente.

7 Cortamos las cebollas y los ajos tiernos en juliana y los sumergimos en agua y hielo. Conseguiremos así que pierdan su exceso de fuerza.

8 Disponemos con cariño los diferentes ingredientes de la ensalada en una fuente o en los platos, y aliñamos generosamente con la vinagreta.

Esta ensalada reúne tres adjetivos: es simple, fresca y nutritiva. En realidad, la receta solo es una pauta; merece la pena pasearnos por el mercado buscando los mejores productos de temporada y recolectados en su punto óptimo de madurez. Dejémonos llevar por el entusiasmo que nos despierten sus colores y sus aromas.

ELABORACIONES RESPETUOSAS

EN LA COCINA, A MENUDO LOS INGREDIENTES SUFREN TRANSFORMACIONES SENSACIONALES. POR ESO, NO BASTA CON ESCOGER LOS MEJORES PRODUCTOS; TAMBIÉN DEBEMOS UTILIZAR LA TÉCNICA ADECUADA PARA COCINARLOS.

Si procuramos comprar los productos muy frescos, una vez en la cocina debemos continuar trabajando de acuerdo con la idea de aprovechar y proteger al máximo sus propiedades. Por esta razón, debemos conservarlos de la manera óptima, como indicaremos en el siguiente capítulo de este libro. Pero no basta con esto: también debemos cocinarlos con respeto.

Al cocinar los alimentos modificamos sus componentes bioquímicos, de modo que, si bien así los hacemos más digestibles y seguros para nuestro consumo, en contrapartida pierden parte de sus nutrientes. Cuanto más se cuece un producto, y cuanto mayor es la temperatura de cocción, más nutrientes pierde. Por eso, hay que cocinar los alimentos en su punto justo. Cada producto tiene su tiempo óptimo de cocción, aunque también el tipo de corte y el tamaño de la pieza influyen en esta consideración.

Por supuesto, algunos productos –básicamente las frutas, las verduras y las hortalizas– pueden comerse crudos, de modo que nos aporten toda su riqueza nutricional. Previamente debemos lavarlos, pero jamás dejarlos en remojo, puesto que parte de las vitaminas y los minerales se perderían en el agua.

Si no vamos a ingerir el producto fresco, en algunos casos podemos realizar preelaboraciones que no requieran aplicar calor –como los curados, los marinados o los encurtidos, que veremos en el capítulo «Preelaboraciones»–, ya que preservan los nutrientes.

Al hervir verduras, no conviene poner demasiada agua en la olla. Las añadiremos al agua cuando hierva, y es mejor taparlas, para aprovechar el vapor. Se calcula que a 100 °C, y a partir de 20 minutos de cocción, se destruye el 50 % de la vitamina C, por lo que es importante no hervir las verduras más de lo necesario, tanto para preservar sus nutrientes como para conseguir una textura agradable. Una vez finalizada la cocción, y con el objetivo de preservar las vitaminas y los minerales, no debemos dejar que las verduras se enfríen dentro del agua; hay que escurrirlas lo antes posible, incluso si no vamos a consumirlas al momento.

SOLUCIONES CULINARIAS

La cocción de las legumbres, en cambio, debe ser larga y progresiva. Para muchas personas, su piel resulta difícil de digerir. Una alternativa para no renunciar al consumo de legumbres es comerlas en forma de purés o cremas. Sin embargo, la globalización gastronómica nos aporta soluciones muy interesantes: hoy en día ya podemos encontrar con cierta facilidad alga *kombu* (a la venta en herbolarios y en tiendas especializadas en productos asiáticos y *gourmet*), muy habitual en las cocinas orientales. Esta alga ablanda la fibra de las legumbres, por lo que las hace más digestivas, y además aporta minerales muy valiosos. Basta con introducir una porción en el agua de la cocción y disfrutaremos de las legumbres sin problemas.

Al cocer huevos debemos procurar que se hagan bien por la parte de la clara, para hacerla más digestible, y que la yema quede más bien cruda, para que conserve sus nutrientes. Con hervirlos 10 minutos es suficiente. Deben consumirse de inmediato.

En cuanto a la elaboración de las carnes, no conviene abusar de las cocciones a fuego directo (brasas o ahumados), que pueden producir toxinas perjudiciales para la salud. Tampoco debemos excedernos en la cocción del pescado azul, puesto que las altas temperaturas destruyen su aporte de omega-3. Tanto por lo que se refiere a las aves como al pescado, puede ser útil cocinarlos con su piel, ya que esta los protege, sella la carne con sus jugos y evita que se resequen. Una vez terminada la cocción, podemos retirar la piel, si queremos evitar la grasa que lleva incorporada.

COCCIONES SUAVES

Apostar por las cocciones a baja temperatura nos introduce en una cultura culinaria basada en el respeto por la naturaleza del producto y el aprovechamiento de sus propiedades nutricionales.

- **Cocción a la sal.** El alimento se cubre con sal gruesa, lo que permite que se cueza uniformemente y al tiempo esté protegido de las altas temperaturas.
- **Cocción al vapor.** Con esta cocción conseguimos preservar todo el sabor natural de los alimentos y aromatizarlos con facilidad, simplemente añadiendo condimentos al agua *(véase p. 216)*.
- **Cocción en papillote.** Se trata de la cocción que se produce al aplicar calor al producto envuelto en un vegetal o en papel sulfurizado (papel vegetal o papel para el horno). El resultado se asimila al de una cocción al vapor.
- **Cocción a la plancha.** Si bien puede alcanzar temperaturas muy elevadas, la plancha nos permite obtener una cocción del pescado interesante: consiste en disponerlo sobre su piel, de tal modo que esta proteja la carne del calor directo e impida que se enganche a la plancha. Damos la vuelta a la pieza solo cuando la carne cambie de color para que el dorso del pescado acabe de cocerse levemente *(véase p. 274)*.
- **Cocción al vacío.** El producto permanece envasado al vacío en una bolsa durante el tiempo que transcurre la cocción –que se produce a temperaturas controladas, normalmente bajas– y conserva de este modo la mayor parte de sus propiedades nutritivas y organolépticas. Es un procedimiento propio de las cocinas profesionales, pero en tiendas especializadas disponen de termos de cocción de uso doméstico que nos permiten practicarlo en nuestros hogares *(véase p. 298)*.

ALIMENTOS NUTRITIVOS

ALGUNOS ALIMENTOS DESTACAN POR UN ELEVADO CONTENIDO DE NUTRIENTES ESPECÍFICOS -COMO ÁCIDOS GRASOS ESENCIALES, ANTIOXIDANTES Y FIBRAS-. EL CONSUMO REGULAR APORTA BENEFICIOS EXTRAORDINARIOS PARA NUESTRA SALUD.

Ciertos alimentos destacan por sus excepcionales propiedades, sobre todo porque algunos fortalecen nuestro sistema inmunológico. Merece la pena aprovecharlos: algunos, como el ajo y la cebolla, forman parte de nuestra tradición y herencia gastronómica, mientras que otros, más nuevos e importados de otras culturas, como el *miso* o las algas, son una oportunidad para descubrir sabores y formas nuevas de entender la cocina, a la vez que nos aportan una gran calidad nutritiva. Atrevámonos a incorporarlos en nuestra dieta. Nos sorprenderán –y sorprenderemos– por sus posibilidades culinarias.

ALGUNOS SUPERALIMENTOS

- **Aceite de oliva.** Si es de primera presión en frío, es rico en ácidos grasos monoinsaturados (omega-9) y en antioxidantes, que proporcionan una acción limpiadora y protectora del sistema circulatorio.
- **Ajo.** Contiene un potente antibiótico natural. Sin embargo, para aprovecharlo, debemos consumir el ajo crudo, ya que la sustancia protectora se destruye al sobrepasar la temperatura de cocción de 60 °C.
- **Frutos secos y semillas.** Estos productos, aunque son ricos en grasas, no aportan colesterol; al contrario, son un buen protector cardiovascular.

■ **Algas.** En la cultura oriental son tan habituales como para nosotros lo son las hortalizas y, a pesar de que no hay costumbre gastronómica en Occidente, se trata de un alimento muy interesante por sus altas cualidades nutritivas. Solo una cucharada sopera diaria de algas abastece al organismo de todos los minerales y oligoelementos esenciales, indispensables para un correcto metabolismo celular. También por sus posibilidades culinarias, las algas son capaces de provocar toda una revolución en nuestra cocina. En los herbolarios y tiendas especializadas pueden guiarnos para incorporarlas en nuestra dieta habitual.

■ **Cebolla.** En crudo, ayuda a eliminar las mucosidades del sistema respiratorio y es útil en resfriados, tos y gripe. Asimismo, impide la formación de coágulos sanguíneos. Sin embargo, al igual que el ajo, una vez hervida pierde sus propiedades antibióticas.

■ **Endibia, escarola y alcachofa.** Mantienen el hígado sano y son ideales para las personas diabéticas.

■ **Jengibre.** Esta raíz es un gran antiinflamatorio natural, ideal para la circulación y para el sistema respiratorio. Para aprovechar al máximo sus propiedades debemos añadirlo a las elaboraciones al final de la cocción.

■ ***Miso.*** Es un condimento oriental elaborado a partir de soja fermentada y otros cereales. Se utiliza como potenciador de sabor y está dotado de múltiples propiedades: favorece el equilibrio de la flora intestinal, el equilibrio hormonal de la mujer y el sistema cardiovascular, además de ser un potente antioxidante. Podemos añadirlo al final de las cocciones, evitando que hierva.

■ **Rábano.** Es un depurativo natural. Nos ayuda a reducir grasas y a eliminar la retención de líquidos.

■ **Sandía.** Otro gran depurativo. Es refrescante, limpia la sangre y ayuda a eliminar líquidos.

ENSALADA DE LEGUMBRES CON EMULSIÓN DE SU PROPIO JUGO DE COCCIÓN

Tiempo: 4 h | Nivel: bajo

INGREDIENTES PARA 4 PERSONAS

600 g de legumbres variadas (garbanzos, lentejas, judías y judiones, soja) y, a ser posible, de distintas variedades
100 g de cebolla tierna
100 g de pimiento verde y rojo
6 rábanos tiernos
Aceitunas variadas (de Kalamata, gordal, arbequina, extremeña)
Tomates cherry (amarillos, de pera, rojos)
Aceite de oliva
Agua de la cocción de las legumbres
Para la vinagreta
Aceite
Vinagre
Perejil
Cebollino
Perifollo
Hojas de cilantro
Sal y pimienta

ELABORACIÓN

1 Si decidimos cocer las legumbres en casa, tendremos que cocinarlas el día antes, recordando que deben enfriarse en su propio caldo. Aprovecharemos parte del jugo de la cocción para elaborar una emulsión con agua y aceite, que nos aportará sabor y nutrientes (procuraremos que nos quede bien ligada y un poco espesa). Si compramos las legumbres cocidas, pediremos en la tienda un poco de caldo de la cocción.

2 Para elaborar la vinagreta, picamos todas las hierbas, las mezclamos con aceite y vinagre y las sazonamos con sal y pimienta.

3 Cortamos las verduras en juliana. Partimos los tomates por la mitad o en cuartos y deshuesamos unas cuantas aceitunas. Si lo deseamos, también podemos partir algunas aceitunas y dejarlas macerar en aceite.

4 Reservamos algunas verduras para decorar el plato al final, y el resto las mezclamos con las legumbres en un bol. Añadimos aceite de oliva y dejamos macerar las legumbres y las verduras durante 1 hora. En este momento podemos añadir unas gotas de la emulsión del agua de la cocción de las legumbres.

5 En el fondo de un plato ligeramente hondo, colocamos una cucharada generosa de la emulsión del jugo de las legumbres para que nos aporte untuosidad y gusto a la ensalada. Colocamos encima la mezcla de legumbres y verduras, y finalizamos decorando con las verduras reservadas y aliñando con la vinagreta.

Esta receta nos permite disfrutar del aporte energético de las legumbres, combinadas con el frescor de las hortalizas de temporada. Es un plato cocinado sin apenas grasas, para evitar digestiones difíciles y convertirlo en una propuesta saludable, nutritiva y gustosa.

SALMÓN CONFITADO CON ESCABECHE DE CÍTRICOS Y QUINUA

Tiempo: 1 h | Nivel: medio

INGREDIENTES PARA 4 PERSONAS

100 g de quinua blanca
100 g de quinua negra
100 g de zanahoria
100 g de calabacín
4 cebolletas tiernas
1 cebolla tierna
15 g de vinagre
5 g de pimienta rosa
5 g de cardamomo
Sal y pimienta
Flores
Para el escabeche de cítricos
125 g de aceite de girasol
25 g de azúcar
1 limón • 1 lima • 1 pomelo
Para confitar el salmón
4 supremas de salmón de 125 g
100 g de aceite de girasol

ELABORACIÓN

1 Lavamos la quinua o la dejamos en agua unos minutos para retirarle el amargor que pueda tener, y la ponemos a hervir durante unos 15 minutos. Pondremos el doble de agua que de quinua. Una vez hervida, si todavía hay mucho líquido, la colamos y la pasamos a una fuente. Removemos para que se enfríe rápidamente y reservamos.

2 Para elaborar el escabeche de cítricos, pelamos un par de tiras de la piel de cada cítrico, retiramos toda la parte blanca y blanqueamos las tiras 3 veces -es decir, las sumergimos en agua fría y, en cuanto esta empiece a hervir, las retiramos y enfriamos-. Luego las cortamos en juliana muy fina o incluso en *brunoise*.

3 Exprimimos los cítricos, separamos una parte y con 100 gramos de zumo elaboramos una reducción con el azúcar a fuego suave hasta obtener un jugo concentrado. Lo dejamos enfriar.

4 Marcamos una cebolleta entera en la sartén y la reservamos para añadirla al final. Cortamos las demás cebolletas con el resto de las hortalizas en *brunoise*.

5 Cocinamos las hortalizas en una sartén con una cucharada de aceite de girasol (25 gramos). Empezamos por la cebolla, seguimos con la zanahoria y, por último, el calabacín, que previamente habremos hecho sudar con una punta de sal para eliminar su amargor.

6 Cuando las hortalizas empiecen a tomar color, incorporamos unos 100 gramos de aceite de girasol, el vinagre, el zumo de cítricos que nos ha sobrado, las pieles blanqueadas, la pimienta rosa y el cardamomo, y lo cocinamos durante 5 minutos a fuego muy suave. Acto seguido, enfriamos y ya tenemos listo el escabeche de hortalizas con cítricos.

7 Aliñamos la quinua con parte del escabeche y rectificamos de sal y pimienta.

8 Para confitar el salmón, lo ponemos en un cazo con aceite de girasol y alguna piel de cítrico, a 50 °C durante 15 minutos. Después escurrimos el salmón del aceite y lo servimos acompañado de la quinua aliñada y de una cebolleta marcada a la plancha.

9 Para finalizar la elaboración, aliñamos el salmón con el escabeche y decoramos el plato con unos toques del jugo concentrado de cítricos y las flores.

LO QUE HEMOS COMIDO
MARC VEYRAT
Joan Roca

ORGANIZAR LA COCINA

EL ACTO DE COCINAR NO EMPIEZA ANTE LOS FOGONES, SINO MUCHO ANTES. PREVIAMENTE, DEBEMOS ASEGURARNOS DE TENER UNA COCINA BIEN ORGANIZADA. PLANIFICAR, COMPRAR, ORDENAR Y CONSERVAR TAMBIÉN FORMAN PARTE DE LA CULTURA CULINARIA.

Una buena organización será parte de nuestro éxito en la cocina. Antes de ponernos el delantal y emprender las instrucciones de una receta, debemos preguntarnos: ¿nos falta algún utensilio?, ¿tenemos todos los ingredientes?, ¿entendemos bien las instrucciones?, ¿es necesaria alguna preelaboración?, ¿qué nos falta comprar, y dónde? Revisemos incluso los ingredientes más básicos: no demos por sentado que la sal estará siempre a nuestra disposición en su salero, ni que el paquete de harina que hemos utilizado eventualmente seguirá conservándose en perfecto estado en el fondo de un armario.

Analicemos primero qué tipo de cocina nos gusta y qué tipo de alimentación nos conviene, el tiempo de que disponemos para cocinar y los utensilios e ingredientes que tenemos para ello. Pensemos también para qué y para quién vamos a cocinar: no es lo mismo hacerlo para la comida diaria que para el ágape de una ocasión festiva, así como tampoco lo es hacerlo para uno mismo que para toda una familia.

Planifiquemos bien la compra con cierta antelación, y una vez en casa pensemos bien cómo almacenamos los productos para tenerlos a mano y para asegurarnos de que se conservarán a la perfección.

Mlle. Miracle

PLANIFICAR

EN LA COMPRA Y LA COCINA, A MENUDO IMPROVISAMOS. PERO SI QUEREMOS COCINAR MENÚS EQUILIBRADOS DE UNA FORMA CONSCIENTE Y DISFRUTAR DE LOS PRODUCTOS DE TEMPORADA, MERECE LA PENA IDEAR UN MENÚ SEMANAL.

Adoptando unos sencillos hábitos de planificación, conseguiremos disponer siempre de una reserva de alimentos esenciales con los que preparar un plato apetitoso; tener ideas y saber bien lo que nos conviene nos aportará mucho más. Aunque son menos que más los que deciden planificar un menú semanal, es una forma muy útil de organizarse, tanto si cocinamos para nosotros mismos como si queremos alimentar a toda una familia. En función de este menú podremos programar la compra y preparar comidas sabrosas que contribuyan a una dieta coherente, variada y equilibrada.

Si después las circunstancias o las apetencias nos conducen a cambiar un menú, adelante; porque también, cómo no, de vez en cuando podemos permitirnos el lujo de olvidar los planes e improvisar, tanto en la compra como en la cocina. Pero lo importante es que ya habremos organizado, de forma consciente y adaptada a nuestras conveniencias, una buena base para nuestra alimentación.

IDEAS PARA NUESTROS MENÚS

- **Menús apetecibles.** Acostumbrémonos a pensar en menús tan atractivos como saludables.
- **Productos de temporada y proximidad.** Prioricemos en nuestros menús los productos de temporada y de proximidad que nos aseguran frescor, gusto, calidad nutricional y la oportunidad de variar nuestra alimentación.
- **Combinaciones equilibradas.** No planifiquemos solo la comida principal, sino también la cena, en función de lo que hayamos comido a mediodía. Pensemos en nuestro equilibrio nutricional.
- **Nuevas recetas.** Inspirémonos en los recetarios, si no tenemos claro con qué platos podemos completar un menú semanal. Huyamos del aburrimiento y atrevámonos de vez en cuando a cocinar platos nuevos. Amigos, familia, libros, internet, comerciantes... Todos ellos pueden ayudarnos a verter nuevas ideas en los fogones.
- **Ingredientes necesarios.** Repasemos los ingredientes necesarios para cada plato, revisando los que tenemos disponibles en casa y los que debemos comprar. Recordemos revisar la despensa periódicamente: debe estar al día de los productos básicos. En el momento de planear el menú, y antes de salir a comprar nuevos productos frescos, revisemos también las existencias de la nevera; quizá olvidemos en ella algún producto que deberíamos consumir de inmediato.

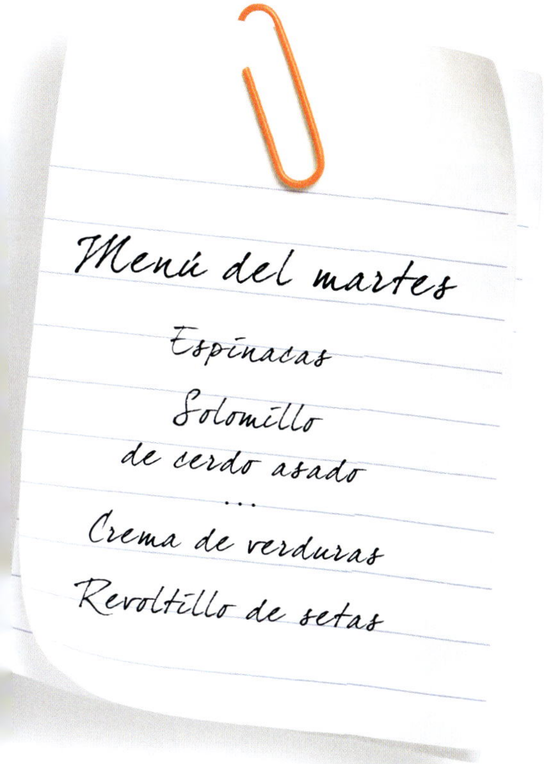

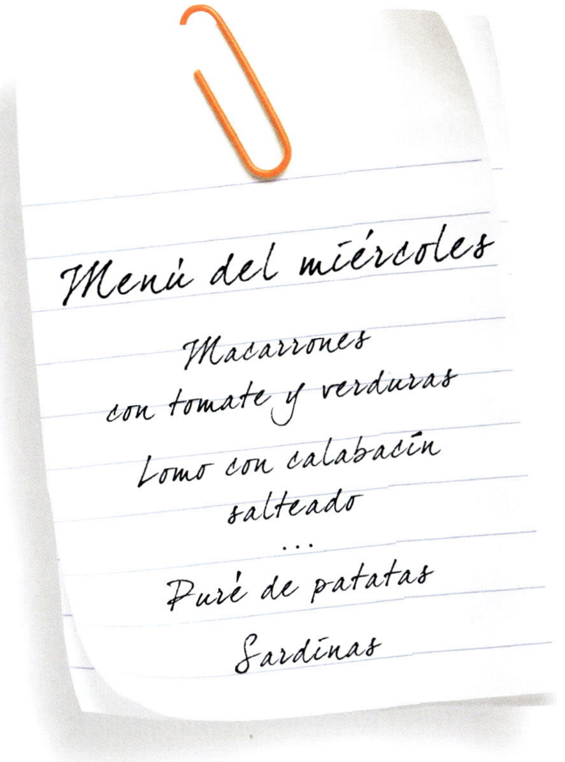

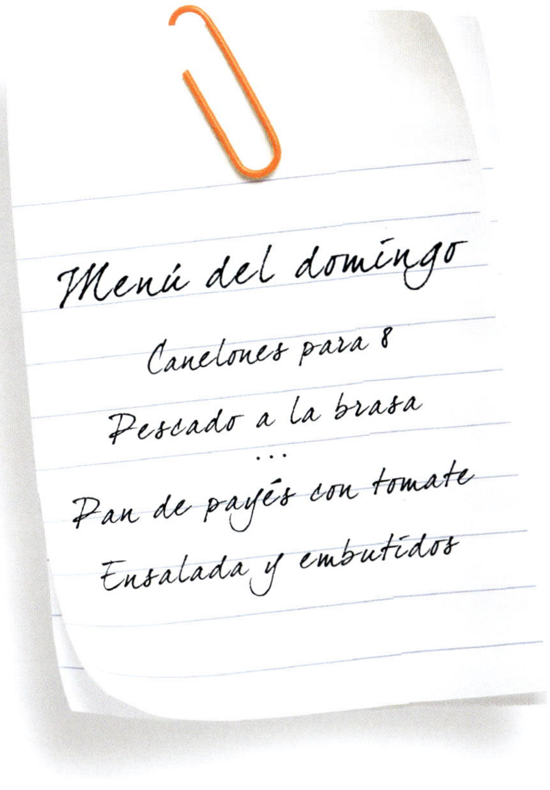

- **Preelaboraciones.** Prestemos atención a los alimentos que deban preelaborarse -es decir, que requieran una preparación previa- para tenerlos a punto en el momento de cocinarlos. Si tenemos que descongelar algún alimento, pensémoslo el día anterior, así como si debemos ponerlo en remojo, marinar, etc.
- **Condimentos y guarniciones.** Acordémonos de que los complementos -como las especias, las vinagretas o algunas guarniciones especiales- pueden amenizar los menús más comunes. Un pequeño toque de un condimento o de una salsa puede ofrecernos un nuevo y asombroso plato.
- **Nuestro recetario personal.** No está de más que nos acostumbremos a guardar nuestras recetas, incluso las de los menús semanales más básicos. De este modo, cuando no sepamos qué cocinar, tendremos a mano un recurso fácil y rápido de consultar.

DE COMPRAS

NO HAY BUEN COCINERO QUE NO SEPA COMPRAR CON ACIERTO Y QUE NO CONOZCA BIEN EL PRODUCTO QUE COCINA. SALIR A COMPRAR FORMA PARTE DEL PROCESO CULINARIO Y OFRECE LA OPORTUNIDAD DE ESCOGER LOS MEJORES PRODUCTOS.

Para muchos cocineros, el placer gastronómico empieza a la hora de la compra. Efectivamente, rodearse del color y los aromas de los productos frescos y de la animación de un mercado puede ser una experiencia embriagadora. No solo es el momento de escoger los ingredientes, sino que es la oportunidad de tratar con los comerciantes, de intercambiar ideas y de dejarse aconsejar por quienes mejor conocen los productos, sobre todo cuando encontramos a pequeños productores que venden su propio género. Es una ocasión ideal para conocer, aprender, intercambiar e inspirarse, y forma parte indispensable de una buena cocina.

Comprar de una forma planificada, aprovechando el tiempo y buscando los mejores comercios, e interesándonos por el producto, por su calidad y por su origen, nos ayudará a realizar una compra responsable. De este modo, con el acto de comprar no solo podemos mejorar la manera de entender nuestra cocina y nuestra alimentación, sino que podemos contribuir a mejorar nuestro entorno.

COMPRAR CON RIGOR

- **Hagamos la lista de la compra.** Es indispensable. No solo para no olvidarnos de nada, sino para no dejarnos llevar por los caprichos.
- **Preguntemos.** Preguntar es de sabios. La mayoría de los comerciantes estarán encantados de explicarnos las características de un producto o cómo podemos sacarle mayor partido. La curiosidad es fundamental para disfrutar cocinando.
- **Leamos las etiquetas.** En ellas se nos informa acerca de la composición nutricional de los productos, la fecha de caducidad, su origen, su precio por kilo... Leyendo las etiquetas, aprenderemos a comprar mejor y más conscientemente.
- **Acudamos a las mejores tiendas.** Con la experiencia, aprenderemos dónde se encuentran los productos más interesantes, los más frescos y los de mejor relación calidad-precio.
- **Probemos nuevos productos.** En los mercados hay cada vez más productos exóticos, fruto de la mezcla cultural de nuestra sociedad y de la globalización. Interesémonos por estos ingredientes, puesto que nos pueden aportar ideas para el próximo menú o para probar nuevas experiencias.
- **Carguemos bien la compra.** Dejemos para el final de la compra lo más pesado -como la fruta- y, en especial, lo más fresco y delicado -el pescado-. Llevemos nuestros carros, cestos, bolsas térmicas y bolsas de comprar para contribuir a la conservación del medio ambiente.

FRUTAS Y VERDURAS

Prioricemos las frutas y verduras frescas y de temporada, y apostemos por la proximidad. Los comerciantes tienen la obligación de indicar la procedencia de sus productos, de modo que tenemos la oportunidad de elegir en función de su origen. Ajustémonos a las cantidades necesarias para poder consumirlas en su punto óptimo de maduración.

PESCADOS

También en lo que se refiere al pescado es mejor optar por la proximidad y por las especies de temporada. Es importante comprarlo en una pescadería de confianza. Saber comprarlo es todo un arte: a menudo merece la pena llevarse un pescado fresquísimo, recién llegado a la pescadería, aunque eso nos obligue a cambiar de planes en nuestro menú.

El pescado fresco se debe comprar el mismo día que vayamos a cocinarlo. Pidamos ayuda al pescadero en cuanto a limpiar, eviscerar o cortar el pescado: nadie lo hará mejor que él. Y no olvidemos utilizar bolsas térmicas para transportarlo.

CARNES

Para cada clase de plato o receta suele haber un tipo de carne, incluso de corte, más adecuado. Si no lo tenemos claro, preguntemos a los vendedores qué opción es la mejor. Ellos también nos lo pueden preparar (pulir, cortar, picar, rellenar, etc.).

No se conservan del mismo modo unas hamburguesas que una pieza entera de carne. Si no vamos a consumir la carne el mismo día de la compra, y si no está envasada y con fecha de caducidad, es interesante preguntar acerca del plazo óptimo de consumo.

TODO EN ORDEN

TRAS LA COMPRA, DEBEMOS COLOCAR CADA PRODUCTO EN SU LUGAR ADECUADO PARA ASEGURAR UNA CONSERVACIÓN ÓPTIMA. UN FRIGORÍFICO, UN CONGELADOR Y UNA DESPENSA BIEN ORGANIZADOS NOS AYUDARÁN A COCINAR MEJOR.

Una vez que hemos terminado la compra, el trayecto a casa debería ser lo más rápido posible. Una amplia gama de productos frescos necesita mantenerse dentro de un rango de temperaturas óptimo y seguro para su conservación. Si ya se procuran medidas de conservación de los productos antes de llegar al consumidor (durante su transporte, el almacenamiento y también en la tienda), procuremos respetar nosotros también la cadena de frío, en la medida de lo posible. Eso significa transportar la compra fresca en bolsas térmicas, no demorarnos por el camino a casa y guardar cuanto antes cada producto en su lugar.

EN LA NEVERA

Es importante organizar bien la compra que debe refrigerarse. En la nevera, debemos situar los productos recién adquiridos detrás de los que ya están dentro; de este modo, evitaremos que queden escondidos y olvidados en el fondo. Recordemos esta norma: lo primero que entra en la nevera es lo primero que debe salir.

No es aconsejable llenar demasiado la nevera, puesto que de hacerlo el aire no circula correctamente y esto afecta a la refrigeración. En este sentido, no debemos meter en ella alimentos que, en realidad, no necesitan refrigeración y que incluso, en la mayoría de los casos, pierden calidad si lo hacemos. Es el caso de los tomates, las judías verdes, los pepinos, los aguacates y, en general, todas las frutas exóticas. También deberíamos dejar a temperatura ambiente las frutas y las verduras que todavía precisen maduración.

Conviene envolver o tapar bien la comida que introduzcamos en el frigorífico para evitar que pierda sabor y frescura y para que no se transmitan olores de unos alimentos a otros. En cuanto a las sobras, es conveniente guardarlas en recipientes poco profundos y con tapa hermética.

La temperatura en el interior del frigorífico no es la misma en todas las zonas: por regla general, atrás y abajo hace más frío que arriba y delante. En función de este principio, encontraremos un lugar apropiado para cada tipo de producto.

1 El estante superior. Suele estar a unos 8 °C, y aquí se suelen guardar productos lácteos: leche, crema de leche, quesos y yogures.

2 El estante del medio. Es el más versátil, y su temperatura debe ser de entre 4 y 5 °C. Los embutidos, pasteles, restos de comida y todos aquellos alimentos en los que se especifique «Una vez abierto, consérvese en frío» pueden guardarse aquí.

3 El estante inferior. Situado justo encima del cajón de las verduras, es el punto más frío, en el que la temperatura alcanza unos 2 °C. Es aquí donde debemos guardar la carne y el pescado frescos.

4 Los cajones inferiores. Su temperatura suele ser de 10 °C y están pensados para conservar las verduras y las frutas evitando un exceso de frío.

5 Los compartimentos y estantes de la puerta. Es la zona menos fría del frigorífico (entre 10 y 15 °C) y está destinada a almacenar productos que necesitan poca refrigeración, como las mostazas, los huevos, las mantequillas, las bebidas, etc.

1

2

EN EL CONGELADOR

En el congelador, donde reina una temperatura de -18 °C, la vida de los alimentos transcurre lentamente. Esto nos permite conservarlos durante largo tiempo –hasta 4 meses en un congelador doméstico– y de una forma segura. Se trata de una medida de conservación que implica poca pérdida de nutrientes y una alteración moderada de los alimentos, aunque no todos toleran bien el proceso de congelación. Por ejemplo, los arroces, las patatas y las pastas pierden su textura y se deteriora su sabor; salsas como la mayonesa, la bechamel, la salsa rosa y todas las que llevan nata se cortan al congelarse; la nata, propiamente dicha, puede congelarse, pero después no la podremos utilizar para montar. Y la mayoría de las verduras aceptan la congelación, pero muchas de ellas deben escaldarse antes de congelarlas.

Teniendo en cuenta todo esto, por regla general, si prevemos que vamos a conservar una elaboración en la nevera durante muchos días, es mejor congelarla.

- **Conservar en dosis.** Antes de congelar merece la pena pensar qué uso haremos del producto y en qué cantidades lo vamos a consumir. Todo ello nos permitirá organizar la congelación según nuestras necesidades. Es fácil encontrar recursos para congelar las dosis precisas: congelar líquidos en vasos o en botellas de plástico, en raciones individuales con bolsas de congelación, en bolsas de envasar al vacío o en moldes de cubitos de hielo *(foto 1)*.
- **Normas de mantenimiento.** Para asegurarnos de que funciona correctamente, debemos mantener el congelador limpio, revisar las juntas de las puertas, evitar que se forme hielo, no sobrecargarlo y no introducir alimentos calientes.
- **Proceso rápido.** La congelación debe ser rápida, para evitar que se formen cristales de hielo de gran tamaño que afecten a la textura del producto. Para ello debemos introducir cuanto antes el producto fresco en el congelador.

■ **Envases aptos.** Los productos deben protegerse con bolsas de congelación o envases adecuados para evitar quemaduras por frío y pérdida de hidratación *(foto 2)*. Las bandejas de polietileno no son recomendables, porque son recipientes porosos que filtran la humedad. Los envases rígidos son adecuados si congelamos alimentos con líquidos; recordemos dejar unos centímetros libres en la parte superior del recipiente para permitir su expansión.

■ **Etiquetar los productos.** Apuntar la fecha de conservación es un requerimiento útil y necesario para controlar la fecha de caducidad *(foto 2)*.

■ **Congelador en orden.** Colocar los productos lo más planos y extendidos posible favorece una congelación más rápida, además de un almacenaje eficiente. Los envases rectangulares y las bolsas de congelación aprovechan mejor el espacio. Recordemos extraer el aire de su interior.

DESCONGELAR DE FORMA SEGURA

■ **En la nevera.** El método de descongelado más apropiado consiste en poner el producto en la nevera el día anterior a su uso, en un recipiente que lo separe del agua que irá expulsando *(foto 3)*. Aunque, si el producto se ha congelado en bolsas de congelar, podemos descongelar el alimento sin sacarlo de ellas.

■ **En el microondas.** Este horno tiene un programa de descongelado que puede sernos útil, pero debemos estar muy atentos al temporizador, puesto que es fácil que el producto se caliente en exceso o incluso que se cueza de forma incorrecta.

■ **En agua.** No sumergiremos los alimentos en agua para que se descongelen; solo los pescados permiten, eventualmente, ser descongelados en agua con hielo y sal, pero nunca en agua tibia ni caliente.

■ **Productos que no precisan descongelarse.** Algunos alimentos, como las verduras y algunos preparados (croquetas, patatas para freír, pizzas), se pueden cocer directamente, sin descongelar *(foto 4)*.

EN LA DESPENSA

Una buena despensa siempre es una fuente útil de recursos, y debemos aprender a sacarle partido. En general guardamos en ella todos aquellos envases que están cerrados y algunos productos habituales que no necesitan refrigeración, aunque sí una correcta conservación. Conviene revisarla periódicamente para que no nos falte nada indispensable.

- **Arroz, pasta, harinas, legumbres secas y frutos secos.** En general, todos los alimentos secos o deshidratados se deben guardar a temperatura ambiente en lugares frescos, oscuros y completamente secos. Una vez abiertos sus envases, se conservan mejor en recipientes de cierre hermético.
- **Conservas.** Siempre que el envase esté cerrado, se conservan largo tiempo en la despensa. Pero, una vez abiertas, hay que tratar las conservas como alimentos perecederos y guardarlas en la nevera.
- **Pan.** Se conserva mejor en una bolsa de tela o en una panera cubierta con un paño.
- **Patatas y otros tubérculos.** Deben guardarse en un lugar bien ventilado y oscuro.
- **Aceite.** Se conserva en un lugar oscuro, ya sea en su propio recipiente o en cualquier otro que cierre bien, para evitar que se oxide y se enrancie.
- **Otros alimentos.** También podemos tener en la despensa yogures esterilizados que no necesitan frío, encurtidos (cebolletas, pepinillos...), salsas comerciales, tarros de mermelada, etc.

SEGURIDAD ALIMENTARIA

CONSERVAR CORRECTAMENTE LOS ALIMENTOS, ANTES Y DESPUÉS DE MANIPULARLOS, APLICANDO UNAS REGLAS BÁSICAS DE HIGIENE, ES ESENCIAL PARA MANTENER A LOS MICROORGANISMOS ALEJADOS DE NUESTROS PRODUCTOS Y ELABORACIONES.

Normalmente, compramos los productos y los disponemos en los lugares indicados, ya sea la despensa, la nevera o el congelador. Pero cocinar, y todas las acciones que lleva asociadas, son actividades que se prestan a mil circunstancias e imprevistos.

Por ejemplo, a veces, en el mercado, nos llama la atención la calidad y el buen precio de un producto y decidimos aprovechar para comprar un poco más de lo habitual, con la idea de congelarlo. Otras veces, preelaboramos un producto y lo conservamos en el frigorífico unas horas, o días, antes de su cocción.

Circunstancias como estas son frecuentes en la cocina, y no siempre somos conscientes de que entrañan algunos riesgos para la salud. Según cómo las resolvamos, esto afectará a la calidad final de la comida –y también a nuestra seguridad–. Por eso, es muy importante aplicar normas de manipulación de los alimentos y otras medidas de higiene.

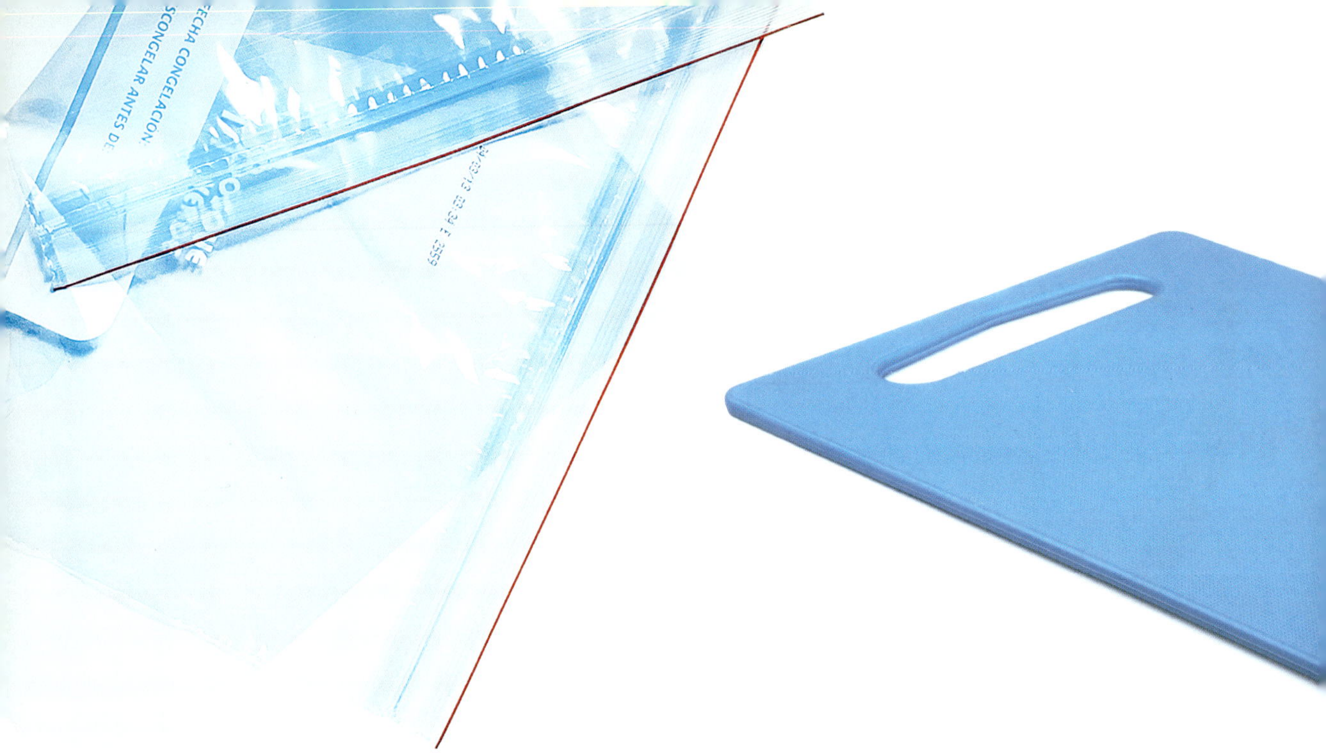

NORMAS DE CONSERVACIÓN

Entre los diversos factores que pueden alterar y deteriorar los alimentos, la acción de los microorganismos es uno de los principales. Desgraciadamente, las preferencias alimentarias de estos diminutos seres vivos son similares a las de las personas, de modo que acuden antes a los productos más ricos y digeribles. Por eso se estropea antes un trozo de merluza que un ajo, o una yema de huevo antes que una patata, así como un guiso antes que unas lentejas crudas.

Sabemos, pues, que hay ciertos alimentos en los que es más fácil que se alojen agentes patógenos, en ocasiones muy peligrosos para las personas. Es el caso de los productos a base de huevo, en los que puede proliferar la bacteria tóxica que provoca la salmonelosis, si no se conservan como es debido.

Por supuesto, el asunto es más complejo de lo que parece. Los factores que influyen en las preferencias alimentarias de los microorganismos son diversos, como el pH (acidez o alcalinidad) o la ausencia de sustancias inhibidoras en el producto. De modo que no siempre podemos determinar a simple vista si un alimento está en buen estado o no, ni sabemos a ciencia cierta cuánto dura su vida útil.

A efectos de nuestra seguridad, bastará con tener en cuenta que todo alimento es una rica fuente de nutrientes para los microbios y que debemos encontrar el modo de conservarlos adecuadamente. Ser meticulosos en la manipulación de los alimentos, en los procedimientos y en la higiene nos asegurará una buena conservación de los productos alimentarios.

▪ **Mantener la nevera y el congelador al día.** Debemos comprobar periódicamente su temperatura, mantenerlos limpios, no llenarlos en exceso y abrir las puertas solo el tiempo necesario. En el caso de que se acumule hielo en el congelador, será necesario descongelarlo y limpiarlo a fondo.

▪ **Mantener una higiene escrupulosa.** Es importante lavarse bien las manos y las muñecas antes de empezar cualquier manipulación en la cocina, así como quitarse los anillos, recogerse los cabellos, no fumar y vestirse con la ropa adecuada para cocinar.

▪ **Utilizar productos frescos.** Comprar productos de la máxima calidad y bien frescos nos garantiza la eficacia de las medidas de conservación que llevemos a cabo posteriormente.

▪ **Limpiar el utillaje.** Los utensilios de cocina, así como los paños, deben estar siempre perfectamente limpios y secos. Los elementos de plástico, y sobre todo los de madera, son difíciles de limpiar y de secar y pueden albergar microorganismos. Asegurémonos de que los utensilios de madera, como las espátulas, no queden en remojo, para que no retengan humedad.

▪ **Observar la fecha de caducidad de los alimentos.** Indica el día límite para su consumo óptimo desde el punto de vista sanitario.

▪ **Escoger las tablas de trabajo.** Para evitar la contaminación cruzada de los alimentos es preferible usar una tabla para productos crudos y otra para cocidos. Evitaremos las de madera, poco higiénicas; por ello están prohibidas en las cocinas profesionales.

▪ **Controlar la temperatura de conservación.** La mayoría de los microorganismos se encuentran a gusto en temperaturas suaves, donde hallan el clima favorable para multiplicarse. Por este motivo, la nevera es esencial en la cocina: porque debemos someter los alimentos perecederos –sobre todo la carne, los lácteos y los pescados– a una temperatura que no supere los 5 °C.

- **Congelar y descongelar con rapidez.** Congelando los alimentos podemos acabar con algunos microorganismos, como el temible anisakis, que puede habitar en las vísceras de los peces. Pero hay muchos otros microbios nocivos que no mueren con la congelación, sino que simplemente entran en letargia y dejan de multiplicarse. Por eso es esencial descongelar y cocinar los productos sin demora, porque así impediremos que los posibles microorganismos tengan tiempo de reactivarse y multiplicarse con mayor ahínco, aprovechando el medio acuoso. También es importante no volver a congelar un producto ya congelado con anterioridad, puesto que no hay nada más estimulante para los microbios que las oscilaciones de temperatura.
- **Calentar a la temperatura necesaria.** Otro modo de mantener a raya los microorganismos es todo lo contrario a congelarlos: someterlos a temperaturas elevadas, superiores a 65 °C. Cerciorémonos, no obstante, de que superamos dicha temperatura no solo en la periferia del producto, sino también en el centro. Para saberlo a ciencia cierta, podemos utilizar un termómetro de cocina, un utensilio muy útil, económico y sencillo de usar. Luego, con la práctica, aprenderemos a detectar si hemos alcanzado la temperatura deseada a simple vista.
- **Recalentar de forma segura.** Recalentar una elaboración cocinada con anterioridad entraña un cierto riesgo. No basta con templarla: es importante calentarla hasta alcanzar la temperatura de seguridad, puesto que los microorganismos pueden haber proliferado en la comida durante el tiempo que ha estado enfriándose, acaso fuera de la nevera.
- **Enfriar adecuadamente.** Si necesitamos enfriar con rapidez una elaboración, podemos sumergirla en un recipiente dentro de un baño maría de agua fría, o colocarla en un lugar fresco. No es recomendable enfriar productos calientes en el refrigerador, no tanto por cómo puede perjudicar esto al producto, sino porque esta operación produce una subida repentina de la temperatura y un aumento de la humedad en el interior de la nevera que puede afectar a su contenido.
- **Lavar los alimentos frescos.** Es fundamental. En el capítulo «Preelaboraciones» conoceremos los procedimientos de limpieza de los alimentos. Especialmente los vegetales deben lavarse a conciencia, tanto si se comen crudos como cocidos.
- **Etiquetar los productos y elaboraciones.** Si marcamos los productos con su nombre y la fecha de compra, de apertura del envase, de elaboración o de congelación, nos ayudará a recordar las prioridades de consumo y los límites de caducidad *(foto 1)*.

2

1

- **Utilizar envases adecuados.** Observemos que los productos deshidratados se conservan durante largo tiempo, mientras que los frescos se deterioran con facilidad. Eso se debe a la humedad. Puesto que el agua es un elemento vital para los microorganismos, debemos evitar los recipientes y los espacios húmedos, donde los microbios proliferan con alegría. Utilizar bolsas de plástico específicas para la conservación de alimentos, guardarlos en recipientes limpios y secos y con cierre hermético o envasar en bolsas de vacío son algunas posibilidades *(foto 2)*.
- **Evitar la exposición al aire.** No todos los microorganismos necesitan oxígeno para vivir, pero sí una gran parte de ellos, con lo que eliminando el oxígeno evitaremos que sobrevivan. Esto se consigue con la técnica de envasar al vacío, que desaloja el oxígeno de los envases para ralentizar la multiplicación de los microbios. Sin embargo, el proceso entraña particularidades; por ejemplo, no tiene ningún sentido envasar al vacío productos que no están realmente frescos. Además, no está exento de riesgos, puesto que ciertos microorganismos, los anaerobios, pueden desarrollarse en condiciones deficitarias de oxígeno. Por estas y otras consideraciones, si decidimos comprar una máquina para envasar al vacío es recomendable seguir una formación previa.

MISE EN PLACE

ANTES DE PONERNOS A COCINAR, DEBEMOS REUNIR TODOS LOS INGREDIENTES, MEDIR SU CANTIDAD PRECISA Y DISPONER A NUESTRO ALCANCE LOS UTENSILIOS NECESARIOS. ASEGURÉMONOS DE QUE NO NOS FALTE NADA PARA COCINAR CON PLACER.

Existe una expresión en francés que utilizamos en todas las cocinas profesionales, la *mise en place*, que define el proceso de preparación previo a la elaboración de una receta. Es decir, preparar todos los ingredientes en sus cantidades adecuadas y poner a punto las superficies de trabajo, todas las herramientas y los complementos necesarios, antes de entrar en acción en la cocina.

Todo tiene que estar bien ordenado y calculado para que no falte nada en el último momento, y para que no perdamos un tiempo que, en la cocina, suele ser un factor esencial. Ser meticulosos siempre ayuda a que la elaboración de cualquier plato, por sencillo que este sea, resulte un éxito. El orden, además, será de vital importancia para seguir paso a paso las instrucciones de una receta.

1

SEGUIR UNA RECETA

No siempre resulta sencillo entender una receta a la primera; de hecho, casi nunca lo es. De modo que antes de empezar debemos leerla detenidamente y asegurarnos de que la hemos comprendido a la perfección, que dominamos las técnicas de preelaboración propuestas y las técnicas de cocción, y que disponemos del tiempo necesario. Es importante trabajar de forma sistemática para no cometer errores, especialmente cuando debamos combinar diferentes procesos al mismo tiempo, como hervir unas legumbres mientras empezamos el sofrito o aprovechamos para cortar las guarniciones.

Sin embargo, seguir una receta no tiene por qué ser un proceso encorsetado. Una vez bien asimilada la información, siempre podemos jugar con ella, introducir modificaciones y adecuarla a nuestras posibilidades. Atrevámonos, si nos apetece, a experimentar. La cocina, en definitiva, es un proceso creativo y los grandes cocineros se han formado en buena parte gracias a la curiosidad y la prueba-error. Además, si anotamos nuestras variaciones o las incidencias, podremos ir mejorando las recetas y adaptarlas a nuestra manera de cocinar.

MONTAJE CLÁSICO DE UN PLATO

1 Extender la base de salsa en el fondo del plato.

2 Disponer los ingredientes de forma equilibrada, con variedad de formas, texturas y colores.

3 Aplicar los complementos, condimentos y aliños en el momento de servir.

PESOS Y MEDIDAS

En las recetas, la mayoría de los ingredientes vienen vinculados a números y medidas. Pesos y volúmenes se combinan y a menudo nos suscitan dudas. Además, no todas las culturas utilizan el mismo sistema de unidades, por lo que a veces interpretar las cantidades que debemos utilizar para elaborar un plato se convierte en un pequeño reto.

Si disponemos de utensilios adecuados para medir y pesar (básculas, cucharas, tazas y vasos medidores), nos será más sencillo aplicar las cantidades exactas que nos propone la receta, pero también conseguiremos su equivalencia con el menaje habitual de nuestra cocina (cucharas, vasos, tazas, etc.).

MEDIDAS MÁS HABITUALES

Líquidos

1 vaso de agua = 250 ml
1 taza de café con leche = 250 ml
1 taza de café = 100 ml
1 copa de vino = 150 ml
1 taza de té = 150 ml
1 vaso de yogur = 150 ml
1 copa de coñac = 40 ml - 50 ml
1 cucharada (sopera) = 15 ml
1 cucharadita (postre) = 5 ml
1 cucharón de servir = 250 ml

Sólidos

Debido a la textura y la densidad de los alimentos, a igual volumen, el peso puede variar. Algunas equivalencias orientativas son las siguientes:

	1 VASO (250 ml)	1 CUCHARADA (15 ml)
ARROZ	190 g - 200 g	10 g - 12 g
AZÚCAR	200 g - 220 g	12 g - 15 g
MANTEQUILLA	125 g	8 g - 10 g
HARINA DE TRIGO	250 g - 290 g	18 g - 25 g
SAL	200 g - 220 g	15 g - 25 g

1

SERVICIOS

DESDE LUEGO, NO ES LO MISMO PREPARAR UN ÁGAPE FAMILIAR QUE UNA CENA ÍNTIMA PARA DOS. PARA CADA TIPO DE COMIDA HAY UN TIPO DE SERVICIO ADECUADO, QUE INCIDIRÁ EN GRAN MEDIDA EN NUESTRA FORMA DE COCINAR.

Prever qué necesitaremos al final del proceso es tan importante como empezar bien. Debemos estar preparados para terminar el plato adecuadamente: si vamos a retirar alimentos del horno, pensemos en las medidas de seguridad necesarias. A continuación, preparemos los utensilios con que serviremos nuestras elaboraciones (platos, copas o bandejas), y decidamos si utilizaremos cucharones, espátulas o pinzas para hacerlo.

No olvidemos disponer del espacio necesario: superficies limpias y preparadas para servir los platos. Hay que tener a punto también los complementos y elementos decorativos que incorporaremos al plato final: hierbas, especias, flores, crujientes... Y, por último, repasemos el plato con un paño húmedo o un papel de cocina para presentarlo limpio de salpicaduras. Nuestro plato, resultado de nuestro esfuerzo, merece una buena presentación.

2

MENÚS Y SERVICIOS

Según el tipo de comida que estemos planeando cocinar, las elaboraciones pueden variar enormemente en cuanto a la forma, la vajilla necesaria, las cantidades y la presentación. En las cocinas profesionales hablamos de tipos de servicios.

Si nos atrevemos a organizar un servicio complejo, recomendamos ofrecer los platos con los que nos encontremos más cómodos y que nos veamos seguros de preparar. No merece la pena enzarzarse en elaboraciones complicadísimas que nos impidan disfrutar de cocinar. Una cocina que sea fresca, sana y, además, fácil siempre será bien recibida.

- **Servicio tradicional.** Es el tipo de servicio más habitual, basado en primer y segundo plato, o bien en ensalada y plato principal.
- **Aperitivo.** Consiste en una disposición de diferentes platillos para compartir y picar que se ofrecen a un grupo de comensales antes del plato principal.
- **Bufé.** Es una opción habitual para fiestas informales en las que la comida se dispone generosamente en mesas para que los comensales se sirvan a su gusto. Pueden organizarse áreas monográficas de elaboraciones: un bufé de ensaladas, una zona con los platos más contundentes, un bufé de postres, etc. *(foto 1).*
- **Menú degustación.** Consiste en una serie de platos de tamaño reducido que permiten al comensal probar una considerable variedad de propuestas. Suele oscilar entre 4 y 10 platos. Para preparar un menú degustación en casa, 6 platos es una buena opción. Por supuesto, esto tiene su complejidad: necesitaremos dominar bien su ejecución y poder prepararlos y servirlos en un intervalo de tiempo apropiado *(foto 2).*
- **Barbacoa.** Es un ágape desenfadado que permite saborear gran variedad de productos cocinados al momento. Pueden prepararse algunos platos para picar y acompañar el plato principal, cocinado a la barbacoa, con guarniciones y salsas para compartir.

UNA COCINA SEGURA

LA COCINA ES UN LUGAR PROPICIO PARA LOS ACCIDENTES DOMÉSTICOS. SI SEGUIMOS UNAS SENCILLAS NORMAS DE SEGURIDAD, EVITAREMOS RIESGOS Y COCINAREMOS DE UNA FORMA MÁS CÓMODA Y CON MAYOR TRANQUILIDAD.

La seguridad en la cocina forma parte del orden necesario para cocinar adecuadamente. Este espacio de trabajo entraña riesgos que, a menudo, la rutina diaria hace que subestimemos. Es importante seguir unas normas, sobre todo en cuanto al uso de utensilios cortantes, fuentes de calor y aparatos eléctricos. Aprovechemos, por otro lado, los recursos que la industria del menaje de cocina pone a nuestro alcance para contribuir a nuestra seguridad.

- **Evitar las quemaduras.** Tengamos siempre a mano agarradores de cocina. No usemos papel ni paños o bayetas mojados para coger un recipiente caliente. Para evitar salpicaduras peligrosas, incorporemos suavemente los alimentos en el aceite o el agua muy calientes. Protejámonos con mangas largas y delantal. Si se nos enciende una sartén, debemos cubrirla de inmediato con un paño o una tapa, y jamás echarle agua.

1

2

- **Cucharones y espátulas.** Evitemos dejar los cucharones y las espátulas dentro de las ollas que están al fuego, y levantemos las tapas con prudencia para no quemarnos con el vapor.
- **Cuchillos seguros.** Mantengamos los cuchillos bien afilados y secos, evitemos que sobresalgan del espacio de trabajo y transportémoslos con cuidado, jamás en posición horizontal.
- **Mangos de cazos y sartenes.** Procuremos que nunca sobresalgan de la placa de cocina *(foto 1).*
- **Tablas de cortar.** Acostumbrémonos a cortar y manipular los alimentos sobre tablas que se ajusten bien a la superficie de trabajo *(foto 2).*
- **Aparatos eléctricos.** Revisemos que hayamos apagado todos los mandos cuando terminemos de cocinar, y acordémonos de desenchufar los aparatos eléctricos antes de limpiarlos.
- **Extracción de humos.** La cocina debe disponer de un buen sistema de extracción para la absorción de humos, grasas y humedad. Asegurémonos de que la campana y sus conductos están limpios de grasas y funcionan correctamente.

PRODUCTOS

LA VARIEDAD, LA RIQUEZA Y LA CALIDAD DE LOS PRODUCTOS DETERMINAN EN GRAN MEDIDA LA PERSONALIDAD DE CADA COCINA. SON LA BASE DE CUALQUIER ELABORACIÓN, AUNQUE DEPENDEN DE NUESTRO CONOCIMIENTO PARA OFRECER TODO SU POTENCIAL.

Hoy en día es fácil disponer de una gran variedad de productos de alrededor del mundo durante todo el año. Esto nos permite ampliar nuestro abanico de posibilidades en el momento de ponernos a cocinar o de degustar nuevas propuestas. Sin embargo, somos partidarios, aunque sin caer en dogmatismos ni rechazar la oportunidad que nos ofrece la globalización del mercado, de empezar por tomar conciencia de los productos autóctonos, de mostrarnos sensibles y atentos a aquellos que pertenecen a nuestra región geográfica y climatológica, y que forman parte de nuestra memoria y tradición.

Cocinar con género de proximidad, es decir, con alimentos producidos en un radio aproximado de unos cien kilómetros a nuestro alrededor, nos aporta a menudo gustos insuperables, nos vincula territorialmente con nuestra cultura y, por ende, nos permite rememorar nuestro pasado gastronómico. Con frecuencia, la comida, como la música, tiene ese gran poder evocador que sirve para despertar sensaciones y recuerdos escondidos en nuestra memoria. Disfrutemos de este placer.

Además de la calidad organoléptica de los productos de temporada y proximidad que permiten consumirlos en su punto óptimo de maduración, contribuimos, a través de su elección, a un consumo sostenible al evitar el coste energético de largos transportes. Al mismo tiempo, potenciamos una agricultura acorde con los ritmos de las estaciones y apoyamos la labor de los agricultores, los pescadores y los ganaderos.

No obviaremos, sin embargo, algunos productos muy interesantes más propios de culturas y gastronomías vecinas. Porque, a pesar de lo dicho hasta el momento, conocer otras maneras de entender la cocina y de tratar los productos también enriquecerá nuestro universo gastronómico.

En las páginas que siguen revisaremos las particularidades de los principales grupos de productos, los calendarios de estaciones que nos ayudarán a determinar la mejor época para cada uno de ellos (lo que significa más sabor y, casi siempre, mejor precio) y también apuntaremos algunas sugerencias para elaborarlos o cocinarlos. No obstante, reiteramos que la curiosidad y la autoexigencia de saber exactamente qué tenemos entre las manos son fundamentales para ampliar nuestros conocimientos en el universo gastronómico, en el que cada pequeño detalle o variación puede aportar novedades a nuestros platos.

VEGETALES

EL MUNDO VEGETAL NOS OFRECE UNA EXTENSA VARIEDAD DE PRODUCTOS DE MÚLTIPLES Y SORPRENDENTES SABORES, MUY VERSÁTILES EN LA COCINA Y DE UNA GRAN CAPACIDAD NUTRITIVA.

Este grupo de alimentos es muy complejo y se presta a numerosas clasificaciones. Nos referimos a ellos genéricamente como vegetales porque, si bien la mayor parte de los que presentamos son hortalizas, incluimos también otras plantas que, sin pertenecer al mundo de la huerta, tienen asimismo un uso interesante en la cocina. A partir de aquí, para su selección y su descripción nos basaremos en criterios estrictamente culinarios.

Existen muchos vegetales que ya incorporamos habitualmente en la mayoría de los menús y dietas cotidianos. Sin embargo, merece la pena redescubrir algunas variedades que se usan con menor frecuencia, a pesar de su alto valor gastronómico. En general, todos son versátiles en cuanto a su elaboración: muchos vegetales pueden protagonizar un primer plato en crudo, a modo de ensalada; también podemos hervirlos, saltearlos o cocerlos a la plancha, o presentarlos en forma de sopas y cremas. Tan pronto pueden formar parte de un segundo plato a modo de guarnición o complemento, como ser el elemento indispensable de una elaboración.

Vamos a clasificarlos según la parte que se consume de cada vegetal: hojas; raíces; bulbos y tallos subterráneos; tallos aéreos; frutos, y vainas y semillas.

HOJAS

Ricas en vitaminas A y C, calcio, fibra y clorofila, las hortalizas de hoja tienen un gran poder antioxidante. La mayoría son verdes, y su elevado contenido en agua aporta hidratación a nuestro cuerpo. Este grupo comprende toda la familia de las lechugas, las cuales ofrecen un gran rango de texturas –desde carnosas hasta livianas– y sabores bien distintos –del dulce al amargo–. Simplemente combinándolas entre sí ya es posible crear una rica ensalada.

A las verduras que se prestan a ser cocidas debemos aplicarles cocciones justas que ensalcen su sabor y al mismo tiempo respeten al máximo sus propiedades nutritivas. Sin embargo, las hojas también sirven para preparar elaboraciones arriesgadas, a modo de complemento o guarnición. Desde su aparente simplicidad pueden aportar complejidad y sabor a platos principales.

Cabe destacar algunas plantas un tanto olvidadas, como las acelgas rojas o las achicorias, pues son tan gustosas y ricas en minerales como las más familiares y nutritivas espinacas.

- Acelga
- Acelga de tallo rojo
- Achicoria
- Berro
- Endibia
- Escarola
- Espinaca
- Hoja de roble morada
- Lechuga
- Lechuga Iceberg
- Lechuga romana
- Lechuga Trocadero
- Lollo rojo
- Lollo verde

COLES

Existen diferentes tipos de coles con tonalidades distintas y gustos diversos. Algunas variedades son de sabor contundente, mientras que otras son suaves, por lo que combinadas entre sí ofrecen contrastes interesantes. Si quisiéramos, podríamos disponer de un tipo de col para cada día de la semana, y podemos cocinarlas de muy distintas maneras. Si bien podemos hervirlas y aplicarlas en caldos y sopas, basta con un poco de creatividad para sacarles más partido. Sus hojas, por ejemplo, pueden servir como envoltorio de elaboraciones, y también podemos conservarlas en encurtido.

- Brócoli
- Col
- Col china
- Col de Bruselas
- Col lombarda
- Coliflor
- Colinabo
- Col romanesco

RAÍCES, BULBOS Y TALLOS SUBTERRÁNEOS

Las raíces, los tubérculos y los bulbos a menudo quedan relegados como complemento, pero si aprendemos a sacar partido a su intenso sabor a tierra nuestras elaboraciones pueden adquirir nuevos matices.

Raíces y tubérculos son una gran reserva de nutrientes y de texturas carnosas y delicadas. Hervidos, siempre están ricos, y son imprescindibles en guisos, caldos y sopas. Si probamos a freírlos, descubriremos gustosos aperitivos y guarniciones originales. Gracias a su llamativa gama de colores, conseguimos cremas o purés atractivos, que combinan muy bien con hierbas y especias. Por su parte, bulbos como el ajo o la cebolla son la base para cualquier tipo de sofrito y son ideales en las ensaladas por sus cualidades refrescantes.

- Ajo
- Apio nabo
- Boniato
- Cebolla
- Cebolleta
- Chirivía
- Escalonia
- Nabo
- Patata
- Puerro
- Rábano
- Remolacha
- Salsifí
- Zanahoria

TALLOS AÉREOS

Para asegurarnos de que son frescas y están en plenitud, las verduras de tallo deben ser firmes y quebradizas, con hojas de color intenso y vivo, y, sobre todo en el caso del apio, aromáticas. Este último es muy apreciado en todo tipo de elaboraciones calientes, como sopas, *bresas* o estofados, mientras que en crudo aporta todo su frescor en ensaladas e incluso cócteles, como el Bloody Mary.

Otra hortaliza de marcada personalidad son los espárragos, tanto blancos como verdes. Suelen ganar protagonismo al servirlos, bien como guarnición, bien como plato principal.

- Apio
- Cardo
- Espárrago

FRUTOS

Este grupo reúne buena parte de las hortalizas más conocidas y utilizadas en nuestra cocina. De cada una encontraremos infinidad de variedades que nos proporcionan más y nuevos sabores y texturas. Muchas de ellas son de color y gusto intenso, y su consumo en crudo aporta gran cantidad de vitaminas y minerales.

Aunque muchos frutos se pueden encontrar prácticamente durante todo el año, es recomendable consumirlos en su punto justo de maduración, que en su mayor parte es en las estaciones cálidas. Es entonces cuando las hortalizas de fruto ofrecen su máximo sabor, y también cuando podemos encontrarlas a buen precio; por ello es el momento de tenerlas en cuenta en nuestras recetas y menús, e incluso de prepararlas en conserva y poder disponer de ellas cuando no sea la temporada o no las hallemos en el mercado.

Son protagonistas en multitud de elaboraciones: en sofritos, como base para todo tipo de elaboraciones, como guarniciones o como plato principal.

- Aguacate
- Berenjena
- Calabacín
- Calabaza
- Guindilla
- Guindilla de primavera
- Pepino
- Pimiento rojo
- Pimiento verde
- Tomate

VAINAS Y SEMILLAS

Las semillas o envoltorios (las vainas) de algunas hortalizas son comestibles. Pertenecen a la familia de las leguminosas, y pueden ser consumidas como verdura (fresca) o también como legumbre cuando ha pasado un proceso de secado para su posterior conservación.

Son alimentos muy ricos en nutrientes y los podemos preparar de muchas maneras. Si la verdura es fresca y tierna, como ocurre en el caso de los tirabeques o los guisantes tiernos, su cocción en agua, o como salteado, debe ser muy rápida.

- Guisante
- Haba
- Judía verde
- Tirabeque

	ENERO	FEBRERO	MARZO	ABRIL	MAYO	JUNIO	JULIO	AGOSTO	SEPTIEMBRE	OCTUBRE	NOVIEMBRE	DICIEMBRE
Acelga	■	■	■	■	■	■	■		■	■	■	
Ajo				■								
Ajo tierno	■		■	■	■	■	■					
Alcachofa	■	■	■	■	■					■	■	■
Apio	■	■	■	■	■					■	■	■
Apio nabo												■
Berenjena	■	■	■	■	■	■	■	■	■	■	■	■
Boniato	■	■	■	■								■
Borraja	■	■	■							■		
Brócoli	■	■	■	■	■					■		■
Calabacín	■	■	■	■	■	■	■	■	■	■	■	■
Calabaza	■	■	■							■	■	■
Calçot	■	■	■	■	■							■
Cardo	■	■									■	■
Cebolla	■	■	■	■		■		■	■	■	■	■
Cebolleta		■	■	■	■							
Col	■											
Col de Bruselas	■	■	■								■	■
Coliflor	■	■	■							■	■	■
Col lombarda	■	■	■							■	■	■
Endibia	■	■	■								■	■
Escarola	■	■									■	■
Espárrago				■	■	■						
Espinaca	■	■		■	■		■			■		
Guisante		■	■	■	■							
Haba		■	■	■	■							
Hinojo (bulbo)								■	■	■	■	■
Hoja de roble							■					
Judía verde				■	■				■		■	■
Lechuga	■	■	■	■	■	■	■	■	■	■		
Lechuga romana						■	■	■				
Lollo rojo							■					
Nabo	■	■	■	■	■						■	■
Patata					■	■	■	■	■	■		
Pepino					■	■	■	■	■			
Pimiento del padrón							■	■	■	■		
Pimiento rojo	■	■	■	■	■	■	■	■	■	■	■	■
Puerro	■	■	■	■	■	■	■	■	■	■		
Rábano	■	■	■	■	■	■	■					■
Tirabeque				■	■	■						
Tomate				■	■	■	■	■	■		■	■
Zanahoria	■	■		■	■	■	■	■	■	■	■	■

La temporada de los productos está sujeta a variaciones según las zonas climáticas de cultivo.

SETAS

Las setas, en realidad, no son plantas, sino que forman parte del sorprendente universo de los hongos. Gozan de una excelente consideración en la cocina, puesto que ofrecen sabores intensos y singulares. Incluso detectamos en ellas el *umami*, término que proviene del japonés, significa 'sabroso' y designa uno de los cinco sabores básicos junto con el dulce, el ácido, el amargo y el salado. La mejor manera de saborearlas es en cocciones ligeras. Como desprenden gran cantidad de agua y pierden mucho peso, lo mejor es una cocción rápida que realce su carnalidad y sus aromas a tierra, a humedad y a perfumes de sotobosque.

La estacionalidad de las setas es corta y, aunque podemos disfrutar de las variedades secas y de las que se cultivan durante todo el año, la potencia aromática y la textura de las variedades silvestres y de temporada es diferencial.

En cuanto a las trufas, debemos elegirlas firmes y aromáticas para aprovechar todo su potencial. Es recomendable utilizar las de temporada y evitar las conservas, porque pierden aroma. Debemos guardarlas en la nevera, pero por poco tiempo. Las trufas apenas se cocinan. Normalmente las incorporamos ralladas y laminadas en el plato o bien atemperadas, evitando que el exceso de calor destruya su aroma.

CÓMO CONSERVAR LAS SETAS

Las setas y las trufas son delicadas. El frigorífico es un buen refugio para su conservación y debemos prepararlas justo antes de cocinarlas. Algunas variedades pueden lavarse con agua, pero otras es preferible limpiarlas únicamente eliminando los restos de tierra con un paño. Si no vamos a utilizarlas de inmediato, algunas variedades soportan bien la congelación, aunque muchas otras se mantienen mejor si se secan; también pueden conservarse en sal, confitadas en aceite o vinagre, o salteadas y congeladas.

SETAS SILVESTRES

- Colmenilla *(Morchella esculenta)*
- Hongo calabaza o seta de Burdeos *(Boletus edulis)*
- Níscalo *(Lactarius deliciosus)*
- Oronja *(Amanita caesarea)*
- Perrochico o seta de San Jorge *(Calocybe gambosa)*
- Rebozuelo *(Cantharellus cibarius)*
- Trompeta de la muerte *(Craterellus cornucopioides)*

SETAS CULTIVADAS

- Champiñón *(Agaricus bisporus)*
- Seta de cardo *(Pleurotus eryngii)*
- *Shiitake (Lentinula edodes)*

FRUTAS

RICAS EN COMPONENTES NUTRITIVOS, OFRECEN UN REPERTORIO DE SABORES TAN EXTENSO COMO VARIADO. LAS HAY DE MIL Y UN GUSTOS, COLORES, TEXTURAS Y FORMAS.

Las frutas no necesitan elaboraciones ni otros ingredientes para expresar su identidad y sus virtudes, pero a su vez tan pronto pueden ser un complemento sorpresivo como armónico, potente como discreto, que aporte contraste o acompañe a la perfección infinidad de elaboraciones.

Si queremos adquirir la fruta óptima, lo ideal es escogerla pieza a pieza. De este modo podremos apreciar su aroma, decidir el punto de maduración dependiendo de cuándo vayamos a consumirla y rechazar los ejemplares con golpes y magulladuras. Recordemos que los criterios de temporalidad y de proximidad nos aseguran una fruta más sabrosa y que respetarlos es importante para el medio ambiente.

La fruta contiene gran variedad de vitaminas y minerales, y también altas cantidades de fructosa, un azúcar natural. Para aprovechar su capacidad nutritiva, y también su mejor sabor, conviene tener en cuenta algunos consejos de conservación.

CONSEJOS DE CONSERVACIÓN

- **Almacenar la fruta en un lugar ventilado y fresco.** La ventilación evita que se acumule el etileno, el gas que las mismas frutas producen para desencadenar su maduración, y que las conduce también al deterioro. Un ambiente fresco impide que la maduración se precipite.
- **Mantener la fruta en recipientes adecuados.** Conservar la fruta en un recipiente que permita su transpiración. Retiremos cuanto antes los envases o las bolsas de plástico de la compra.
- **Favorecer el punto óptimo de maduración.** Si queremos retrasar la maduración de la fruta para conservarla durante más tiempo, podemos guardarla en el refrigerador. Su lugar es el cajón inferior. Si, por el contrario, deseamos acelerar el proceso de maduración, podemos mezclar la fruta verde con piezas maduras. Estas, al generar etileno, acelerarán el proceso de maduración de las frutas contiguas.

- **Bayas.** Frambuesa, fresa, grosella.
- **Cítricos.** Kuzu, limón, lima, mandarina, naranja sanguina, pomelo, quinoto (naranja china).
- **Frutas con hueso.** Albaricoque, ciruela, dátil, mango, melocotón, nectarina.
- **Manzanas.** Fuji Golden, Granny Smith, Reineta.
- **Melones y sandías.** Melón verde, melón amarillo, cantalupo, galia, piel de sapo, sandía.
- **Peras.** Conferencia, blanquilla, de agua, de San Juan, ercolina, limonera.
- **Otras.** Granada, membrillo, caqui, fruta de la pasión.

	ENERO	FEBRERO	MARZO	ABRIL	MAYO	JUNIO	JULIO	AGOSTO	SEPTIEMBRE	OCTUBRE	NOVIEMBRE	DICIEMBRE
Aguacate									■	■	■	■
Albaricoque					■	■						
Arándano						■	■					
Caqui	■											
Castaña											■	■
Cereza						■	■					
Chirimoya	■	■			■					■	■	■
Ciruela amarilla						■	■	■				
Ciruela roja						■	■	■	■			
Ciruela verde								■	■			
Dátil											■	■
Frambuesa						■	■					
Fresón			■	■	■							
Granada									■	■	■	■
Grosella						■	■					
Higo								■	■			
Limón	■	■	■	■	■					■	■	■
Mandarina	■	■	■							■	■	■
Mango									■	■	■	■
Manzana	■	■	■	■	■				■	■		
Manzana Granny Smith												■
Manzana Reineta											■	■
Melocotón						■	■	■	■			
Melón						■	■	■	■			
Melón galia							■	■				
Membrillo										■	■	
Mora						■	■					
Naranja	■	■	■	■	■					■	■	■
Naranja sanguina	■	■										
Nectarina						■						
Níspero					■	■						
Paraguayo						■	■					
Pera conferencia	■	■	■	■					■	■	■	■
Pera de agua	■	■	■							■	■	■
Pera de San Juan						■	■					
Pera ercolina y limonera							■	■	■			
Plátano	■	■	■	■	■	■			■	■	■	■
Pomelo	■	■	■	■	■					■	■	■
Sandía						■	■	■	■			
Sandía rallada							■	■	■			
Uva blanca							■	■	■	■	■	■
Uva roja								■	■	■	■	■

La temporada de los productos está sujeta a variaciones según las zonas climáticas de cultivo.

HIERBAS, ESPECIAS, FLORES Y GERMINADOS

EL MUNDO VEGETAL NOS BRINDA UN SINFÍN DE AROMAS Y SABORES GRACIAS A LAS PLANTAS QUE UTILIZAMOS COMO CONDIMENTO. ADEMÁS DE REALZAR EL SABOR DE LA COMIDA, AÑADEN SINGULARIDAD A CADA PLATO CON UN TOQUE DE DISTINCIÓN.

Las hierbas aromáticas, las flores, los germinados y las especias aportan personalidad a nuestras recetas. A veces toman protagonismo e imprimen carácter al plato, otras tan solo ofrecen un pequeño matiz. Por otra parte, la posibilidad de cultivar nosotros mismos muchas de estas hierbas, flores y germinados añade un elemento muy gratificante al acto de cocinar. Veamos los usos de los principales grupos.

HIERBAS

Podemos cultivar fácilmente hierbas aromáticas en nuestros jardines o en macetas en nuestros balcones y ventanas. De este modo, dispondremos de ellas cuando las necesitemos y, al mismo tiempo, aportarán aromas frescos a nuestro hogar. De todas formas, también las podemos comprar en manojos en fruterías y verdulerías, y ya preparadas en bandejas para guardar en la nevera. Cuando las refrigeramos, es mejor guardarlas en bolsas semiabiertas o envueltas en un papel o tela que absorba bien la humedad y evite la proliferación de microorganismos.

No obstante, también podemos utilizar hierbas secas y, de este modo, como las especias, nos ayudarán a condimentar todo tipo de elaboraciones. Su versión fresca es claramente superior, pero tenerlas siempre disponibles en nuestra despensa es una ventaja.

Actualmente las hierbas también pueden ser liofilizadas, y en muchos casos estas son de una calidad superior a las secas, ya que mantienen mejor sus propiedades. Es el caso del eneldo y el romero.

- Albahaca
- Cebollino
- Cilantro
- Eneldo
- Estragón
- Hierbaluisa
- Hinojo
- Laurel
- Mejorana
- Melisa
- Menta
- Orégano
- Perejil
- Perifollo
- Romero
- Salvia
- Tomillo

FLORES

Por su delicadeza, su belleza y su sabor se usan en muchas cocinas profesionales y, a pesar de su uso tan extendido, no dejan de sorprender. El mercado ofrece una gran variedad y calidad de flores comestibles. Su uso, sin embargo, debe aportar sentido al plato más allá de la mera decoración, por lo que debe medirse bien su presencia y permitir que esta pueda aportar aroma y matices que redondeen la elaboración.

Las flores comestibles se venden en tiendas especializadas, aunque podemos sacar partido de igual forma a las flores de muchas hierbas aromáticas, como las del romero, el tomillo, la albahaca o el hinojo.

- Borraja
- Calabacín
- Calabaza
- Caléndula
- Capuchina
- Clavel
- Flor de almendro
- Geranio
- Guisante
- Pensamiento
- Rosa
- Salsifí
- Saúco
- Viola

GERMINADOS Y MICROVEGETALES

Representantes del mundo de los microvegetales, los brotes y germinados aportan cualidades gustativas, estéticas y nutritivas a nuestros platos. Provienen de plantas que existen de forma natural, y, sin embargo, contienen más nutrientes que su versión adulta, ya que es en las semillas donde se concentran todas sus propiedades, que van diluyéndose a medida que la planta va creciendo.

Hay más de cuarenta clases de germinados. Podemos cultivar sus semillas según los procedimientos de la hidroponía, es decir, el cultivo de plantas por medio de una solución nutritiva disuelta en agua. Cuando los germinados brotan y adquieren el tamaño, el sabor y la textura ideal, ya podemos utilizarlos.

- Albahaca
- Alfalfa
- Borraja
- Col lombarda
- *Daikon*
- Lentejas
- Mostaza
- Mostaza roja
- Nabo
- Rábanos
- Rúcula
- Salicornia
- Sésamo
- *Shiso*
- Soja verde
- Trigo

ESPECIAS Y OTROS CONDIMENTOS

Podríamos viajar alrededor del mundo a través de sus aromas. Las especias son evocadoras de paisajes y costumbres, y si nos animamos a descubrir su infinidad de posibilidades daremos a nuestros platos todo tipo de sensaciones: chispa, frescor, calidez, vigor... Para que se activen sus propiedades necesitamos un ligero aumento de la temperatura. De este modo, sus sustancias aromáticas, dado que son volátiles, actúan con mayor intensidad. Sin embargo, debemos utilizarlas en pequeñas cantidades, puesto que su fuerza aromática puede ser muy potente.

Es mejor molerlas al momento. Y podemos elaborar nuestras propias mezclas. Las sales, por ejemplo, pueden caracterizarse con diferentes especias y hierbas: con eneldo y limón, con comino y pimentón...

- Anís estrellado
- Anís verde
- Azafrán
- Bayas de enebro
- Canela
- Cardamomo
- Cayena
- Cilantro
- Clavo de especia
- Comino
- *Curry* en polvo
- Jengibre en polvo
- Nuez moscada
- Pimentón
- Pimientas
- Regaliz
- Vainilla
- Wasabi

EN LA DESPENSA

UNA BUENA DESPENSA ES UNA FUENTE INAGOTABLE DE RECURSOS. EN ELLA GUARDAMOS ALIMENTOS ESENCIALES, Y TAMBIÉN ALGÚN QUE OTRO CAPRICHO. REVISARLA DE VEZ EN CUANDO Y MANTENERLA EN ORDEN ES FUNDAMENTAL.

Hay algunos productos elementales que no deben faltar en cualquier despensa medianamente abastecida. Pero en ella también podemos tener, cómo no, nuestros caprichos. Lo importante es darle un repaso periódico para renovar los productos agotados y revisar la fecha de caducidad de los que tenemos almacenados. La despensa es el lugar adecuado para los alimentos que deben conservarse en lugares secos y a oscuras; merece la pena tener la precaución de poner en primera fila los productos que deban consumirse antes, y también es buena idea ordenar la despensa por grupos de alimentos, lo que también ayudará a elaborar la lista de la compra. En todo caso, el espacio asignado para cada uno debe estar limpio y aireado, y cabe recordar que la mayoría de las conservas, una vez abiertas, deben guardarse en la nevera.

Veamos los principales grupos de alimentos y algunas sugerencias para abastecer nuestra despensa.

ACEITES Y SALSAS

- **Aceites.** De almendras, de avellanas, de cacahuete, de girasol, de maíz, de naranja, de oliva, de oliva extra, de pomelo, de sésamo, de soja, de trufas.
- **Salsas.** Mayonesa, mostaza, salsa de menta, de soja, de tomate, *teriyaki*, *tahina*, pasta de anchoas, de olivas negras, de tomate.
- **Vinagres.** De vino, de frambuesa, de Jerez, balsámico, de sidra, de hierbas.

ALIMENTACIÓN GENERAL

- Arroz
- Azúcar
- Bebidas vegetales
- Café, té e infusiones
- Cebollitas en vinagre
- Col fermentada
- Conservas
- Encurtidos
- Harinas
- Jalea
- Leche
- Legumbres
- Mermeladas
- Miel
- Olivas
- Pastas
- Sal de mesa

PESCADOS

SE TRATA DE UN PRODUCTO DELICADO Y FRÁGIL EN CUANTO A SU CONSERVACIÓN SE REFIERE, PERO MUY SALUDABLE Y VARIADO PARA TODO TIPO DE OCASIONES Y MENÚS. EL PESCADO BLANCO Y EL AZUL SON FUNDAMENTALES EN NUESTRA DIETA.

Hoy en día, nuestros mercados centrales reciben pescado de cualquier parte del mundo en menos de veinticuatro horas, por medio de rápidos métodos de transporte que nos aseguran su conservación. Por eso tenemos a nuestro alcance una variedad extraordinaria. Las dos grandes familias de pescado, la del pescado blanco (que contiene cerca de un 2 % de grasa) y la del pescado azul (cuyo contenido en grasas supera el 5 %), acogen, a su vez, múltiples especies. Todos tienen propiedades nutritivas sensacionales.

No obstante, si tenemos la suerte de vivir cerca de la costa, podemos disfrutar del pescado de proximidad y de temporada con todo su frescor y esplendor.

En efecto, al igual que las frutas y las verduras, los pescados también tienen una época del año en la que están más sabrosos, que normalmente coincide con su época de reproducción. Dejémonos aconsejar por los profesionales para que nos informen de la temporalidad de cada especie y para que nos ayuden a limpiarlo y a cortarlo, tal y como les indiquemos, o bien como nos sugieran ellos mismos.

Al tratarse de un producto perecedero, el frescor es un factor decisivo en la compra. Es recomendable cocinarlo el mismo día o no dejarlo más de un día en la nevera. Si no vamos a consumirlo en un plazo reducido, es mejor comprar el pescado congelado.

CÓMO RECONOCER EL PESCADO FRESCO

- **Ojos brillantes.** Un pescado recién salido del mar tiene los ojos cristalinos y saltones. Si están cubiertos por una fina capa blanquecina y hundidos, la pieza ha perdido su frescura.
- **Agallas al rojo vivo.** Es otro reflejo de su frescor. Cuando las agallas pierden color o se ennegrecen, es síntoma inequívoco de que el pescado ya no es fresco.
- **Olor a mar.** Este debe ser el olor del pescado que compremos. Evitemos el género que huele demasiado fuerte e incluso desprende mal olor.
- **Firmeza.** La piel del pescado debe ser firme y con las escamas bien adheridas. Su carne debe estar bien pegada a las espinas, y la piel debe mostrar un brillo más o menos acentuado, dependiendo de la especie.

	ENERO	FEBRERO	MARZO	ABRIL	MAYO	JUNIO	JULIO	AGOSTO	SEPTIEMBRE	OCTUBRE	NOVIEMBRE	DICIEMBRE
Anchoa					■	■	■			■		
Anguila de río								■	■			
Angula	■	■	■	■							■	■
Atún					■	■						
Bacalao	■	■	■	■	■							■
Besugo	■	■	■	■							■	■
Bonito						■	■	■		■		
Caballa			■	■	■	■						
Congrio					■				■		■	
Dorada			■	■	■	■	■		■	■		
Escorpena					■	■	■	■				
Gallo					■	■	■	■	■			
Jurel								■	■	■		
Lamprea		■	■	■								
Lubina	■	■	■	■	■	■	■			■	■	
Merluza					■	■	■					
Pez espada		■			■	■	■	■	■	■	■	■
Rape	■	■	■	■	■	■						
Raya					■	■	■					
Rodaballo			■			■	■					
Salmón								■	■			
Salmonete	■										■	■
Sardina					■	■	■	■	■	■		
Tiburón							■	■	■			

La temporada de los productos está sujeta a variaciones según las zonas pesqueras.

MARISCOS Y CEFALÓPODOS

SON ALGUNOS DE LOS PRODUCTOS MÁS APRECIADOS Y DELICADOS QUE NOS OFRECE EL MAR. EN EL MOMENTO DE LA COMPRA ES BÁSICO RECONOCER SUS SIGNOS DE FRESCOR, AUNQUE EN OCASIONES NOS PUEDE INTERESAR COMPRARLOS CONGELADOS.

Los mariscos son un alimento exquisito y muy apreciado. Por ello, y por la dificultad que conlleva pescarlos y conservarlos en buen estado, su precio suele ser elevado. También podemos encontrar buen marisco congelado, y a menudo a precios más asequibles, aunque probablemente pierda un poco las cualidades organolépticas del producto fresco.

Por otra parte, hoy en día es fácil encontrar marisco de diferentes mares u océanos en nuestras tiendas, y este a menudo tiene mejor precio que el marisco de nuestros mares. En ocasiones puede ser un recurso interesante. Pero debemos informarnos bien: aunque un bogavante mediterráneo y uno canadiense aportan las mismas cualidades nutritivas, no saben igual, puesto que, en realidad, no son de la misma especie.

Desde el punto de vista gastronómico, los grupos de marisco que tienen mayor interés son los crustáceos y los moluscos. Estos últimos, por su parte, incluyen tres grandes grupos de interés culinario: cefalópodos (pulpo, calamar, sepia), gasterópodos (cañadillas, caracoles) y bivalvos (mejillones, almejas, navajas).

Como en el caso del pescado, el grupo de marisco, moluscos y cefalópodos también exige cierto conocimiento para acertar en nuestra elección, tanto por su frescura como por su sabor. En la pescadería podemos observar que los ejemplares que nos interesen muestren los signos inequívocos de frescor, aunque lo ideal es comprarlos vivos.

CEFALÓPODOS

- Calamar
- Pulpo
- Sepia

CRUSTÁCEOS

- Bogavante
- Buey de mar
- Cangrejo
- Centollo
- Cigala
- Gamba
- Langosta
- Langostino
- Nécora

MOLUSCOS

- Almeja
- Berberecho
- Mejillón
- Navaja
- Ostra
- Vieira

OTROS

- Bígaro o caracolillo
- Cañadilla
- Percebe

CÓMO RECONOCER LOS CEFALÓPODOS FRESCOS

- **Carne firme.** La carne debe mostrarse firme al tacto, húmeda, brillante y resbaladiza.
- **Color nacarado.** El color de la carne debe ser entre blanco y rosa nacarado.
- **Tentáculos fuertes.** No deben estar ni blandos ni pegajosos.
- **Olor fresco.** Su olor debe ser limpio y no muy fuerte ni ofensivo.

CÓMO RECONOCER LOS MOLUSCOS FRESCOS

- **Valvas cerradas.** Rechazaremos los ejemplares cuyas valvas estén abiertas, aunque, si están entreabiertas, podemos comprobar que se cierran al contacto (lo que indica que el animal está vivo).
- **Olor fresco.** Deben oler inequívocamente a mar, de una forma más o menos intensa.

CÓMO RECONOCER LOS CRUSTÁCEOS FRESCOS

- **Articulaciones firmes.** Las patas no deben caer ni deben tener las articulaciones oscurecidas.
- **Antenas atentas.** El crustáceo fresco mantiene las antenas bien tiesas.
- **Ojos relucientes.** Los ojos, casi como pequeños alfileres, deben brillar.
- **Cuerpo unido.** Cabeza, abdomen y cola no se deben desmembrar.

	ENERO	FEBRERO	MARZO	ABRIL	MAYO	JUNIO	JULIO	AGOSTO	SEPTIEMBRE	OCTUBRE	NOVIEMBRE	DICIEMBRE
Almeja	■	■	■				■	■	■			■
Berberecho	■		■	■	■					■		■
Bogavante					■	■	■	■				
Buey de mar	■	■	■	■	■	■	■	■	■	■	■	■
Cabra de mar, centollo				■	■	■	■	■	■			
Calamar							■	■	■			
Cigala	■	■	■	■	■	■	■	■	■			
Langosta					■	■	■	■	■			
Langostino					■	■	■	■				
Mejillón	■	■	■	■				■		■	■	■
Navaja	■	■	■								■	■
Nécora					■	■	■	■	■	■	■	
Ostra	■	■	■					■	■	■	■	■
Percebe			■						■			■
Pulpo									■	■		
Sepia				■	■	■	■					
Vieira	■	■	■	■							■	■

La temporada de los productos está sujeta a variaciones según las zonas pesqueras.

CARNES

MUY PRESENTES EN NUESTRA DIETA Y EN NUESTRA TRADICIÓN CULINARIA, DISPONEMOS DE UNA GRAN VARIEDAD DE CARNES Y DE MÚLTIPLES MODOS DE PREELABORARLAS Y COCINARLAS.

Las principales carnes que consumimos en nuestra cultura son la carne de ternera, la de cerdo y la de cordero, consideradas carne roja junto con la caza; así como las aves y el conejo, denominadas carnes blancas. La clasificación en estos dos grupos no responde a un criterio científico, sino específicamente a un criterio culinario basado en el color de la carne en crudo. Desde el punto de vista de la nutrición, en cambio, se consideran carnes rojas la carne de los mamíferos, y carnes blancas, la de las aves.

Siempre que sea posible, es preferible que compremos la carne el mismo día que vayamos a cocinarla, o al menos asegurarnos de que vamos a consumirla en un breve lapso de tiempo. No obstante, actualmente disponemos de buenos sistemas de conservación, como los envases con atmósfera protectora, que bien aplicados nos permiten alargar el período de conservación de la carne, siempre y cuando seamos escrupulosos y no rompamos la cadena de frío.

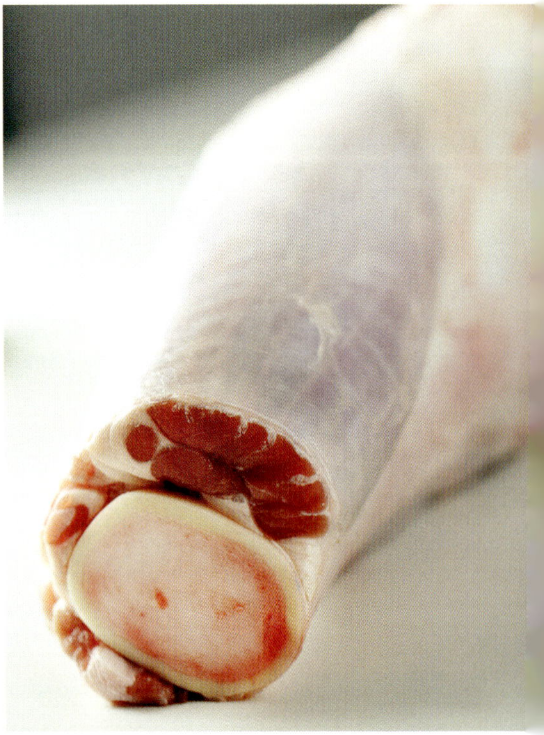

BOVINA

En el mercado podemos encontrar infinidad de piezas y elaborados de ternera, buey, vaca o toro. Es una carne sabrosa que admite todo tipo de cocciones dependiendo de la madurez de la carne y de la parte del animal. Con ella podemos preparar diferentes modalidades de guisos, estofados, salteados, braseados e incluso elaboraciones en crudo.

Cuando vayamos a comprar estas carnes rojas, decantémonos por las de color vivo, ya que es un signo inequívoco de frescor. La presencia de vetas de grasa infiltrada en el interior de las piezas, lejos de ser un defecto, muchas veces es síntoma de calidad y de una carne muy gustosa y cremosa al paladar, como ocurre en el caso de algunos tipos de chuletón.

CARNE DE CERDO

La carne de cerdo es una de las más consumidas en todo el mundo, a pesar de que hay religiones que la prohíben. Se trata de una carne extremadamente versátil, puesto que casi todas las partes del cerdo se aprovechan de un modo u otro: en embutidos, ahumados, salazones y un sinfín de cocciones.

Hay partes del cerdo, como el lomo o el solomillo, que ofrecen carnes tiernas para cocciones cortas, y otras, como manitas y pancetas, muy ricas en gelatina, que requieren largos tiempos de cocción.

Algunas piezas son perfectas para asar, como chuletas y escalopas, y otras constituyen una legión de productos de charcutería que permiten complementar y elaborar gran cantidad de platos.

Existen diferentes razas de cerdo, que aportan calidades y sabores diversos. El cerdo ibérico y el duroc, por ejemplo, son algunas de las más apreciadas.

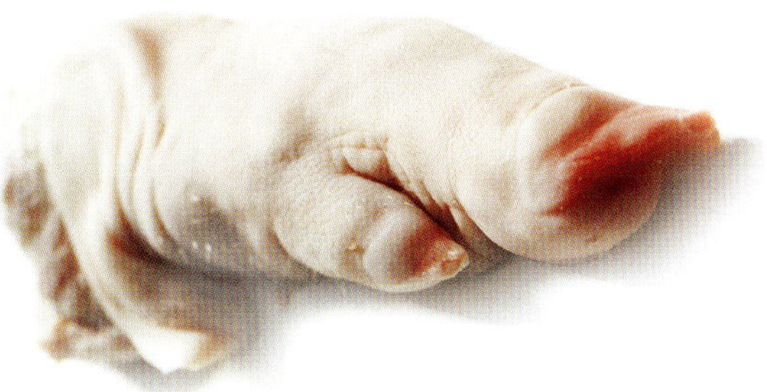

OVINA Y CABRUNA

La carne ovina es rica en grasa y de marcada personalidad. De textura tierna, generalmente acepta mejor las cocciones cortas; excepto algunas piezas, como el cuello, la falda y la pierna, que permiten cocciones más largas. Las brasas y los horneados, y en general las cocciones a alta temperatura, realzan su sabor. La carne de cabrito, por su parte, es muy aromática.

AVES

Enteras, en supremas, a dados, en brochetas, a cuartos, octavos... Existen muchos modos de preelaborarlas y de cocinarlas: salteadas, asadas, maceradas, guisadas... Para las dos partes principales de las aves, las pechugas y los muslos, a menudo hay que ajustar la cocción, puesto que son de texturas diferentes.

Las aves de caza, que suelen ser de sabor más intenso, requieren cierto reposo antes de cocinarlas para ablandar sus carnes más fibrosas y duras.

DESPOJOS

A pesar de que los despojos, las partes de las carnes que no se consideran nobles, han caído en desuso en las cocinas domésticas, cuentan con posibilidades muy interesantes. Con una larga tradición culinaria, poseen a menudo gustos potentes y, en muchos casos, gran valor nutritivo. Acercarse y recuperar la cocina de los despojos puede ser una fuente de sorpresas.

Algunas piezas muy sabrosas requieren largas cocciones para convertirse en texturas tiernas, como es el caso de la careta o la tripa de cerdo, el rabo de buey o la lengua de ternera. Otras, por el contrario, necesitan cocciones rápidas, como hígados, sesos o mollejas.

UTILLAJE Y MAQUINARIA

EN LA ACTUALIDAD DISPONEMOS DE NUMEROSAS HERRAMIENTAS QUE NOS AYUDAN A COCINAR CON MAYOR FACILIDAD. APRENDER A SACARLES PARTIDO NOS PERMITIRÁ AFINAR NUESTRA TÉCNICA Y AMPLIAR EL ABANICO DE POSIBILIDADES EN LA COCINA.

Contar con un menaje variado nos facilitará la mayoría de las tareas de la cocina. No se trata de reunir la ingente cantidad de herramientas disponibles hoy en día en el mercado ni de contar con el último modelo de cada máquina, y tampoco de poseer los artilugios más sofisticados que se utilizan en las cocinas profesionales. Lo importante es disponer del utillaje de uso doméstico adecuado para cada tipo de elaboración y cocción que decidamos llevar a cabo.

En ocasiones, incorporar algún utensilio nuevo, como un sencillo termómetro, nos puede abrir un mundo de posibilidades culinarias inusitado, mientras que recuperar instrumentos manuales tradicionales, como morteros, pasapurés o molinillos de café, nos permitirá obtener texturas con un mayor control del que permiten los más modernos aparatos eléctricos. Basta con probar nuevos procedimientos y dar rienda suelta a nuestra imaginación, ya que los utensilios de cocina nos pueden dar mucho juego. Nos ayudarán también a mejorar nuestra técnica, a ser más depurados y precisos en nuestras elaboraciones, y todo ello contribuirá a la consecución de mejores platos, presentaciones más atractivas, resultados perfeccionados y, por ende, más ricos.

1

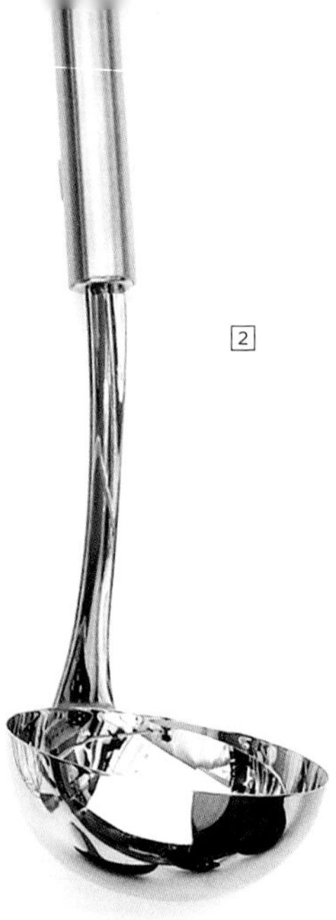
2

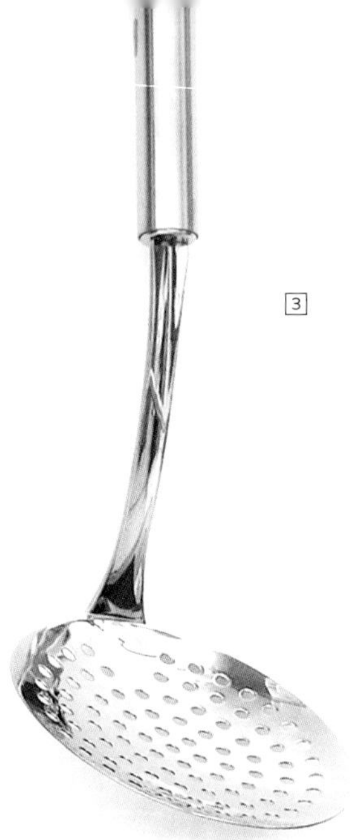
3

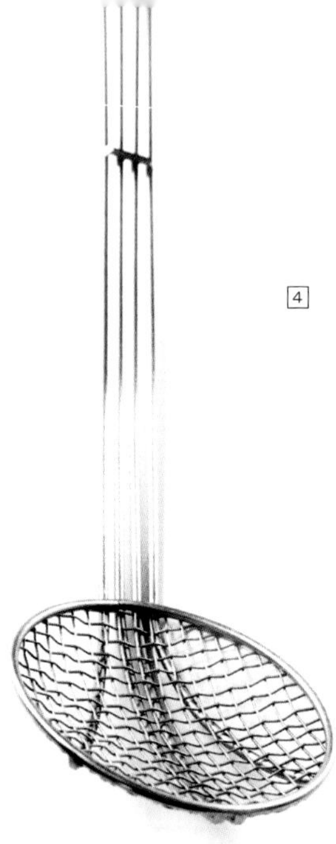
4

UTENSILIOS

DESDE UN ARO PARA DAR UNA FORMA ATRACTIVA A UNA PREPARACIÓN HASTA EL CUCHARÓN PARA SERVIR, LOS RECIPIENTES QUE VAN AL FUEGO Y LOS APARATOS QUE PERMITEN CONTROLAR MEJOR LAS COCCIONES: TODO ES ÚTIL EN LA COCINA.

Existen distintos utensilios para cocinar y para los diferentes tipos de cocina; cada cultura dispone de una gran variedad. No obstante, revisemos algunos de los más comunes y necesarios para la clase de elaboraciones y productos habituales en nuestro entorno gastronómico.

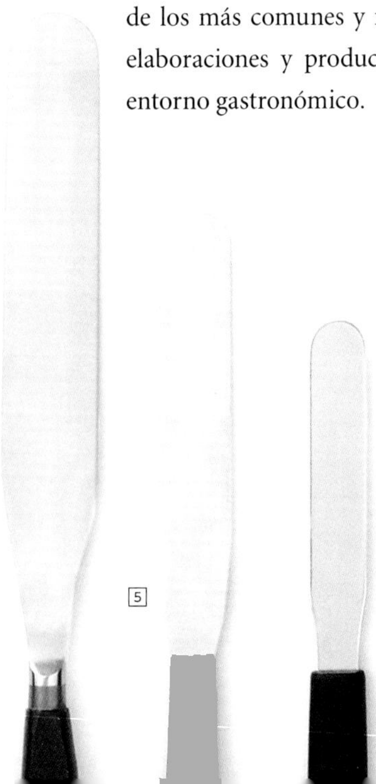
5

6

REMOVER, RECOGER, SERVIR

- **Varillas o batidora.** Las varillas curvadas, normalmente de metal y enlazadas en un mango, permiten mezclar o batir alimentos *(foto 1).*
- **Cucharón.** Cuchara de asa alargada y fondo hondo, que se utiliza para servir caldos *(foto 2).*
- **Espumadera.** Cuchara ancha que sirve para espumar fondos o caldos, o remover y manejar elaboraciones consistentes *(foto 3).*
- **Araña.** Similar a la espumadera, pero con la base de alambre; se usa sobre todo para retirar frituras del aceite y escurrirlas *(foto 4).*
- **Espátula.** Su base plana es idónea para coger y extender productos y preparaciones. Las hay de diferentes tipos, materiales y medidas *(foto 5).*
- **Lengüeta.** Espátula de goma que se usa para recoger los últimos restos de cremas, salsas o líquidos espesos adheridos a un recipiente *(foto 6).*

MOLDEAR

- **Molde.** Recipiente que sirve para dar forma a un preparado bajo la acción del calor o del frío. Hay infinidad de variedades, de distintas formas y capacidades. Los moldes de silicona son muy útiles, ya que este material flexible y antiadherente permite realizar cocciones uniformes en hornos y microondas *(foto 1).*
- **Aro y molde semifrío.** De diferentes formas y tamaños; se usa para montar platos. Se rellena con el producto o guarnición y, al retirarlo, la comida queda recogida según la forma deseada *(foto 2).*
- **Cortapastas.** Molde que se utiliza para cortar y dar forma a las pastas, a masas crudas y cocidas. También sirve para cortar frutas con formas atractivas. Algunos cortapastas pueden funcionar asimismo como aros. Existen de muchas formas y tamaños.
- **Anillo para tartas.** De metal, liso u ondulado, de distintas medidas, y normalmente ajustable; se dispone sobre las placas del horno para hacer tartas y elaboraciones del tipo quiche. También se usa para hornear las capas que constituyen un pastel *(foto 3).*

COLAR Y TAMIZAR

- **Chino.** Colador de forma cónica, con numerosos agujeros, que permite separar las fibras y partículas más pequeñas de los alimentos de su propio jugo o líquido. Normalmente se fabrica en acero inoxidable. Se utiliza mucho para conseguir una textura suave y sedosa en cremas o sopas frías.
- **Colador.** Sirve para separar los alimentos de su líquido de escurrido, remojo o cocción. Hay coladores de distintos materiales y tamaños, y con mallas o agujeros de diferentes diámetros.
- **Espolvoreador o lustrera.** Este utensilio dotado de pequeños agujeros se utiliza para espolvorear cacao, azúcar lustre u otros alimentos en polvo sobre los preparados. Es muy habitual en pastelería.
- **Tamiz o cedazo.** Colador ancho de malla metálica o de tela más o menos tupida que se emplea para aligerar o afinar productos, como la harina o el pan rallado. Con él podemos eliminar los grumos y obtener un polvo fino y regular. Los tamices metálicos también se utilizan para colar purés.

1

2

3

4

5

COCINAR

- **Vaporera.** Cestillo plano perforado que se introduce en una olla para cocer al vapor sin que el producto toque el agua. Hay cacerolas que se apilan unas sobre otras con el mismo fin *(foto 1).*
- **Olla o marmita.** Recipiente con asas laterales y tapa pensada para llevar líquidos a ebullición, habitualmente para elaborar caldos o hervir pasta y arroz. Las ollas de gran capacidad permiten cocer grandes cantidades de alimentos *(foto 2).*
- **Cacerola.** Al ser circular y de tamaño reducido, se usa para hervir líquidos o elaborar estofados en pequeñas cantidades. Permite realizar cocciones largas, pues la mayoría de las cacerolas están provistas de una parte inferior gruesa que reparte el calor de manera uniforme y, en consecuencia, se consigue una cocción muy estable *(foto 3).*
- **Cacerola para baño maría.** Es un conjunto de dos cacerolas, una grande y otra más pequeña, que permite cocinar indirectamente un alimento a través del calor del agua. Con un complemento especial, puede adaptarse para la cocción al vapor.
- **Fuente.** Recipiente que se utiliza para asar y gratinar. Suele ser de metal, rectangular u ovalada, de base plana y paredes rectas *(foto 4).*
- **Olla a presión.** Olla de cierre hermético para cocer los alimentos con rapidez. La presión del vapor hace posible que la temperatura en el interior aumente hasta 125 °C y acelere la cocción.
- **Sartén.** De base plana y poco profunda, las hay de diferentes tamaños. Las sartenes antiadherentes tienen un revestimiento que evita que los alimentos se peguen y permiten cocinar con menos grasas. Es ideal para salteados rápidos y cocciones ligeras *(foto 5).*
- **Parrilla.** Por lo general de hierro colado, plana o ligeramente curvada; es un utensilio pesado, pero que transmite muy bien el calor. Se utiliza a fuego fuerte y es excelente cuando nos interesa marcar el producto y retener así el sabor de los alimentos.

MOLER, MEZCLAR, SEPARAR

- **Aplasta patatas.** Su disco perforado se usa para aplastar manualmente patatas cocidas u otros tubérculos, como zanahorias y chirivías, hasta conseguir un puré de la textura deseada *(foto 1)*.
- **Pasapurés.** Colador con mango que se utiliza para triturar o «pasar» alimentos, y es perfecto para conseguir purés lisos. En el caso del puré de patata, el pasapurés logra una textura más respetuosa con el producto que el brazo eléctrico triturador *(foto 2)*.
- **Mortero y almirez.** Los hay de diferentes formas, materiales y tamaños; se utilizan para machacar y triturar los alimentos. Con su ayuda se pueden preparar picadas, semillas y algunas salsas *(foto 3)*.
- **Exprimidor.** Facilita extraer a presión el jugo de las frutas, especialmente de los cítricos. Hay exprimidores eléctricos y manuales *(foto 4)*.
- **Molinillo manual.** Molino mecánico, de muela o ruedecilla, que funciona accionado por una manivela o por un movimiento de rotación de la tapa. Permite moler las semillas en partículas de un tamaño más uniforme que con los moledores eléctricos. Si bien conserva su uso tradicional para moler café, podemos conseguir otras aplicaciones interesantes, como moler sal y especias en pequeñas cantidades o reducir a polvo ciertos alimentos secos, como algunas setas. Los hay de muchas medidas y materiales.

2

3

1

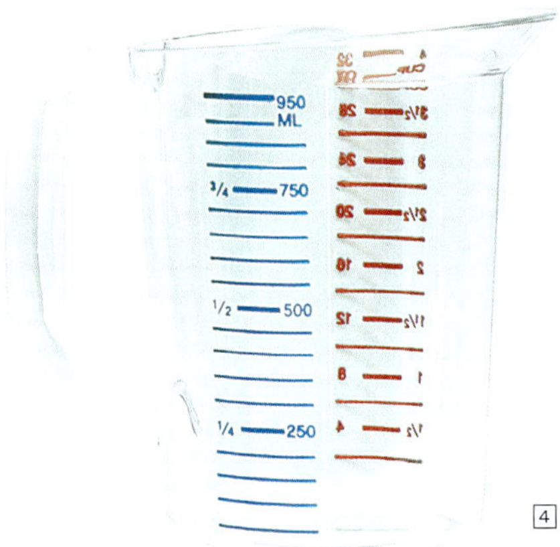

4

5

MEDIR

- **Balanza.** Sirve para pesar los productos, y las hay de diferentes tipos y capacidades según los alimentos y las cantidades que vayamos a pesar *(foto 1)*.
- **Medidor líquido.** Es el envase adecuado para medir volúmenes de líquidos. Los hay de distintos tamaños y materiales *(foto 4)*.
- **Reloj o *timer*.** Es un utensilio muy práctico para medir y controlar los tiempos de las diferentes fases de cocción de una elaboración *(foto 3)*.
- **Taza y cuchara de medir.** Se utilizan para medir cantidades pequeñas (volúmenes) de ingredientes. Son necesarias si queremos seguir las recetas de ciertas cocinas internacionales que detallan las medidas en cucharadas *(spoons) (foto 2)*.
- **Termómetro.** Sirve para cocinar un producto a una temperatura precisa. Existen termómetros para distintos usos culinarios: para freír, para confitería, especiales para el chocolate, etc. *(foto 5)*.

CUCHILLOS Y OTRAS HERRAMIENTAS

NO HAY COCINA SIN CUCHILLOS. SON UNA HERRAMIENTA IMPRESCINDIBLE QUE A MENUDO USAMOS DE FORMA INTUITIVA, AUNQUE HAY QUE SEGUIR CIERTAS NORMAS SI QUEREMOS CONSEGUIR CORTES MÁS PRECISOS, RÁPIDOS Y SEGUROS.

El uso de los cuchillos es relativamente sencillo, aunque no siempre se utilizan del modo adecuado y es fácil incurrir en errores. Para empezar, además del cuchillo necesitamos una tabla de cortar que estabilice el corte del modo adecuado y que esté bien sujeta a la superficie de trabajo. Otra cuestión importante es emplear el cuchillo idóneo para cada alimento y para cada tipo de preparación, según veremos en las páginas siguientes.

Los cuchillos siempre deben estar limpios y secos antes de empezar a trabajar. Asimismo, debemos lavarlos inmediatamente después de su uso. Es mejor hacerlo a mano, evitar los estropajos abrasivos y utilizar detergentes neutros, para conservar el brillo natural del acero. No conviene dejarlos sumergidos en agua durante mucho tiempo.

Si lavamos los cuchillos en el lavavajillas, debemos colocarlos hacia abajo en el cesto para cubiertos a fin de evitar roces con otros utensilios y, cuando termine el ciclo, debemos retirarlos de inmediato y secarlos a fondo con un paño limpio y absorbente.

Por último, es fundamental que los cuchillos estén siempre bien afilados, tanto para asegurar su eficacia como por motivos de seguridad. Un buen filo permite realizar el corte sin esfuerzo y de manera controlada, mientras que un cuchillo desafilado (o mal afilado) tiene un corte imprevisible y obliga al cocinero a hacer un sobreesfuerzo para cortar.

AFILADO EN CASA

Para conservar correctamente los cuchillos, el afilado profesional es el más seguro, aunque en casa podemos mantener el filo vivo con algunas operaciones.

- **Acero.** Una acción común en las cocinas es pasar el acero por la hoja del cuchillo, buscando el máximo roce con el filo. No es una operación muy precisa, pero contribuye a mantener el filo *(foto 1)*.
- **Máquinas.** Los afiladores mecánicos tratan la hoja del cuchillo con el ángulo adecuado y de este modo permiten un afilado más duradero *(foto 2)*.
- **Piedra.** Afilar con piedra es un sistema muy utilizado en las cocinas orientales, que consiste en pasar el cuchillo por ciertos tipos de piedra para que corte bien. Se trata de un método muy efectivo pero requiere constancia y práctica.

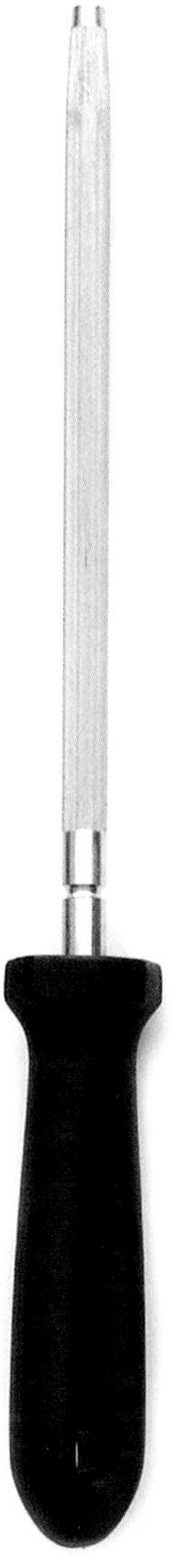

1

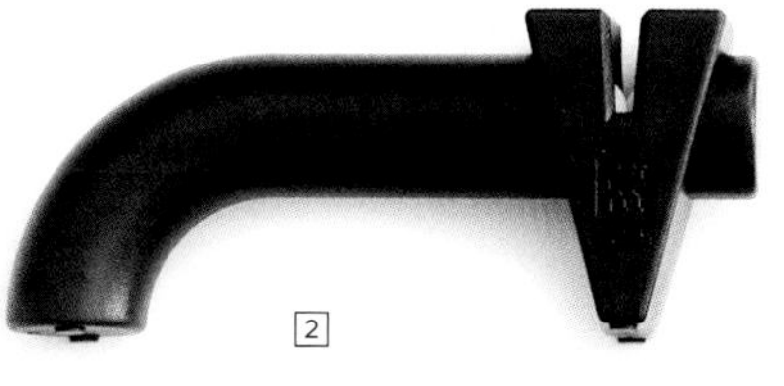

2

TIPOS DE CUCHILLOS

■ **Puntilla.** Pequeño cuchillo cuya hoja, de unos 7 centímetros de longitud, es estrecha y puntiaguda. Es un instrumento muy versátil y de corte preciso. Se utiliza para realizar pequeños cortes, para pelar, tornear o moldear todo tipo de alimentos *(foto 1)*.

■ **Trinchante.** De hoja larga y triangular, tiene un filo fuerte y estable con el borde ligeramente curvado para balancear el cuchillo y poder cortar con facilidad. Se usa para trinchar o romper huesos.

■ **Cebollero.** Parecido al trinchante, aunque más pequeño (entre 15 y 30 centímetros), es un multiusos para cortar y picar todo tipo de productos *(foto 2)*.

■ **Deshuesador.** Está dotado de una hoja de unos 12 centímetros, delgada y puntiaguda, que accede con facilidad a ranuras estrechas, por lo que se utiliza fundamentalmente para extraer los huesos a todo tipo de carnes y las espinas de los pescados *(foto 3)*.

■ **Macheta (o hacha de cocina).** De hoja muy ancha y casi cuadrada, se utiliza para trocear carnes y pescados y para aplanar filetes *(foto 4)*.

■ **Jamonero.** Específico para cortar jamón, su hoja, de unos 40 centímetros, es estrecha y flexible *(foto 5)*.

■ **De sierra o de pan.** Su filo de grandes dientes en forma de sierra desgarra las fibras del pan *(foto 6)*.

■ **Eléctrico.** Dispone de dos hojas paralelas dentadas o en forma de sierra que se deslizan en sentido contrario. Se utiliza principalmente para cortar, dividir y trocear elaboraciones que poseen texturas delicadas o complejas, y que requieren poca presión *(foto 7)*.

■ **De queso.** Existe una gran variedad dependiendo del tipo de queso. Una clasificación genérica distinguiría entre los usados para cortar queso duro, que son grandes y de hoja plana, y los usados para el queso tierno, cuya hoja suele estar perforada *(foto 8)*.

■ **Fileteador.** Gracias a la hoja larga, delgada y flexible, y al filo liso de este cuchillo, la carne y el pescado se pueden filetear con cortes limpios.

1

2

3

4
5
6
7
8

1
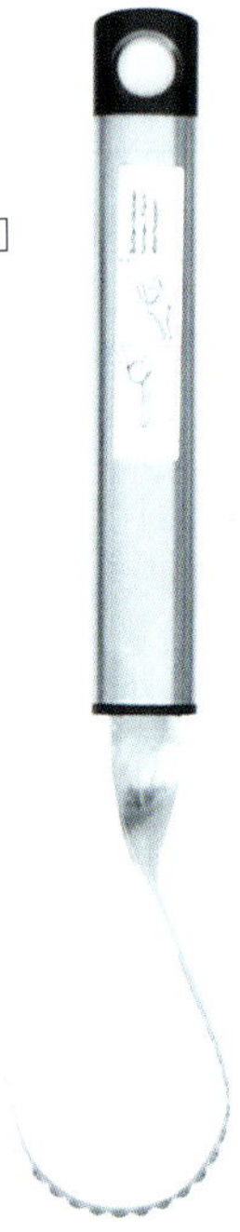

2
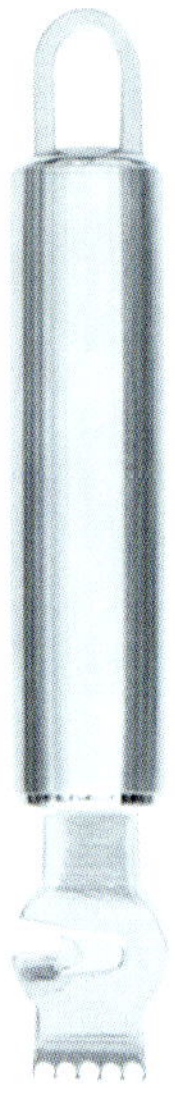

3

4
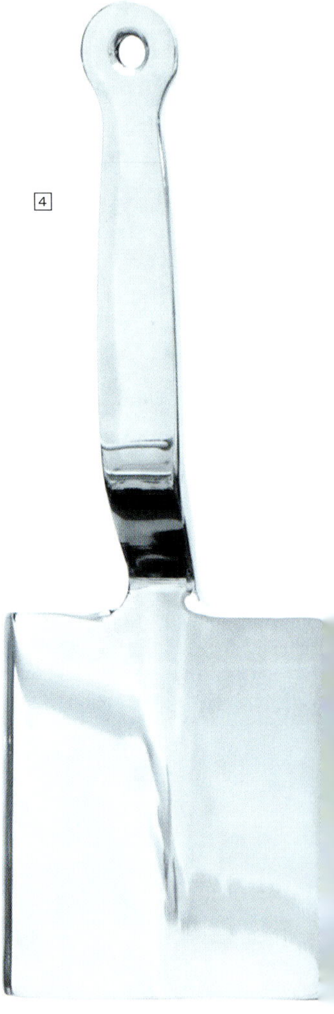

PEQUEÑAS HERRAMIENTAS

ASEGURÉMONOS DE QUE DISPONEMOS DEL UTILLAJE BÁSICO. EN EL MERCADO HAY UNA GRAN VARIEDAD DE HERRAMIENTAS CLÁSICAS, CON ESTÉTICA RENOVADA, CON LAS QUE PODEMOS MANTENER NUESTRA COCINA AL DÍA.

Junto a las herramientas básicas para acciones cotidianas, como las tijeras y los abrelatas, existen otras más sofisticadas para embellecer nuestras preparaciones, como el acanalador o la cucharilla vaciadora. Mientras que las primeras son imprescindibles en casa, puede ser interesante incorporar algunas de estas últimas y que pasen a formar parte de nuestro instrumental habitual. A menudo disponer de buenas herramientas nos permitirá introducir más variedad a nuestras creaciones cotidianas e inspirarnos para abordar nuevas recetas.

HERRAMIENTAS

- **Rizador de mantequilla.** Es una herramienta circular con dientes estriados que permite manipular la mantequilla fácilmente *(foto 1)*.
- **Acanalador.** Su pequeña cuchilla permite realizar atractivos surcos en frutas y hortalizas para extraer tiras de piel. De este modo se consigue un contraste interesante de franjas de distinto color. Se usa mucho en coctelería, tanto para conseguir láminas decoradas como para utilizar las tiras de las pieles como condimento aromático *(foto 2)*.

5

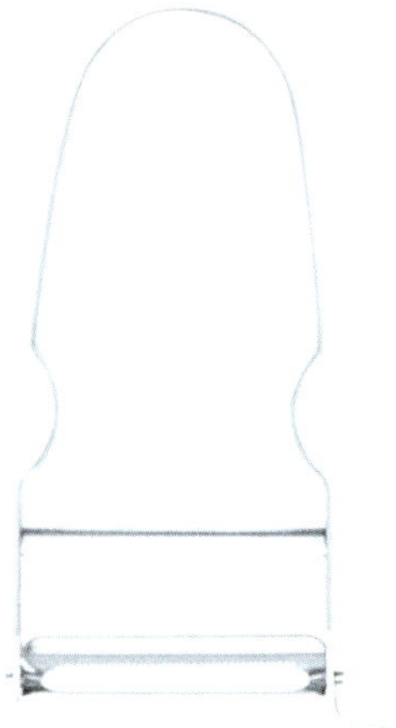

6

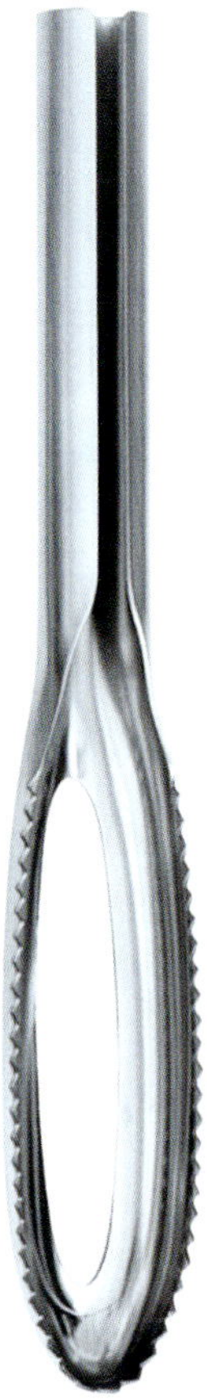

7

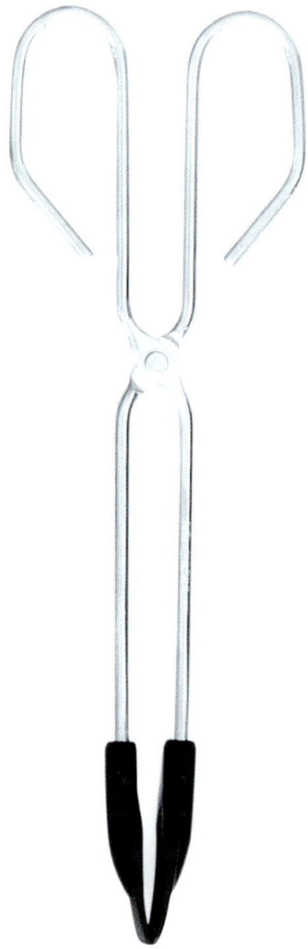

- **Pinzas de acero inoxidable.** Ayudan a sujetar con precisión productos de dimensiones reducidas o que requieren gran delicadeza *(foto 3)*.
- **Espalmadera.** Muy pesada y de acero; sirve para aplastar la carne cruda y la carne de pescado *(foto 4)*.
- **Pelador.** Ideal para pelar frutas y hortalizas, su cuchilla permite cortar superficialmente el producto, evitando que el corte sea demasiado grueso *(foto 5)*.
- **Aguja mechadora.** Aguja cilíndrica y alargada que se utiliza para introducir tiras de tocino o de algún otro producto en el interior de la carne cruda (mechar).
- **Aguja de bridar.** Varilla de acero que se usa para dar forma a las aves crudas, al unir sus extremidades al cuerpo, para que no se desarmen durante la cocción.
- **Deshuesador.** Sirve para retirar los huesos de las aceitunas o de frutas como las cerezas.
- **Escamador.** Gracias a su forma dentada puede arrancar las escamas de los pescados *(foto 6)*.
- **Pinzas de cocina antiadherentes.** La protección de silicona permite tomar los ingredientes de ollas y sartenes sin dañar su revestimiento *(foto 7)*.
- **Boleador.** Cuchara especial para formar bolas de helado. Gracias a su asa hueca, se aprovecha el calor de la mano para servir el helado con mayor facilidad. Los hay de distintas medidas.
- **Abreostras.** Para evitar riesgos en la ardua labor de abrir ostras, es imprescindible usar este utensilio específico para este uso, de hoja dura y punzante.
- **Descorazonador.** Es una herramienta cilíndrica y hueca que permite extraer el corazón de las frutas (con las semillas y el rabillo). Se pueden encontrar diferentes modelos según el tipo de fruta.

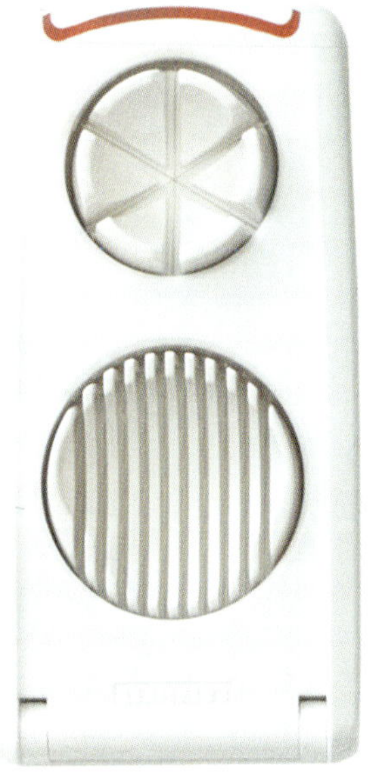

1

2

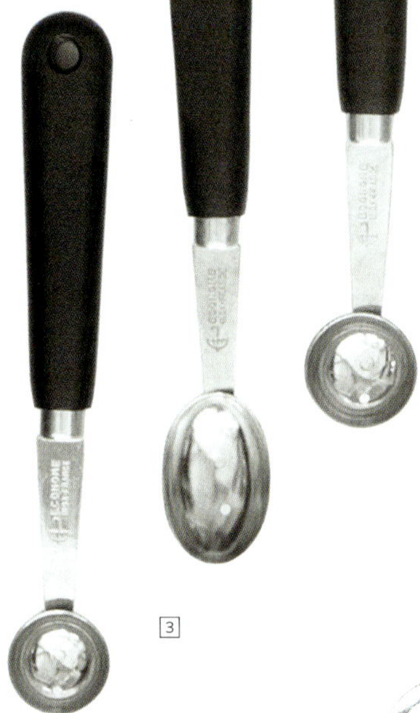

3

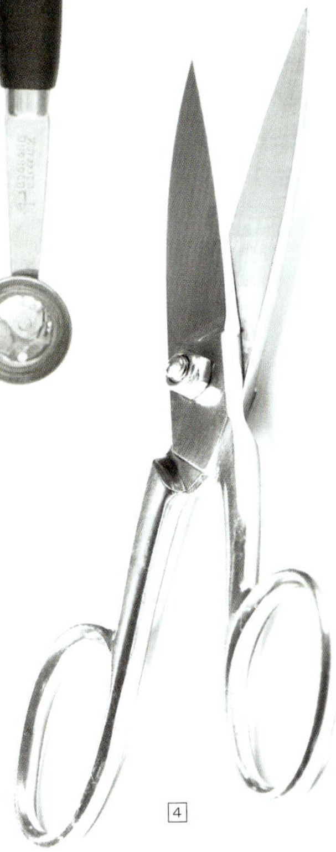

4

■ **Cortador de huevo.** Permite cortar un huevo en láminas del mismo grosor con un solo movimiento. También se puede utilizar para cortar otros ingredientes, como fresas o champiñones *(foto 1).*

■ **Separador de huevo.** Es un recurso sencillo pero muy útil para separar la clara del huevo asegurándonos de que la yema no se derrame.

■ **Abrelatas.** Un elemento tan clásico como imprescindible para abrir las latas de conserva. Los modelos más clásicos conviven hoy en el mercado con mil y un nuevos diseños y materiales *(foto 2).*

■ **Cucharilla vaciadora o sacabocados.** Se usa para extraer bolas de distintas hortalizas, ya sea patatas, nabos, zanahorias..., y presentarlas de una forma regular y atractiva en las guarniciones. Las hay de diferentes tamaños y formas *(foto 3).*

■ **Tijeras de cocina.** Hay modelos distintos con cuchillas adaptadas para cada uso específico: para cortar pescado, tejidos cárnicos, huesos, etc. El eje de giro queda lejos de las asas para que resulte más sencillo ejercer fuerza a la hora de cortar. Es uno de los utensilios indispensables en la cocina *(foto 4).*

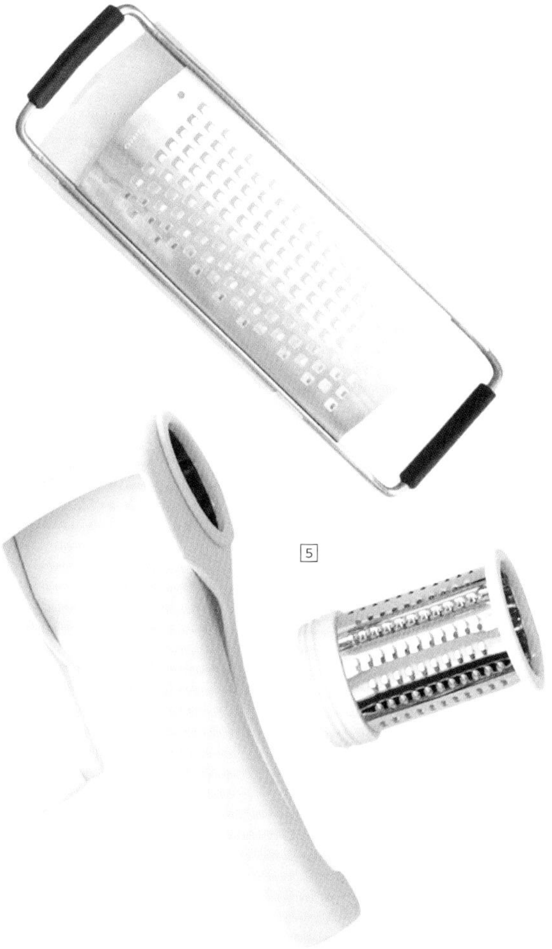

5

6

■ **Rallador.** Sirve para rallar una gran variedad de productos (quesos, frutas, piel de cítricos, hortalizas, etc.). Existen ralladores de varios tamaños y que permiten obtener distintos grosores. Los más precisos, con los que se puede rallar casi sin esfuerzo, se han popularizado con el nombre de *microplane (foto 5).*

■ **Mandolina.** Sus hojas afiladas permiten realizar cortes que resultarían complicados e incluso imposibles de llevar a cabo con un simple cuchillo. Con diferentes complementos se pueden efectuar cortes con formas especiales: de rejilla, ondulada, etc. *(foto 6).*

MAQUINARIA

CADA VEZ ENCONTRAMOS MÁS MÁQUINAS DESTINADAS A NUEVOS USOS CULINARIOS. MUCHAS YA HAN DADO EL SALTO DE LA COCINA PROFESIONAL AL USO DOMÉSTICO Y NOS PERMITEN CONSEGUIR PREPARACIONES SORPRENDENTES.

Existen pequeñas máquinas preparadas para el uso doméstico que facilitan sumamente algunas tareas. Muchas de ellas ya llevan tiempo presentes en nuestro día a día, como el exprimidor eléctrico, el túrmix, la licuadora o las picadoras; otras, como los termos de cocción, empiezan a ganar terreno. Algunas, aunque son más habituales en las cocinas profesionales, pueden encontrarse ya en formato doméstico, desde trituradoras de hielo hasta pequeñas sorbeteras, destiladores de sabores o germinadores. Repasemos algunas de las principales, tanto las sencillas como las más sofisticadas.

PEQUEÑA MAQUINARIA

- **Batidora-mezcladora.** Es un aparato multiusos que se emplea tanto para batir o pastar como para amasar alimentos. Las hay con y sin vaso *(foto 1)*.
- **Licuadora.** Extrae los líquidos de los alimentos, especialmente las verduras y las frutas, mediante una rotación rápida, y los filtra a través de un colador que retiene la pulpa, las semillas y la piel *(foto 2)*.
- **Cortadora de fiambres.** Permite cortar los alimentos en porciones iguales, de mayor a menor amplitud según la posición seleccionada *(foto 3)*.
- **Balanza de sobremesa.** Para pesar o medir la masa de un producto en gramos o kilogramos. Debido a la incorporación de nuevos ingredientes, como los texturizantes, que se emplean en cantidades muy reducidas, otro tipo de balanza que cada vez está ganando más adeptos es la de precisión *(véase p. 88)*.
- **Picadora o capuladora.** Generalmente se usa para picar carne, pero también puede utilizarse para rellenar salchichas o picar pan seco *(foto 4)*.
- **Freidora.** Dispone de una cesta para sumergir los alimentos en un recipiente con aceite y para escurrirlos. La eléctrica, además de ser más segura, permite regular la temperatura a través de un termostato; algunas disponen de temporizador.
- **Grill y sandwichera.** El sistema de parrillas térmicas superiores e inferiores de estos aparatos facilita cocinar, marcar, tostar o calentar productos y elaboraciones sin necesidad de tener que darles la vuelta.
- **Horno de baja temperatura.** El calor que genera se distribuye mediante un ventilador y esto permite que los productos se cocinen de forma rápida y uniforme. Controla la temperatura con gran precisión, sobre todo en un rango de temperaturas bajas, de entre 50 y 120 °C. Cuece con calor seco, como un horno convencional, y también permite cocciones húmedas, como la cocción al vapor o al vacío.
- **Cocina de inducción.** Cuece los alimentos a través del calor generado por el efecto de la inducción, que se obtiene por la acción de un campo magnético situado debajo de una superficie vítrea.
- **Microondas.** Calienta o cuece los alimentos rápidamente a través de ondas electromagnéticas.
- **Plancha o grill eléctrico.** Cuece los alimentos por contacto directo con su superficie antiadherente, lisa o estriada, usando muy poca grasa y transmitiendo calor de un modo muy uniforme.

1

2

3

4

1

■ **Deshidratador.** Extrae el agua de los alimentos aplicando sobre estos suaves temperaturas a través de aire caliente y de forma constante *(foto 1)*.

■ **Molinillo eléctrico.** Sus afiladas cuchillas muelen finamente los productos. Hoy en día su uso es escaso, ya que el robot de cocina, que es más polivalente, también puede asumir esta función.

■ **Máquina de envasar al vacío.** Actualmente existen ya varios modelos preparados para las cocinas domésticas. Útil para conservar mejor los alimentos, funciona extrayendo el aire que se concentra en las bolsas u otros recipientes que contienen los alimentos, y crea un vacío casi total.

■ **Robot eléctrico.** Es un aparato multiusos, perfecto para cortar, picar y reducir a purés una gran variedad de alimentos. La mayoría se vende con discos para cortar y picar, y varillas para amasar.

■ **Procesador de alimentos.** Más conocido por el nombre de sus marcas comerciales (Thermomix, Mycook...), es una máquina que realiza distintas funciones (tritura, pica, emulsiona, monta...) con un regulador de temperatura que permite calentar o cocer alimentos mientras son procesados *(foto 2)*.

■ **Batidora de vaso o vaso americano.** A la vez que tritura los alimentos, los emulsiona, por lo que pueden obtenerse texturas esponjosas. Su uso más clásico es la preparación de batidos *(foto 3)*.

■ **Túrmix o batidora eléctrica.** Brazo desmontable que permite triturar, emulsionar, mezclar y/o batir productos aplicando diferentes velocidades para obtener el resultado deseado *(foto 4)*.

■ **Licuadora Greenstar.** Permite obtener el jugo del alimento por presión en vez de por centrifugación. Es un sistema que evita la rápida oxidación de los productos y aumenta la concentración de minerales.

■ **Vaporera eléctrica.** Cuece elaboraciones al vapor con control de temperatura, tiempo y presión.

■ **Rouser.** Es un procesador y emulsionador de alimentos congelados. Convierte el congelado en un helado o sorbete de textura y temperatura perfectas.

■ **Termómetro de sonda.** Permite medir la temperatura de los alimentos muy calientes mediante el contacto o la penetración de su sonda.

■ **Ahumador eléctrico.** Para quienes deseen adentrarse en elaboraciones especiales, este utensilio permite ahumar pequeñas cantidades de alimentos mediante la combustión de serrín de diferentes maderas. Es ideal para cocinar carne a baja temperatura al tiempo que la aromatiza.

- **Heladora.** Este aparato tiene la misión de helar los productos de forma progresiva a través de la introducción de aire en su interior, al mismo tiempo que remueve constantemente la mezcla para que no se formen cristales de hielo. De este modo, se pueden helar los alimentos y conseguir una textura cremosa.
- **Termo de cocción (Roner).** Esta máquina se utiliza principalmente para cocer alimentos envasados al vacío, así como para pasteurizar alimentos ya cocinados. Estos se sumergen en un baño maría de agua en movimiento, a una temperatura controlada y constante de entre 30 y 100 °C. Dispone de un sistema de programación para cocer con la máxima precisión. Es perfecto para las cocciones a baja temperatura, pues garantiza que esta sea muy estable y uniforme en todo el recipiente, y conserva los nutrientes y el sabor de los alimentos *(foto 5).*

1

2

MENAJE Y COMPLEMENTOS

PARA ALGUNAS ELABORACIONES, SOBRE TODO EN EL MUNDO DE LA PASTELERÍA, SERÁ PRECISO UN UTILLAJE ESPECÍFICO. ASEGURÉMONOS DE CONTAR CON TODO LO NECESARIO PARA GARANTIZAR EL ÉXITO DE NUESTRAS PREPARACIONES.

El universo culinario en cuanto a utillaje se refiere no tiene fin. Hemos visto las herramientas básicas que contribuyen a mejorar la técnica de las preelaboraciones, cocciones y conservación de los platos. Veamos algunos complementos más, en este caso específicos para determinadas preparaciones.

No se trata de colmar los armarios de la cocina con un sinfín de herramientas, pero sí de detenerse a pensar si usamos la adecuada para cada elaboración. Si no es así, cuando consigamos proveernos del material apropiado, descubriremos la gran diferencia.

COMPLEMENTOS

- **Pincel.** Es muy práctico para pintar, untar o abrillantar preparados, habitualmente con huevo batido. En la actualidad se fabrica en plástico *(foto 1).*
- **Máquina para hacer pasta italiana.** Gracias a sus rodillos metálicos graduables se consigue una masa de pasta fina. Además de laminar la pasta, también tiene complementos para cortar la masa en diferentes formatos: tallarines, espaguetis, raviolis, empanadillas, etc. Su versión doméstica se acciona con una manivela *(foto 2).*

4

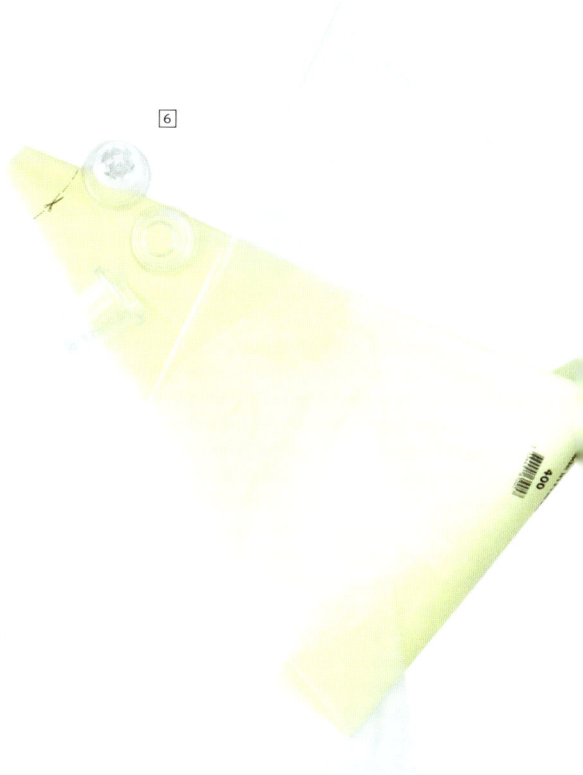

6

5

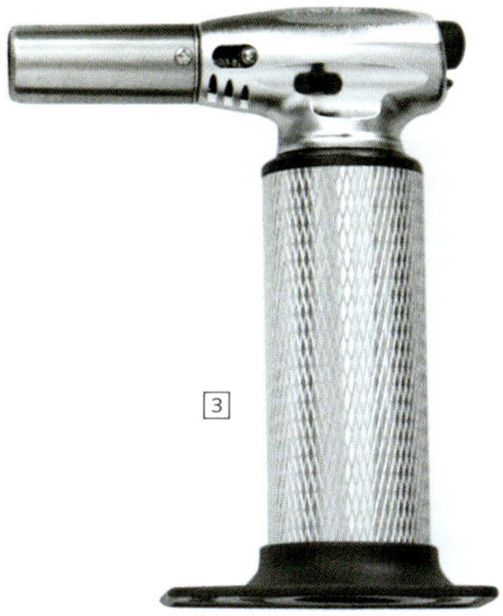

3

■ **Soplete de cocina.** Utensilio que desprende una llama que permite soflamar o chamuscar alimentos. Es graduable, por lo que se puede trabajar con seguridad y precisión. Es útil cuando tenemos que limpiar y eliminar los restos de plumas en aves, o bien para dorar la parte externa de algunos productos, como el *tataki* de atún. Se recarga con mecheros de gas, a la venta en estancos y tiendas de menaje *(foto 3)*.

■ **Centrifugadora.** Recipiente con rejilla de plástico que permite conseguir un buen escurrido de las verduras después de su lavado, pues extrae de forma efectiva el agua que queda depositada en las hojas mediante la fuerza centrífuga *(foto 4)*.

■ **Biberón.** Recipiente cilíndrico con dosificador que permite aplicar de forma precisa y controlada productos líquidos, como aceites o vinagretas *(foto 5)*.

■ **Manga pastelera y boquillas.** Muy utilizada en pastelería, la manga pastelera es una bolsa plastificada de forma cónica en cuya abertura se acopla una boquilla lisa o estrellada. Sirve para distribuir y dar forma a cremas y masas. Las hay de un solo uso, muy prácticas e higiénicas *(foto 6)*.

■ **Sifón.** Permite crear espumas ligeras y suaves sin necesidad de incorporar otro ingrediente que no sea aire. Es sencillo de usar y funciona con cargas de aire comprimido. Consigue texturas muy aéreas y agradables en cremas, batidos y bebidas gasificadas.

■ **Pipeta.** Dosifica pequeñas cantidades de líquidos para decorar platos con gotas o para proporcionarles puntas de gusto con aceites. Está formada por un tubo fino que termina en un depósito para contener el líquido. También hay pipetas graduadas.

Joan Roca

PREELABORACIONES

LAS TÉCNICAS DE PREELABORACIÓN NOS GARANTIZAN UN BUEN PUNTO DE PARTIDA EN LA COCINA. COMPRENDEN GRAN VARIEDAD DE PROCEDIMIENTOS, YA SEAN GENÉRICOS, COMO LA LIMPIEZA Y EL CORTE DE LOS INGREDIENTES, O MÁS ESPECÍFICOS, COMO EL CURADO.

Las técnicas culinarias comprenden tres tipos de procesos: la preparación de los alimentos antes de cocinarlos, o preelaboración; la cocción propiamente dicha, con sus distintos métodos, y la conservación, tanto de los productos como de sus elaboraciones. Un cocinero completo no debe descuidar ninguno de estos procesos, ya que, si un buen producto es la base de un gran plato, el dominio de las técnicas nos permitirá sacarle el máximo partido.

MANIPULAR LOS ALIMENTOS

Las técnicas de preelaboración son necesarias antes de elaborar un plato. Incluimos en ellas tareas como comprar, almacenar y conservar el producto recién adquirido, así como limpiarlo y manipularlo. Las más complejas son las que se refieren al manipulado de los alimentos y difieren según si los productos se trabajan en crudo, con agua, con sal, en caliente, para aromatizar o para conservar.

En la mayoría de los casos, cuando preelaboramos, manipulamos alimentos crudos que se conservan en frío. Por eso, en las cocinas profesionales, las preelaboraciones suelen realizarse en los denominados *cuartos fríos*, es decir, salas o espacios donde se dan las condiciones necesarias para mantener la cadena de frío de estos alimentos. Obviamente, en nuestros hogares no disponemos de una estancia de estas características, pero eso no significa que no debamos prestar atención a cómo y dónde manipulamos los productos que vamos a preelaborar. Si, por ejemplo, tenemos que preparar un pescado para cocinarlo al horno, debemos limpiarlo primero, sacar las escamas, eviscerar y marcarlo con algún corte más o menos profundo; todo ello debemos hacerlo con celeridad, y procuraremos que sea en un lugar limpio y fresco.

Es cierto que hoy en día gran parte de estos procesos podemos ahorrárnoslos, porque los productos ya vienen semimanipulados, o los mismos profesionales de la pescadería o carnicería pueden hacerlo por nosotros. Sin embargo, dominar operaciones como el corte de los alimentos entraña algunas ventajas: a veces, comprar piezas enteras de carne o pescado nos puede salir más económico, al tiempo que nos permitirá cortarlas a nuestro gusto.

LIMPIAR LOS ALIMENTOS

POR REGLA GENERAL, ES NECESARIO LIMPIAR LOS PRODUCTOS FRESCOS ANTES DE EMPEZAR A MANIPULARLOS, SIGUIENDO UN PROCEDIMIENTO CONCRETO PARA CADA UNO. ASEGURAREMOS ASÍ LA MÁXIMA HIGIENE PARA COCINARLOS.

Con un buen lavado de las verduras y las frutas nos aseguraremos de que no contengan tierra, insectos, residuos de herbicidas ni bacterias que puedan perjudicarnos. Los pescados y las carnes también deben lavarse o pulirse (esto último, en el caso de la carne), y hay que separar las partes que no son adecuadas ni útiles para cocinar.

En el curso de todas estas tareas debemos ser rigurosos con la higiene para no contaminar los alimentos ni el espacio de trabajo. Asimismo debemos mantener los productos a la temperatura adecuada, para evitar romper la cadena de frío, sobre todo en el caso de los alimentos perecederos, como los pescados y las carnes. Por eso es importante trabajar lo más alejado posible de las fuentes de calor.

- **Higiene.** Debemos trabajar sobre una superficie limpia y bien organizada, con los utensilios necesarios también limpios y bien secos. Necesitamos un recipiente para colocar las partes inútiles o sucias que vamos a desechar, y otro para los alimentos que vamos a limpiar y a manipular.
- **Cadena de frío.** Si estamos preelaborando alimentos crudos perecederos, como carnes o pescados, debemos intentar no romper la cadena de frío. Limpiemos el pescado o pulamos la carne sin demora y no retiremos todo el producto de la nevera de una sola vez, si no es necesario.
- **Limpieza.** Al acabar de limpiar el producto, también debemos fregar a fondo la zona de trabajo y los utensilios o herramientas utilizados.

FRUTAS Y HORTALIZAS

El proceso de limpieza de las frutas y la verduras consiste en lavarlas abundantemente para eliminar los restos de tierra y suciedad que puedan tener adheridos. La limpieza es indispensable también para retirar los residuos de los productos químicos que suelen utilizarse en los cultivos convencionales. Además de limpiar, procederemos a separar las partes de los vegetales que no son comestibles o que no son necesarias para nuestra elaboración.

PRINCIPALES OPERACIONES

- **Lavar.** Basta con sumergir la fruta o la verdura en agua fría unos minutos, aclararla con agua abundante y dejarla escurrir en un colador o similar *(foto 1)*.
- **Pelar o mondar.** Esta tarea consiste en eliminar las partes de las frutas o las verduras que debamos desechar (el rabillo y el corazón con las semillas) y pelar su piel, normalmente con un pelador, o a veces con un cuchillo puntilla *(foto 2)*. En el caso de hortalizas como la remolacha asada o las patatas hervidas con piel, no es necesario retirarles la piel hasta después de la cocción, mientras que otras no necesitan ser peladas, como el calabacín o algunas zanahorias muy tiernas.
- **Pelado en vivo.** Esta técnica se utiliza principalmente para pelar cítricos y conseguir una bonita presentación. Con un cuchillo bien afilado se retira toda la piel, tanto la exterior como la parte blanca, e incluso la membrana que recubre los gajos, para posteriormente retirarlas bien limpias *(foto 3)*.
- **Eliminar filamentos.** Ciertas verduras, como las acelgas o el apio, tienen en sus tallos unos filamentos que pueden ser molestos en la elaboración. Por eso es necesario retirarlos.

3

VERDURAS DE FÁCIL OXIDACIÓN

La alcachofa, la manzana y otras frutas y verduras se ennegrecen al poco tiempo de haberlas pelado. Esto se debe a la oxidación que se produce cuando sus enzimas entran en contacto con el aire. Para evitarlo podemos introducirlas en un baño de agua fría y limón, vinagre o perejil, que son antioxidantes naturales, o utilizar preparados como el ácido cítrico.

No obstante, podemos ahorrarnos esta operación cocinando las verduras al vacío, o bien cocinándolas cuanto antes en agua hirviendo, con un poco de aceite para evitar que se incorporen otros sabores.

LIMPIEZA DE LA ALCACHOFA

1 Desechar las hojas exteriores hasta la tercera capa. El cuchillo debe ir en paralelo al corazón de la alcachofa, procurando no eliminar las partes carnosas.

2 Pelar el tallo para desprender las hojas de la base, cortar la parte inferior para sacar la parte más verde y separar el tallo que ya hemos marcado.

3 Vaciar la alcachofa de su parte fibrosa.

4 Conservar en agua y perejil para evitar la oxidación.

SETAS

Las setas conservan muchos aromas en su capa más superficial, por lo que generalmente la limpieza debe ser cuidadosa y en absoluto agresiva.

PRINCIPALES OPERACIONES

1 **Cortar el pie.** Cortaremos la base del pie, por donde hay más tierra incrustada. Si el resto del tronco está sucio, lo rascaremos con suavidad, y si es una seta de piel amarga -como la seta cardenal- podemos pelarla superficialmente. Cuando los champiñones son ya un poco viejos, se ennegrecen; en este caso también podemos pelarlos ligeramente.

2 **Limpiar.** Por lo general basta con limpiar la cabeza de las setas con un paño húmedo, aplicando unos ligeros golpes para que se desprenda la tierra que pueda haber en la parte interior del sombrero. Si aun así no conseguimos eliminarla, podemos lavar las setas con abundante agua fría y escurrirlas enseguida.

1

2

1

LIMPIAR EL PESCADO

Limpiar el pescado no siempre es fácil y a veces incluso es una tarea arriesgada, dependiendo de la especie. Por eso merece la pena pedir que nos lo limpien en la misma pescadería. Sin embargo, es útil saber cómo podemos preelaborar los diferentes tipos de pescado, lo que además nos ayudará a conocer mejor las características de cada pieza.

Tengamos en cuenta que el pescado es un producto delicado en cuanto a conservación se refiere, y que debe manipularse con la mayor celeridad posible para que no pierda temperatura. Por eso, es importante limpiarlo en un espacio alejado de las zonas más calientes de la cocina. Preparemos una superficie limpia y cercana al fregadero y dispongamos junto a ella un recipiente donde depositar los desechos. Asegurémonos, por último, de que disponemos de los utensilios adecuados: una tabla de trabajo fija a la superficie, los cuchillos y tijeras adecuados y, si contamos con él, también un escamador.

PASO A PASO DE LA LIMPIEZA DEL PESCADO

- **Desbarbar.** Empezaremos eliminando aletas y barbas con la ayuda de unas tijeras *(foto 3)*.
- **Escamar.** Retiraremos las molestas escamas del pescado -si las tiene- utilizando un cuchillo o, mejor aún, un escamador, que pasaremos enérgicamente por el cuerpo del animal en sentido contrario a las escamas. Para evitar que la cocina y nosotros mismos quedemos cubiertos de escamas, podemos realizar esta operación con el pescado y las manos dentro de una bolsa de plástico *(foto 1)*.
- **Eviscerar.** Sacaremos las vísceras del pescado: tripa, hígado y huevas. Para ello debemos realizar una pequeña incisión en el vientre del pescado y vaciarlo.
- **Limpiar.** Limpiaremos el pescado bajo el chorro del agua para eliminar los restos de escamas y vísceras. El lavado debe ser rápido, puesto que un exceso de agua mermaría la calidad del producto y comprometería su conservación en fresco.

2

3

■ **Eliminar la piel.** Algunos pescados, como el lenguado o el rape, no tienen escamas, pero sí una piel dura o gruesa que debemos eliminar. Para retirar la piel gris del lenguado con mayor facilidad, debemos efectuar un ligero corte en la parte de la cola y escaldarla. Acto seguido, estiraremos la piel con cuidado, para no arrancar al mismo tiempo la carne del pescado. En el caso del rape, basta con estirar la piel para arrancarla. Al ser esta muy gelatinosa, podemos aprovecharla para preparar algún caldo o base, como un sofrito para algún *suquet* o arroz, o para aportar su gelatina a un estofado con garbanzos o patatas *(foto 4)*.

■ **Desespinar.** Es importante seguir la misma dirección de las espinas y su misma disposición, ya que si las extraemos en sentido contrario podemos romper la carne. Es más preciso hacerlo con pinzas *(foto 2)*. Ciertos pescados, como el lenguado, tienen espinas exteriores que rodean la parte carnosa de la pieza; podemos utilizar unas tijeras para cortarlas.

4

1

2

LA PREELABORACIÓN DE LA CARNE

A menudo podemos comprar los diferentes tipos de carne ya preelaborados; no obstante, revisaremos algunas de las preelaboraciones más habituales y que podemos realizar en casa sin dificultad.

PRINCIPALES OPERACIONES

■ **Chamuscar o soflamar.** Por lo general se chamuscan las patas de los pollos u otras aves, así como algunas partes de la carne de cerdo, para eliminar los restos de plumas o pelos. Para chamuscar o soflamar en los hogares, tradicionalmente se solía exponer la carne directamente sobre la llama de los fogones, pero hoy en día disponemos de herramientas más prácticas, cómodas y seguras, como el soplete de cocina *(foto 1)*.

■ **Deshuesar.** Para deshuesar necesitamos un cuchillo adecuado, llamado deshuesador, y una tabla de corte. Empezaremos a deshuesar buscando siempre el contacto con el hueso y a continuación lo iremos recorriendo, rascando y separando la carne. En algunos casos se deshuesan productos ya cocinados. Entonces, solo es necesario esperar a que la pieza esté tibia para deshuesarla con gran facilidad *(foto 2)*.

■ **Pulir o limpiar.** El término *pulir* suele utilizarse para la mayoría de las carnes, mientras que *limpiar* es más común para las aves. La operación consiste en retirar las partes innecesarias o que no deseamos de la carne, como los tendones y la grasa de una pieza entera de solomillo de ternera, los huesos de una paletilla de cordero o la piel de las aves *(foto 3)*.

■ **Despojar o vaciar.** Es otra parte del proceso de limpieza, generalmente de las aves, que consiste en vaciar el interior de la pieza de los despojos: hígado, corazón y molleja. También nos desprendemos de otras partes como el cuello y la cabeza, de la que tradicionalmente se aprovecha la cresta para la elaboración de platillos o estofados, a los que aporta un componente gelatinoso espectacular.

3

CORTAR LOS ALIMENTOS

CORTAR LOS INGREDIENTES ES, APARENTEMENTE, UNA TAREA MUY ELEMENTAL QUE SOLEMOS REALIZAR DE FORMA INTUITIVA. SIN EMBARGO, CADA PRODUCTO Y CADA ELABORACIÓN REQUIEREN UN TIPO DE CORTE ESPECÍFICO.

Cortar es, sencillamente, dividir o separar un alimento en varias partes para prepararlo para su posterior elaboración. Se trata de una técnica habitual en todas las cocinas, pero no por ser muy elemental debemos dejar de revisarla. Existen algunos procedimientos básicos que nos garantizan una mejor manipulación de los alimentos y, por ende, una mayor eficiencia, rapidez y seguridad.

Estos procedimientos no son más que unos buenos hábitos prácticamente comunes en cualquier tarea que realicemos en la cocina antes de ponernos a cocinar. Para empezar, todos los utensilios que necesitemos, y también las superficies, deben estar perfectamente limpios y secos. Escogeremos los cuchillos más adecuados según el producto y la operación que vayamos a realizar; estos deben estar bien afilados, y las tablas de trabajo, bien fijadas a la superficie. A partir de aquí, para ganar en eficiencia, debemos estructurar nuestro trabajo.

ORGANIZACIÓN DE LAS TAREAS DE CORTE

- **Cortar en cadena.** Disponer los utensilios y productos en el orden adecuado nos permitirá avanzar en cadena en los trabajos de corte. Prepararemos los productos que debemos preelaborar a nuestra izquierda y trabajaremos siempre en dirección a la derecha. Evitaremos así que se mezclen las piezas enteras con las que ya hemos cortado.
- **Para cada tarea, su cuchillo.** Cortaremos primero, con el cuchillo adecuado, todas las puntas que queramos desechar. A continuación ya podemos cambiar de cuchillo para abordar la siguiente tarea, como pelar o pulir el producto.
- **Aplicar las técnicas de corte.** Cada producto se debe cortar con los utensilios adecuados y aplicando la técnica de corte que requieran, como indicamos en las páginas que siguen. Para aplicar cortes seguros es importante sostener bien tanto el alimento como la empuñadura del cuchillo.
- **Apartar los cortes de los restos.** Depositaremos las pieles de las frutas en un recipiente específico para los desechos. Haremos lo propio con los restos del pulido de las carnes o de la preparación del pescado. Es importante no dejar los desechos sobre la superficie de trabajo para no ensuciarla ni contaminarla. El producto pelado o cortado lo colocaremos en un recipiente limpio.

CORTES DE VEGETALES

Es fundamental entender la esencia del corte y su función, dado que hay tanta variedad de cortes como de productos, y estos cortes dependen, en muchas ocasiones, del tipo de cocción que se les vaya a aplicar. Y puesto que cada corte tiene su sentido y su incidencia posterior en la cocción, a veces, al cocer juntos diversos vegetales –como a menudo hacemos, por ejemplo, en salteados o en cocciones al vapor–, los cortaremos cada uno de forma distinta. No solo porque cada hortaliza necesita su corte para cocerse bien, sino también para introducir variedad a nuestro plato.

Los cuchillos y las tablas de trabajo serán las herramientas habituales. Nos será útil el cuchillo puntilla, un pelador y también el cebollero, y acaso algún otro cuchillo de hoja ancha fácil de manejar y que ayude a realizar un corte rápido. No obstante, para algunos cortes usaremos otro tipo de utensilios como mandolinas, laminadores o cucharas boleadoras.

ALGUNOS PASOS COMUNES

1 **Trozos dominables.** Primero secaremos bien la pieza para que no resbale, la colocaremos sobre la tabla y, a continuación, empezaremos a cortarla en trozos fáciles de manejar.

2 **Crear la base.** Efectuaremos un corte para conseguir una base donde asentar la pieza y seguir trabajando. De este modo la podremos cortar de forma segura, sin que se nos mueva.

3 **Laminar.** Cortamos la verdura en láminas del grosor y el tamaño deseados, ya sea con el cuchillo o bien con la mandolina, que nos ayudará a conseguir láminas del mismo grosor a gran velocidad.

4 **Cortar las láminas.** Cortaremos las láminas en juliana u otra forma deseada.

5 **Cortar los bastones en dados.** A partir de los bastones obtendremos dados de distintos grosores. Estos dados recibirán distintos nombres, como veremos en las páginas siguientes.

2

3

4

5

1

LOS CORTES MÁS HABITUALES

▪ **Láminas.** Corte vertical u horizontal de mayor o menor grosor según el uso al que vaya dirigido. Se puede laminar con el cuchillo, pero la mandolina o la máquina de cortar son ideales *(foto 1)*.

▪ **Juliana.** Corte fino y largo, de diferentes longitudes según el producto que se manipule. Es útil en preparaciones básicas como las verduras para hacer tortillas o salteados. En este último caso, en que la cocción es ágil, es aconsejable cortar bien fino el ingrediente para que se cueza rápidamente *(foto 2)*.

▪ **Espaguetis.** Corte finísimo a lo largo de las hortalizas para conseguir la forma similar a un espagueti. Es difícil realizarlo con el cuchillo, mientras que la mandolina dispone de unas cuchillas suficientemente finas para conseguirlo. Con este corte podemos obtener vistosas guarniciones de verduras que, cocidas por separado, aportarán frescor y color a nuestras elaboraciones *(foto 6)*.

▪ ***Brunoise.*** Corte en dados muy pequeños, de entre 1 y 3 milímetros de grosor. Este corte se utiliza a menudo para picadillos destinados a vinagretas, para aderezar elaboraciones o como bases de platos a modo de sofrito de verduras *(foto 4)*.

▪ **Paisana.** Este corte consigue dados de mayor tamaño que los del corte *brunoise*, y de formas irregulares. Se utiliza para las ensaladillas *(foto 5)*.

▪ ***Mirepoix.*** Corte grueso con el que se obtienen dados no necesariamente regulares. Escogeremos su tamaño en función del preparado al que lo destinemos, pero por lo general se acerca a los 2 o 3 centímetros. Es el corte habitual de las *bresas* (conjunto de verduras que se añaden al caldo) *(foto 3)*.

▪ ***Concassé.*** Este tipo de corte se aplica al tomate, que habremos de escaldar primero, pelar, vaciar de las semillas y cortar la carne en cuadrados de 1 centímetro de lado aproximadamente *(foto 7)*.

2

3

4

5

6

7

1

- **Gajos.** Corte que busca la similitud con los gajos de los cítricos, sin ser exclusivo de estos *(foto 1).*
- **Acanalar.** Con un acanalador podemos efectuar incisiones en la parte exterior de un vegetal, normalmente cítricos, para extraer tiras de piel *(foto 2).*
- **Rallar.** La ralladura se obtiene frotando las hortalizas u otros alimentos por las acanaladuras de un rallador. Pueden rallarse los alimentos en diferentes grosores y formas, por lo general para preparar salsas o sofritos, y hay variedad de ralladores según el producto (no solo para verduras, sino también para queso, *wasabi,* nuez moscada y muchos otros) *(foto 3).*
- **Fondos.** También denominados *corazones,* este corte se refiere habitualmente a la alcachofa. Consiste en limpiarlas y vaciarlas del corazón dejando solo la parte más carnosa. En la actualidad se tiende a mantener también parte de su tronco *(foto 4).*
- **Cuartos.** Cortes sucesivos, perpendiculares entre sí, que se utilizan para trocear algunas hortalizas y setas. Es frecuente en los champiñones *(foto 5).*

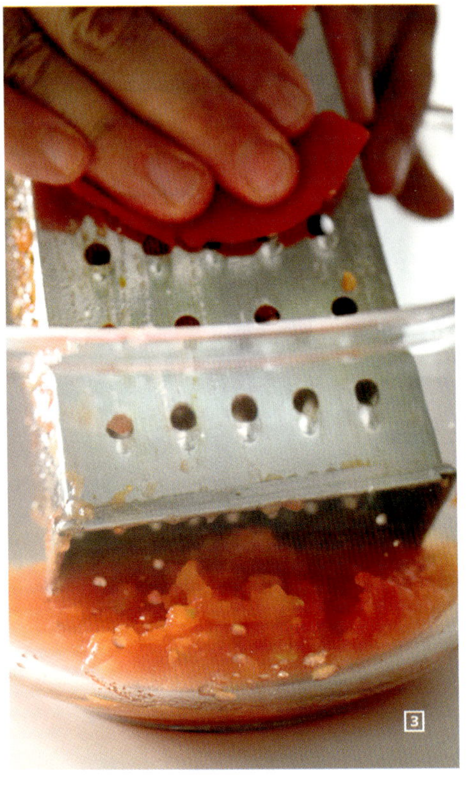

3

2

3

4

5

LOS CORTES DE LA PATATA

Este tubérculo merece una mención aparte a causa de la gran variedad de cortes que se le puede aplicar. La patata se oxida con gran facilidad, por lo que debemos conservarla en agua después de pelarla, mientras la reservamos hasta ser manipulada.

CORTES CLÁSICOS

- **Paja.** Patatas cortadas en tiras muy finas a partir del corte de las patatas chips *(foto 1)*.
- **Cerilla.** Corte en bastones ligeramente más gruesos que las patatas paja *(foto 2)*.
- **Española.** Bastones de grosor medio *(foto 3)*.
- **Chips.** Patatas cortadas muy finas en mandolina. Si ganamos grosor en el corte, conseguimos patatas cortadas en rodajas *(foto 4)*.
- ***Pont Neuf.*** Corte muy grueso para obtener bloques de patata rectangulares. La patata cortada de esta forma necesita una precocción antes de ser cocinada. Por ejemplo, después de cortarla, se suele precocinar en aceite a fuego moderado, para luego freírla en un segundo paso *(foto 5)*.
- **Quebradas o encontradas.** En este caso no se trata exactamente de un corte, ya que las patatas más bien se rompen, aunque introducimos un cuchillo para ayudarnos. De este modo el almidón de la patata se desprende con facilidad y se cuecen más rápido. Este tipo de corte suele utilizarse en guisos; el almidón da textura a la salsa, de manera que no es necesario incorporar ninguna clase de aditivo para espesar *(foto 6)*.

LA TÉCNICA DEL TORNEADO

Entendemos por *tornear* dar forma a las hortalizas o las frutas con un pequeño cuchillo o cuchara vaciadora. Esta técnica se utiliza mucho en las patatas cuando estas complementan diferentes elaboraciones, generalmente a modo de guarnición, porque consigue una presentación decorativa y regular. También es habitual en zanahorias y calabacines.

El proceso consiste en ir rebajando el producto con el cuchillo. Se coge el vegetal por los extremos para tornearlo con facilidad por todas las caras y dotarlo de una forma ovalada. Una vez torneadas, las hortalizas se suelen hervir o se saltean en mantequilla.

Torneando ligeramente la patata u otro ingrediente podemos conseguir una atractiva forma de diente de ajo. Una cuchara vaciadora (también llamada *boleadora* o *sacabocados*) nos facilitará un torneado esférico de diferentes tamaños: avellana, boliche, bolitas, aceituna, *noisette*, etc.

EL TORNEADO, PASO A PASO

1 Para tornear con mayor facilidad, primero cuadriculamos la patata (o cualquier otra hortaliza o fruta que vayamos a tornear). De este modo dominaremos mejor el corte.

2 Empezando por el centro de uno de los extremos, cortamos de arriba abajo haciendo carena.

3 Repetiremos esta acción en sucesivos cortes, siempre empezando y acabando por el centro de la patata, procurando que todas sus caras queden igual de proporcionadas, hasta darle la vuelta entera.

CORTES DE PESCADO

Existe una gran variedad de cortes de pescado que a su vez disponen de una denominación singular. Como en el caso de las hortalizas y de las carnes, cada uno de estos cortes es idóneo para una cocción determinada. En ocasiones, el corte también responde a las necesidades de cada especie: no trataremos de igual manera un pescado carnoso, como el rape o la merluza, que una especie con más espinas, como el pez de San Pedro, o de pequeño tamaño, como el salmonete o las sardinas.

Los cortes de pescado más comunes se clasifican atendiendo a los troceados que mantienen la espina y los que la evitan.

CORTES DEL PESCADO SIN ESPINAR

- ***Darné.*** Esta palabra, que proviene del francés, acostumbra a traducirse como *rodaja*. Culinariamente suele referirse a la rodaja obtenida del centro de la pieza del pescado. Por su calidad, esta pieza sería el equivalente a los turnedós o los medallones, en el caso de la carne de bovino.
- **Rodaja.** Corte perpendicular a la espina dorsal del pescado en forma de rueda. De diferentes grosores, incorpora piel y espina. Muy habitual en pescados como la merluza, el salmón o el rape *(foto 3)*.
- **Trancha o tronco.** Designa una rodaja normalmente de gran tamaño *(foto 4)*.

PESCADO ESPINADO

- **Lomo.** Se trata de los dos fragmentos que obtenemos de un pescado de cierto tamaño -merluza, salmón- cuando lo fileteamos. De los lomos se pueden hacer cortes más pequeños *(foto 5)*.

2

3

4

5

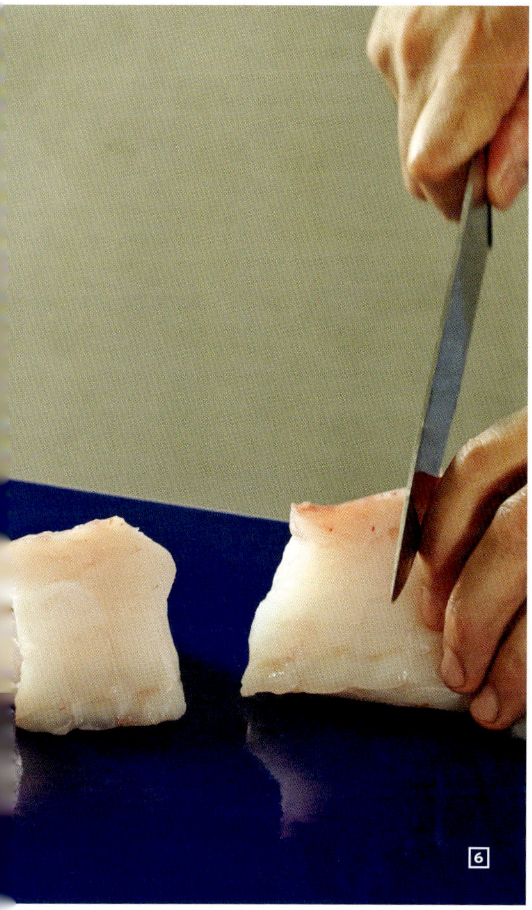

6

- **Popieta.** Filete enrollado. A menudo se enrolla el pescado con algún otro ingrediente; por ejemplo, son habituales las popietas de lenguado con gambas u otros mariscos *(foto 2)*.
- **Medallón.** Corte noble en redondo de la parte central del pescado. Es habitual en piezas de gran tamaño, como el rape o la merluza *(foto 6)*.
- **Filete.** Se trata de la pieza que obtenemos normalmente de pescados planos como el lenguado o el rodaballo cuando extraemos las espinas *(foto 1)*.
- **Suprema.** Muy similar al filete, se obtiene una vez separados los lomos del pescado, y puede ser con piel o sin piel. Se utiliza esta denominación cuando nos referimos a pescados que poseen lomos de gran calibre, como la merluza, el bacalao, el atún, etc.
- **Troceado, tacos o dados.** Corte habitual para escabeches o guisos de pescados como el atún (con el que podemos preparar un *marmitako*), el pez espada o la caballa (para escabeche).

PRESENTACIONES DEL BACALAO

A pesar de que este pescado de mares fríos puede comprarse fresco y prepararse con algunos de los cortes propuestos hasta el momento, forma parte de nuestra tradición culinaria adquirirlo seco y salado. El bacalao en salazón, y en menor grado el atún, han sido durante siglos productos que han permitido que pueblos del interior, cuando no existían neveras ni congeladores, pudieran acceder a la valiosísima proteína del pescado con asiduidad. Hoy en día, esta antigua tradición se ha conservado gracias al gran valor gastronómico que este método de conservación otorga a la carne del bacalao.

El bacalao seco se vende entero o a trozos, y cada uno recibe un nombre específico y tiene unas cualidades gastronómicas concretas.

CORTES DEL BACALAO

- **Penca, faldas o ventresca.** Es una parte pequeña muy gustosa y melosa *(foto 1)*.
- **Lomo.** Uno a cada lado de la espina dorsal del pescado, generalmente es la parte más apreciada del bacalao, puesto que ofrece unos trozos generosos de carne. Se pueden cortar con o sin espina, y en diferentes tamaños y formas *(fotos 2 y 5)*.
- **Cola.** Tiene bastantes espinas y, aunque goza de menor prestigio gastronómico, es muy valiosa porque posee mucha gelatina, muy apreciada para ligar elaboraciones como la brandada de bacalao *(foto 3)*.
- **Desmigado.** No es exactamente un corte, sino una presentación desmigajada de la carne del pescado; simplemente, su carne se deshace con las manos para formar migas. El bacalao desmigado se puede preparar para diferentes tipos de elaboraciones: para un arroz o una tortilla, o incluso crudo y aliñado en forma de ensalada *(foto 4)*.

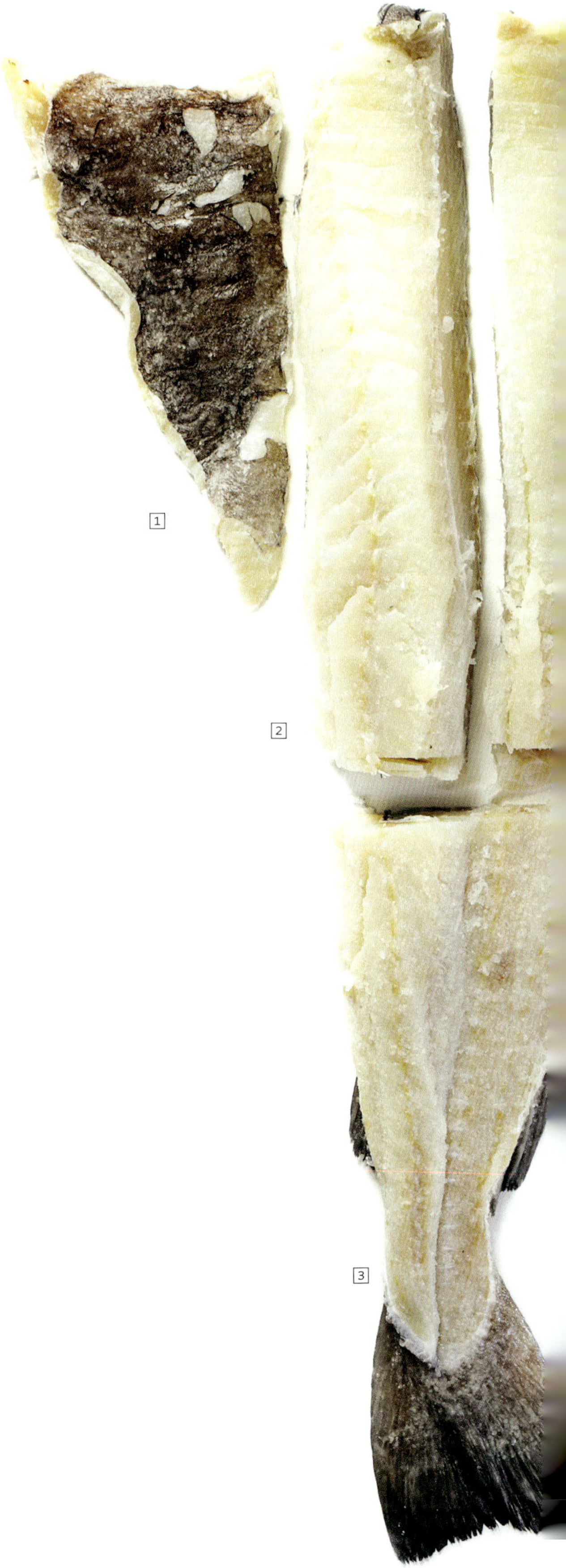
1
2
3

4

5

PREELABORACIÓN DE LOS CRUSTÁCEOS

La extensa familia de los crustáceos tiene tamaños y formas muy variables. Por eso, no es lo mismo limpiar y preparar un bogavante que una gamba, un buey de mar, un centollo o un percebe. Las gambas, por ejemplo, permiten separar la carne de su cáscara con una manipulación en frío. En cambio, para los crustáceos de mayor tamaño, como un bogavante o una langosta, es necesaria una cocción previa si queremos desprender la carne de su caparazón sin romperla ni deshilacharla.

Por regla general, estos extraordinarios animales están protegidos por una cáscara, y su cuerpo se divide en tres partes: cabeza, tórax y abdomen, aunque la mayoría posee los primeros fragmentos del tórax pegados a la cabeza, formando un cefalotórax. Disponen también, con frecuencia, de dos antenas y cinco pares de apéndices, entre los que hay dos patas delanteras que funcionan como pinzas. Debemos tener en cuenta esta anatomía en el momento de limpiarlos y preelaborarlos.

Los bogavantes y las langostas, por ser más generosos en carnes, se pueden preelaborar y presentar cómodamente sin su cáscara. Veamos cómo.

PASO A PASO DE LA LIMPIEZA DEL BOGAVANTE

1 Escaldamos el bogavante en agua hirviendo y lo enfriamos con agua y hielo.

2 Separamos el cefalotórax del abdomen.

3 Con unas tijeras recortamos la cáscara blanda de la parte inferior del abdomen por uno de sus costados para que podamos retirar la carne entera.

4 Con la ayuda de un cuchillo, practicamos dos cortes transversales en cada una de las pinzas para poder separar la cáscara.

5 Extraemos la carne que hay en los apéndices.

6 También podemos emplear unas tijeras para abrir a lo largo la cáscara de la parte superior de las pinzas y de este modo acabar de sacar la carne que hay en su interior.

2

3

4

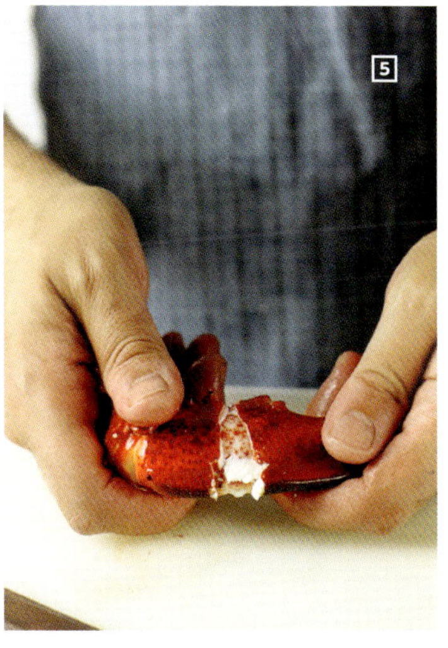
5

6

CORTES DE CARNE

Si bien a menudo utilizamos de forma genérica el término *trocear* para designar la acción de cortar o partir la carne en trozos, si queremos escoger la pieza más indicada para nuestra receta –y si queremos hablar con propiedad– habremos de conocer los nombres con que se designan los distintos tipos de corte de carne. Veamos a continuación algunos de los cortes más habituales; nos centraremos en aquellos que podemos usar con mayor frecuencia en nuestras cocinas. Las denominaciones que presentamos son comunes para la carne de vacuno, de bovino, de ovino y de cerdo.

PRINCIPALES TIPOS DE CORTE

- **Dados o tacos.** El troceado de la carne en forma de cubos de diferentes tamaños es el corte indicado para utilizar en estofados y guisos.
- **Rodajas.** Corte en forma de disco. Es el corte típico del osobuco, en el que el morcillo trasero de ternera (parte de la pata) se corta horizontalmente con el hueso *(foto 2).*
- **Medallones.** Similares a las rodajas, se denominan así los cortes cilíndricos que realizamos, generalmente, en piezas nobles como el solomillo de ternera o el lomo de cordero.
- **Filetes.** Cortes transversales de una pieza de carne. Esta carne debe ser cortada perpendicularmente a sus fibras musculares, para conseguir que se pueda comer con facilidad, por lo que su corte debe ser preciso. Hay filetes de diversos tamaños y grosores, y en función de ello toman denominaciones diferentes: filetes propiamente dichos, o bistecs (entre 100 y 150 gramos, para hacer a la plancha o sartén), escalopas (100 gramos, ideales para empanar), escalopines (50 gramos, se utilizan en cocciones cortas y rápidas, como salteados, o bien, si la carne es más dura, en estofados; por ejemplo, una carbonara flamenca. A veces, por influencia del francés, a los escalopines también se los llama *émincé.* Si queremos un filete grueso para degustarlo poco hecho, conviene elegir el centro o la parte baja del solomillo (turnedó y *filet mignon*, en las páginas siguientes), o del lomo (entrecot).
- **Chuleta o chuletón.** Corte con hueso de carnes como el cerdo, la ternera o el cordero. En el caso de la ternera, el chuletón, que a menudo se confunde con el entrecot, se refiere concretamente a una parte alta del lomo de la ternera con hueso (parte de la costilla), y de un tamaño de entre 200 gramos y 1 kilo *(foto 1).*
- **Entrecot.** Término proveniente del francés que se refiere a la carne que hay entre *côte* y *côte*, es decir, entre costillas, aunque actualmente ha perdido su especificidad y se utiliza en el mismo sentido que chuletón. En el caso de la ternera, la diferencia con el chuletón es que el entrecot se sirve sin hueso, aunque provenga de la misma zona del animal (el lomo). El corte oscila entre 150 y los 500 gramos.

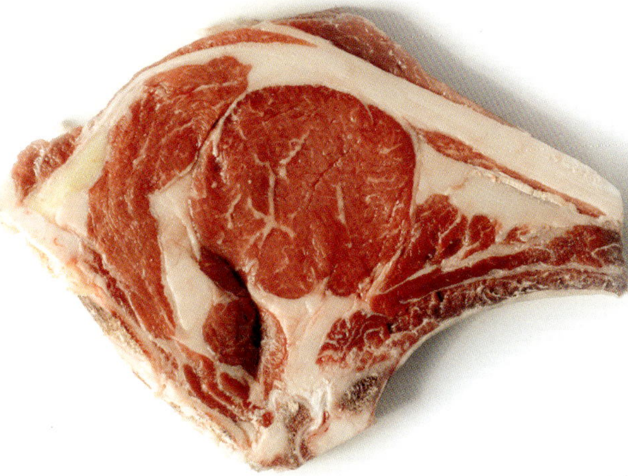

1

2

3 4 5

6

CORTES DEL SOLOMILLO

El solomillo es la pieza de carne de animales bovinos y porcinos situada en la parte baja de las costillas, entre estas y la columna. Es una de las más apreciadas, puesto que aúna sabor, textura y presencia. El solomillo puede cocinarse entero y cortarse a posteriori, básicamente cuando se asa a la parrilla, o prepararse en *chateaubriande*, filetes, medallones, *filet mignon* o turnedó.

- ***Chateaubriande.*** Corte de la parte alta del filete, también llamada *cabeza de solomillo*, que se realiza para un mínimo de 2 personas. El *chateaubriande* se suele asar entero en el horno o a la parrilla, y se corta delante de los comensales, para servirlo ligeramente *saignant* *(foto 5)*.
- **Medallón y turnedó.** El medallón es el corte transversal del centro del solomillo, de entre 150 y 200 gramos. Al ser la parte más noble, se debe elaborar al momento. Se cocina en la plancha o a la parrilla, aunque también se complementa con unos minutos en el horno para homogeneizar la cocción. El turnedó también procede de la parte central del solomillo, pesa entre 100 y 200 gramos, y normalmente se envuelve con una lámina de tocino que le aporta jugosidad *(foto 4)*.
- ***Filet mignon.*** Corte de la parte más baja del solomillo, por lo que los filetes que se obtienen son pequeños, pero extraordinariamente tiernos. Deben recibir una cocción rápida *(foto 3)*.
- **Rosario.** Filete que, pulido de grasa, se utiliza para preparar el *steak tartare* o hamburguesas *(foto 6)*.

CORTES DESTACADOS DEL CORDERO

- **Pierna.** Las patas traseras pueden cocinarse enteras, pero una vez deshuesadas se pueden filetear.
- **Paletilla.** Esta parte corresponde a las patas delanteras del cordero, más pequeñas que las traseras. Son muy tiernas y jugosas.
- **Silla.** Aunque dependiendo de cada región este corte tiene unas características u otras, normalmente la silla incluye la parte entera -sin cortar la canal por la mitad- que hay entre las piernas y el costillar del cordero, es decir, la riñonada.
- **Barón.** Esta denominación incluye las dos piernas unidas por el costillar o la silla y el costillar entero.
- **Chuletas de riñonada.** Son las chuletas del lomo bajo, las que encontraríamos al despiezar la silla. Son muy tiernas, aunque pequeñas.
- **Chuletas de palo.** Es uno de los cortes más apreciados para hacer a la brasa, porque tiene una carne muy gustosa gracias a la grasa que cubre la piel, y gracias también al hecho de cocinarse con hueso.
- **Chuletas de aguja.** Se obtienen de la parte alta del costillar, aún con algún hueso, pero sin grasa, ya que estas están localizadas por debajo de la paletilla, que al ser retirada las deja sin piel. También son muy gustosas, pero tienen más nervios.
- ***Noisettes.*** Del lomo deshuesado se hacen cortes como medallones, perfectos para freír o para la plancha.
- **Corona.** Preparación muy ornamental del costillar de cordero en la que, generalmente, se pule de carne y grasa la parte alta de cada costilla. A veces este corte también se realiza con el conejo.

CORTES DE LAS AVES

Trocear un pollo en casa es más fácil de lo que parece. Conseguimos de este modo una variedad de partes que se pueden aprovechar para preparar varios platos. Tengamos en cuenta que, por motivos de seguridad alimentaria, la carne blanca no debe comerse nunca cruda, y por eso es útil cortar las aves, porque así facilitamos que en su interior la carne pueda alcanzar la temperatura de seguridad mínima de 65 °C.

- **Suprema.** Pechuga de pollo deshuesada, con o sin piel. Se elabora entera, de modo que se presta a cocciones más bien largas. Se suele cocinar con combinación de plancha, grill o brasa, y se complementa con unos minutos de horno o en cocción en salsa.
- **Muslitos.** Muslo del que sobresale el hueso para poder presentarlo de una forma muy atractiva y cómoda para el comensal. Se suele cocinar prolongadamente en el horno, o con alguna salsa.
- **Filete.** Pechuga de pollo deshuesada y fileteada, sin piel. Los filetes a menudo se empanan y se fríen, pero también se pueden saltear en cocciones rápidas, a la plancha o al *wok*, ya que con su corte fino se consiguen puntos de cocción muy ajustados. También admiten cocciones prolongadas con algún tipo de salsa.
- **Cuartos y octavos.** Al cortar las aves a cuartos, separamos las pechugas y los muslos. Cortar a octavos implica partir cada cuarto en dos mitades, una preparación útil para guisar *(foto 1)*.
- **Alas.** Si descartamos la punta, en la que casi no hay carne, las alas pueden dividirse en otras dos partes: la segunda falange, que posee dos huesos y una carne muy melosa que puede elaborarse con cocciones rápidas, y la primera falange, cuyo hueso central es similar al del muslo. Esta parte más interior del ala no es tan sabrosa y necesita más tiempo de cocción.

1

PREELABORACIONES EN AGUA

LA HIDRATACIÓN, EL DESALADO O EL DESANGRADO SON PROCEDIMIENTOS QUE SE APLICAN A LAS LEGUMBRES, LAS CARNES Y LOS PESCADOS, Y NOS PERMITEN PASAR EL ALIMENTO DE UN ESTADO DE CONSERVACIÓN A UN ESTADO APTO PARA COCINAR.

Algunos productos necesitan una preelaboración basada en el uso de agua antes de empezar a ser manipulados o cocinados. Es el caso de las legumbres, que ponemos en remojo durante unas horas antes de cocerlas para hidratarlas y contribuir a que estén más blandas, o del bacalao en salazón, que a menudo debemos desalar con la ayuda de varios cambios de agua previamente a su elaboración. En todos estos casos, un elemento tan sencillo como es el agua interviene como agente transformador del alimento, que le permite pasar de un estado de conservación a un nuevo estado que lo hace apto para su elaboración y su consumo.

Otra técnica de preelaboración que también requiere agua es el desangrado, que se utiliza para limpiar de sangre y de olores productos como las manitas de cerdo o las sardinas. En este caso, el agua interviene como elemento de limpieza.

1

2

HIDRATAR

Hidratar un producto es un proceso sencillo, aunque esencial en algunos casos. Comúnmente lo conocemos como *remojar*, y no es más que poner un alimento seco en agua para que se reconstituya, es decir, que recupere la hidratación perdida, antes de proceder a la cocción. El producto debe colocarse en un recipiente grande y dejarlo en agua el tiempo que sea necesario, dependiendo de sus características. A veces solo serán unos minutos, y otras veces el proceso puede durar entre 8 y 12 horas, o incluso días, en el caso del bacalao.

Dependiendo del alimento, una vez rehidratado, ya estará listo para cocinarlo o para consumirlo al momento. A continuación destacamos algunos productos que suelen someterse a este proceso.

PRODUCTOS QUE PRECISAN HIDRATACIÓN

- **Legumbres (garbanzos, lentejas y judías).** Hay que hidratarlas para poder cocerlas más fácilmente. Cada tipo de legumbre precisa un tiempo determinado de remojo. Los garbanzos necesitan unas 12 horas, mientras que a las lentejas, más tiernas y pequeñas, les bastan 2 horas. Algún fruto, como las castañas, también se procesa del mismo modo (en este caso, precisan 12 horas de remojo) si lo vamos a utilizar como complemento para elaborar algún plato *(fotos 1 y 2)*.
- **Gelatina.** Para que pueda fundirse correctamente y efectuar su función de cuajar un líquido, primero debemos poner la gelatina en remojo con agua. No hace falta esperar mucho tiempo, tan solo hasta que notemos que queda flexible y transparente. También observaremos que con la hidratación aumenta considerablemente su volumen.

- **Obleas de arroz.** Muy habituales en la cocina asiática como pasta para rellenar, las obleas de arroz deben ponerse en remojo hasta que se vuelvan transparentes. Basta con unos segundos en agua, no más de 5, para que sean manipulables *(fotos 3 a 5).*
- **Setas.** Si deseamos incluir setas en nuestras elaboraciones y estamos fuera de temporada, podemos recurrir a su versión deshidratada. Es un producto muy versátil; resulta suficiente ponerlas en remojo entre 30 minutos y 2 horas antes de cocinarlas para que se reconstituyan y recuperen su carnosidad. Si estamos preparando algún guiso, estofado, arroz o incluso pasta, podemos aprovechar el agua de remojo para darle más sabor a nuestra elaboración. En cuanto a las setas que se presentan en polvo, basta con espolvorearlas en la cocción para que se hidraten. Con el calor acabarán de desprender todo su aroma.

1

■ **Cuscús.** Hay en el mercado variedades de cuscús precocidos a los que solo debemos incorporar la misma cantidad de agua que de sémola para que esta se rehidrate y quede lista para comer. Basta con añadirle agua caliente, pero también sirve cualquier tipo de caldo *(foto 1)*.

■ **Hortalizas.** Ciertos vegetales, como las ñoras o los tomates secos, hay que hidratarlos antes de cocerlos o añadirlos en ensaladas. Los dejaremos entre 30 minutos y 1 hora en agua tibia para poder extraer su carne, en el caso de las ñoras, o para comer el producto rehidratado, en el del tomate. Para elaboraciones como la salsa *romesco*, se utiliza la carne recuperada de los pimientos, que es muy gustosa. También podemos rehidratar la cebolla para elaborar sofritos.

DESALAR

Durante siglos, el único elemento que podía garantizar el consumo de ciertos alimentos altamente nutritivos era la sal. Todavía hoy, desalar los ingredientes que se conservan en salazón es una técnica esencial. Se entiende por *desalar* el acto de introducir un alimento en agua para hidratarlo y, al mismo tiempo, eliminar la gran cantidad de sal que tienen en su interior debido a unos procesos de secado y salado que han permitido su conservación.

Sin esta acción, la carne de los productos en salazón queda seca, astillosa, salada y, en definitiva, poco apetecible. El bacalao y otros pescados conservados en sal son los alimentos por antonomasia que se someten al desalado, proceso que podemos

llevar a cabo en casa o que nos pueden resolver en la pescadería o en el supermercado.

Las anchoas también se introducen unos minutos en agua para poder manipularlas y desespinarlas mejor. A su vez, este paso permite rectificar el punto de sal para hacerlas más jugosas.

PROCESO DE DESALAR EL BACALAO

- Colocamos el bacalao en un recipiente con abundante agua limpia *(foto 2)*.
- Cambiamos el agua del bacalao a diario hasta conseguir el punto de salazón deseado. Dependiendo de la parte del pescado que se emplea -lomo, cortes, desmigado- y de su grosor, tendremos que esperar más o menos tiempo.
- Lo retiramos del agua y lo escurrimos completamente. Una vez desalado, se puede conservar en el refrigerador de 2 a 3 días.

DESANGRAR

Para limpiar de sangre determinadas carnes y pescados, lo mejor es sumergirlos en agua. El desangrado no es más que esta operación tan simple como delicada que nos permite limpiar determinados alimentos (como las sardinas o las manitas de cerdo) de impurezas y malos gustos y olores, sumergiéndolos en agua fría durante un cierto tiempo (10 minutos en el caso de las sardinas y 2 horas en el de las manitas, pero dependerá del tamaño de las piezas) *(foto 3)*. Añadiremos hielo para evitar que se multipliquen los microbios. Es una técnica complementaria del proceso de blanquear, una preelaboración que tiene el mismo fin, pero que se consigue por medio del calor.

En algunos casos, también la salmuera líquida, método de salado que explicamos en las páginas siguientes, se utiliza para desangrar carnes y pescados.

PREELABORACIONES EN SAL

LA SAL HA SIDO, HISTÓRICAMENTE, UN GÉNERO PRECIOSO, OBJETO DE INTERCAMBIOS COMERCIALES Y ELEMENTO ESENCIAL PARA LA CONSERVACIÓN DE NUMEROSOS ALIMENTOS. HOY SIGUE SIENDO LA BASE DE INTERESANTES TÉCNICAS CULINARIAS.

No hay acto más común en nuestras cocinas que sazonar con sal los alimentos. Este es, pues, un primer ejemplo de una preelaboración basada en el uso de la sal, que conocemos como *salar.*

Está también muy extendido el uso de la sal para depurar el exceso de acidez que contienen algunas hortalizas, como el calabacín o la berenjena. Efectivamente, a veces estas pueden picar un poco después de ser cocinadas; si previamente las cortamos y las dejamos reposar en crudo con un poco de sal, conseguiremos evitarlo. Esta operación se conoce como *hacer sudar un alimento.*

Pero, más allá de realzar el sabor de los alimentos y de hacerlos sudar, la sal puede utilizarse para curarlos y, como se ha venido haciendo durante siglos antes de que existieran los sistemas de refrigeración, para conservarlos. Veamos con detalle qué aplicaciones tiene en la cocina esta roca extraordinaria.

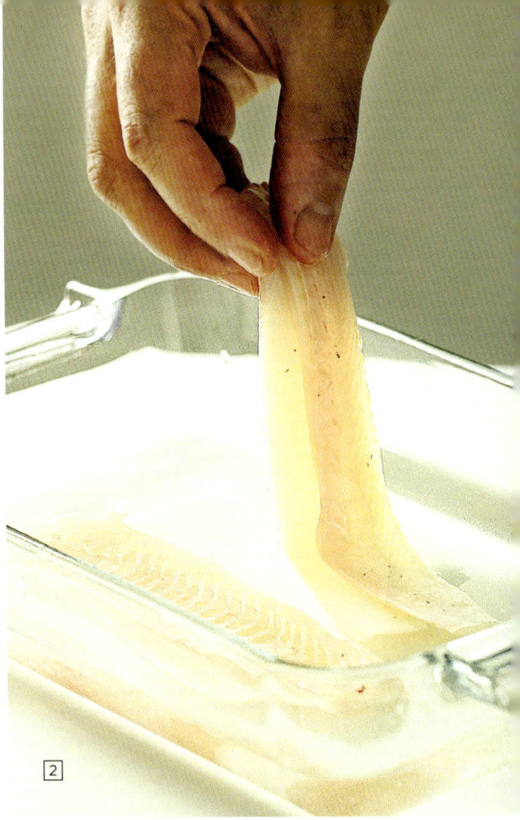

SALAR

Echamos sal, sazonamos con sal o salamos: se trata de una acción que realizamos normalmente antes de cocinar un alimento, para conseguir que un producto sea más sabroso. Pero la sal tiene ciertas propiedades que nos brindan otras funciones valiosas.

Habitualmente salamos antes de cocinar un alimento y repetimos la acción –técnicamente usamos el término *rectificar*– al final del proceso. A veces la rectificación de sal puede hacerse con sales especiales, como las aromatizadas o las especiadas, que le añaden un sabor singular.

Aunque no hay secretos en la técnica de salar, sí debemos tener en cuenta que debe hacerse en el momento adecuado, justo antes de empezar a cocinar, ya que, si salamos con demasiada antelación, la sal favorece la extracción del agua de los alimentos, por lo que, en vez de potenciar su sabor, actúa en sentido contrario, extrayendo el jugo del producto.

Actualmente, en muchas cocinas profesionales se tiende a salar utilizando salmueras líquidas, es decir, dejando los alimentos durante cierto período en una disolución de agua y sal. Se trata de una técnica que garantiza un salado uniforme de los alimentos y que contribuye a que queden más jugosos cuando se someten a cocciones largas, puesto que mejora la capacidad de la proteína para absorber y desprender la humedad.

SALAR CON SALMUERA LÍQUIDA

1 Disolvemos en agua caliente entre un 7 % y un 10 % de sal común de cocina.

2 Una vez enfriada la disolución, sumergimos el producto en ella entre 5 minutos y 2 horas aproximadamente, dependiendo del tamaño de la pieza. Por ejemplo, para el lenguado bastan unos 5 minutos, mientras que un cochinillo entero necesita 2 horas.

CURAR

La sal provoca grandes transformaciones en los alimentos. El curado quizá sea el proceso más interesante provocado por esta roca comestible. Durante siglos, este sazonado ha servido para conservar numerosos productos, habitualmente carnes, pescados y hortalizas, puesto que evita la proliferación de los microbios. Sin embargo, más que como una técnica de conservación, hoy lo utilizamos para intensificar los sabores de ciertos ingredientes.

El curado provoca una modificación de la estructura de los alimentos, casi como si los cocináramos, pero sin calor, para conseguir una textura y una composición adecuadas para consumirlos. Por ejemplo, a través del curado, obtenemos alimentos como el jamón. De hecho, no es más que extraer el exceso de agua de un producto a través de la acción de la sal, lo que nos permite modificar su textura para que el alimento quede suave, tierno y listo para comer.

El curado se usa especialmente en carnes y pescados, y, a menudo, además de la sal se les añade azúcar y hierbas o especias para aromatizar el producto. Es, por ejemplo, una manera de preparar el salmón muy habitual y muy sabrosa.

Cabe destacar que el proceso de curado también incluye o combina otras técnicas como el ahumado y la deshidratación de alimentos.

En algunas culturas asiáticas es muy corriente curar una amplia variedad de verduras, como las coles, los rábanos o el *daikon*, del mismo modo que los países mediterráneos tradicionalmente hemos convertido en salazones diversidad de productos marinos. Es también una costumbre heredada de cuando no existían sistemas de refrigeración, pues el curado con sal y la posterior fermentación a la que se sometían las verduras les permitían disponer de estas y beneficiarse de sus vitaminas a lo largo de todo el año.

CARPACCIO DE CEPS CON PIÑONES Y PARMESANO

Tiempo: 2 h | Nivel: bajo

INGREDIENTES PARA 4 PERSONAS

60 g de parmesano

Para el curado de los ceps

1 kg de sal gruesa

500 g de ceps muy frescos, tiernos y pequeños

Para la vinagreta

10 g de piñones tostados • 2 g de cebollino fresco

60 g de aceite de oliva • Sal y pimienta

ELABORACIÓN

1 Limpiamos escrupulosamente las setas con un paño de cocina húmedo *(véase p. 111)*.

2 Para curar los *ceps*, colocamos una base de sal en un recipiente y a continuación disponemos las setas sobre ella. Las cubrimos con más sal y las dejamos reposar durante 1 hora.

3 Transcurrido el tiempo de curado, retiramos las setas, las limpiamos y las cortamos en láminas con la ayuda de la mandolina específica para trufas, si tenemos, y si no con cualquier otra mandolina.

4 Colocamos los *ceps* laminados bien extendidos en el plato, y si no vamos a comerlos al momento podemos guardarlos en un recipiente hermético dispuestos sobre diferentes capas de papel de cocina para que no se peguen entre sí.

5 Para preparar el aliño, cortamos los piñones por la mitad, picamos en fina juliana el cebollino y lo mezclamos todo con aceite. Añadimos sal y pimienta.

6 Terminamos el plato aliñando el *carpaccio* de *ceps* con el aceite de piñones y decorándolo con el queso parmesano cortado en tiras.

Este plato, muy sencillo de preparar y a la vez exquisito, vale la pena elaborarlo solo cuando dispongamos de ceps *pequeños y tiernos, de carne compacta y sana. Como alternativa se pueden utilizar otras setas, como las oronjas* (Amanita caesarea). *Aunque en castellano los ceps* (Boletus edulis) *se conocen como* hongo calabaza *o* seta de Burdeos, *utilizamos su denominación catalana, ampliamente extendida y entendida en el universo gastronómico.*

SALMÓN CURADO CON ESPECIAS, SALSA DE YOGUR Y LIMÓN

Tiempo: 1 h (+ 12 h de curado) | Nivel: bajo

INGREDIENTES PARA 15 PERSONAS

Aceite de girasol

Hojas de escarola frisé *y de* shiso

Para el salmón curado

1 ½ kg de lomo de salmón

1 kg de sal gruesa

1 kg de azúcar

30 g de pimienta negra

30 g de pimienta blanca

30 g de pimienta de Sichuan

30 g de pimienta rosa

30 g de pimienta de Jamaica

30 g de cilantro en baya

30 g de cardamomo verde

30 g de eneldo fresco picado

Para la salsa

100 g de yogur cremoso

1 cebolleta tierna

10 g de eneldo fresco picado

1 limón • Sal y pimienta

ELABORACIÓN

1 Para curar el salmón, mezclamos sal y azúcar a partes iguales y añadimos las hierbas y especias con las que aromatizaremos el pescado. Cubrimos el salmón con la mezcla de sal y especias durante 12 horas. El tiempo de curado depende un poco de los gustos de cada cocinero o comensal; con menos horas obtendremos un salmón más cercano al pescado crudo, mientras que si las superamos el gusto será más concentrado, aunque notaremos la carne del salmón un poco más seca.

2 Una vez transcurrido el tiempo de curado, extraemos el salmón de la mezcla de sal, azúcar y especias que lo cubren y lo limpiamos.

3 Utilizaremos un paño para eliminar bien los restos de sal del salmón antes de proceder a cortarlo. En el caso de que no vayamos a consumir el pescado inmediatamente, podemos pintarlo con aceite de girasol y envolverlo en una película de plástico. Es preferible no guardarlo en la nevera más de 3 días.

1

2

3

4 Para elaborar la salsa de yogur y limón, mezclamos el yogur cremoso con la cebolleta cortada en fina *brunoise*. Añadimos a la mezcla unas gotas de zumo de limón y rectificamos de sal y pimienta. Si lo deseamos, podemos incorporar a la salsa unos toques de ralladura de limón bien fina.

5 Para finalizar, tan solo nos queda preparar en los platos o fuente en los que vayamos a servir unas lonchas finas de salmón intercaladas con hojas de escarola *frisé*. Después las aliñamos con unas gotas de salsa de yogur y limón, espolvoreamos un poco de eneldo picado y, para decorar el plato, añadimos unas hojas de *shiso* morado.

Las hojas de shiso *se pueden encontrar en tiendas especializadas en productos asiáticos; también se consumen las flores y las semillas de esta planta. Son muy típicas en Japón, donde las hojas se utilizan como parte del* sushi *y del* sashimi *–o incluso se preparan en* tempura*–. Existen dos variedades de* shiso*: verde y morado, y también se presenta en copos deshidratados para condimentar el arroz. Se le atribuyen propiedades antiinflamatorias, además de ser rico en hierro y calcio.*

Las hojas que utilizamos en esta receta tienen un ligero sabor a anís y menta, y por su frescor combinan perfectamente con pescados untuosos como el salmón: este es el efecto que se busca en este plato.

KIMCHI

Tiempo: 2 días de elaboración, reposo mínimo de 2 semanas | Nivel: medio

INGREDIENTES PARA 4 PERSONAS

Para curar la col
1 kg de col china
2 l de agua
80 g de sal (preferiblemente flor de sal)

Para la salsa
45 g de pera
150 g de manzana ácida
7 g de ajo
30 g de cebolla
3 l de agua infusionada con 8 g de kombu
9 g de sal

Para el relleno
80 g de daikon *(rábano asiático)*
40 g de cebolla tierna
40 g de puerro
3 g de sal
50 g de salsa de pescado o nuoc mam
50 g de agua de hervir arroz glutinoso (opcional)
5 g de guindilla o pimentón coreano especial para kimchi

ELABORACIÓN

1 Para curar la col, mezclamos los 2 litros de agua con la mitad de la sal (40 gramos) que tenemos preparada. Partimos la col en 4 partes y cortamos la parte trasera para que la sal pueda penetrar. Colocamos las hojas de col en un recipiente, las sazonamos una a una con la sal que hemos reservado y vertemos el agua con sal de modo que penetre bien entre las hojas. Dejamos la col en remojo durante 8 horas cambiando las hojas de arriba por las de abajo un par de veces. Las enjuagamos 3 veces con agua.

2 A continuación escurrimos las hojas de col y las colocamos sobre una rejilla durante 12 horas.

3 Para preparar la salsa, trituramos todos sus ingredientes juntos y los colamos.

4 Mezclamos la verdura (*daikon*, puerro, cebolla) con la salsa de pescado, a la que habremos añadido ya la guindilla (esta, al remojarse, se va a hinchar).

5 Una vez que tengamos las hojas de col escurridas, incorporamos la verdura encima de cada una.

6 Cubrimos la col con las verduras.

7 Una vez incorporada la salsa, dejaremos el *kimchi* 24 horas fuera de la nevera para que arranque la fermentación y después lo guardaremos en el frigorífico, al menos un par de semanas. Pero si queremos apreciar un *kimchi* óptimo es recomendable esperar 2 meses. Es entonces cuando todos sus aromas y sabores están completamente estabilizados.

El kimchi*, uno de los platos más típicos de la gastronomía coreana, es un ejemplo del proceso del curado de verduras, muy extendido en Oriente. No se trata de una elaboración compleja, pero el proceso de preparación es largo, puesto que la col, su principal ingrediente, debe fermentar durante 2 semanas como mínimo. Merece la pena tener paciencia, puesto que, una vez elaborado, tenemos* kimchi *para muchos días: se conserva hasta 6 meses.*

PREELABORACIONES PARA AROMATIZAR

EL AROMA ES UN COMPONENTE ESENCIAL DE LOS ALIMENTOS. LO PODEMOS MODIFICAR A NUESTRO GUSTO MEDIANTE DISTINTAS TÉCNICAS QUE TRATAN DE TRANSFERIR AROMAS O SABORES A UN ALIMENTO PARA ENRIQUECERLO.

El aroma es un componente fundamental de los alimentos. En gastronomía podemos modificar el aroma natural de todo tipo de productos, aromatizándolos por medio de diferentes técnicas. El objetivo de las que presentamos a continuación –marinar, macerar, adobar, infusionar, impregnar y aromatizar propiamente dicho– es el mismo: hallar una buena combinación entre el aroma o sabor natural del alimento o preparación y de la sustancia suplementaria que le va a aportar un nuevo aroma y, de este modo, lo va a enriquecer.

Esta sustancia con capacidad aromatizante suele ser un vino, un vinagre, unas hierbas, unas especias, un aceite o un licor, además de muchos otros condimentos. El producto se sumerge en uno de ellos –o en una combinación– y se deja reposar durante una cantidad concreta de horas para que quede bien impregnado de sus cualidades aromáticas.

Algunas técnicas, más allá de sumar sabores y aromas, consiguen además transformar el producto y hacerlo más jugoso. A continuación veremos las especificidades de cada uno de estos procesos.

MACERAR, ADOBAR Y MARINAR

Este conjunto de técnicas hermanas consiste en sumergir determinados productos en un líquido aromático durante horas. Entran en juego el limón, el aceite, el vino o el vinagre, y condimentos como las hierbas, los ajos, las cebollas y las especias.

MACERAR

En cierto modo, podemos decir que macerar es una versión de marinar. Pero, si bien el marinado suele utilizarse para modificar los alimentos gracias a la acción ácida de los líquidos que se incorporan a la preparación, la maceración pretende tan solo aromatizar y ablandar el producto.

Podemos macerar carnes con la ayuda de aceite, pimentón, hierbas y especias, y también con vino y limón, pero aquí no se trata tanto de modificar el producto como de ablandarlo y que adquiera sabor.

Las frutas también se maceran, normalmente añadiéndoles alguna bebida alcohólica como el moscatel, el vino tinto u otros, y a veces con un extra de azúcar o con zumo de otras frutas.

ADOBAR

Como el macerado, el adobado consiste en sumergir un alimento en un preparado más o menos líquido con el fin de aromatizarlo y, al mismo tiempo, ablandarlo. La diferencia estriba en que, en el acto de adobar, el aceite tiene mayor protagonismo. Podemos preparar diferentes adobos, siempre con el aceite como elemento principal, junto con varios condimentos aromáticos, a los que también pueden añadirse vinos y vinagres *(foto 2)*.

MARINAR

A menudo se confunde el salmón curado (preelaboración con sal y a veces azúcar y otros condimentos) con el salmón marinado. Sin embargo, el marinado es sustancialmente distinto del curado y de otras técnicas de preelaboración, ya que para llevarlo a cabo hay que sumergir un alimento en un líquido, un líquido aromatizado *(foto 1)*.

Cuando marinamos un producto, conseguimos que el alimento adquiera un sabor determinado, que sea más tierno o que reste malos olores –que es lo que pretendemos cuando marinamos carnes de caza–. En determinados alimentos, la acción de marinar permite modificar el producto hasta el punto de que podremos comerlo incluso sin necesidad de cocción, y es con este sentido como se utiliza con mayor frecuencia el término *marinar*.

Los líquidos con los que suele prepararse un marinado son el zumo de limón o un ácido similar, o los vinos y vinagres, a los que se suele añadir hierbas y especias u otras plantas. La acción de los ácidos del limón, los vinagres o el vino ablanda los tejidos de los alimentos y provoca un aumento de su capacidad para retener humedad. Gracias a ello, transfieren el aroma peculiar del líquido al mismo tiempo que mantienen los alimentos muy jugosos.

SARDINAS MARINADAS

Tiempo: 1 h | Nivel: bajo

INGREDIENTES PARA 4 PERSONAS

20 sardinas fileteadas

200 g de vinagre de vino blanco

60 g de tomate

1 cebolleta tierna

Cebollino

Aceite de oliva virgen

Sal y pimienta

ELABORACIÓN

1 Colocamos las sardinas en salmuera al 10 % durante 5 minutos. La salmuera desangra la sardina, elimina olores y, a su vez, le proporciona un punto de sal.

2 A continuación, marinamos los filetes de sardina en el vinagre durante 30 minutos. Después, los retiramos del vinagre y los colocamos en un plato.

3 Aliñamos las sardinas con aceite de oliva y las complementamos con dados de tomate en *concassé*, pimienta negra recién molida, cebollino picado y láminas de cebolleta que previamente habremos dejado en agua fría para que estén tersas y pierdan el exceso de fuerza.

La sencillez a veces es exquisita. Como sucede con unas sardinas preparadas en verano, cuando es su mejor época, ya que están más grasas y, por lo tanto, son más gustosas, y ofrecen su mejor textura. En esta receta, la técnica del marinado realza de manera sencilla el frescor de este pescado azul tan mediterráneo.

ENSALADA DE ATÚN MARINADO CON JUDÍAS VERDES

Tiempo: 1 h | Nivel: bajo

INGREDIENTES PARA 4 PERSONAS

400 g de atún fresco • 200 g de salsa de soja
400 g de judías verdes finas • 1 bandeja de shiso morado
Para la salsa
100 g de aceite de soja • 100 g de aceite de oliva virgen
10 g de aceite de sésamo (opcional)
10 g de sésamo tostado

ELABORACIÓN

1 Para elaborar la salsa, mezclamos todos sus ingredientes y la reservamos.

2 Cortamos el atún, que debe ser muy fresco, en dados regulares y lo maceramos en salsa de soja durante 15 minutos. El macerado, no obstante, depende un poco del gusto personal de cada cocinero, que puede jugar con el tamaño de los dados y con el tiempo que dedique al proceso.

3 Hervimos las judías verdes hasta que estén al dente, a las que previamente habremos cortado las puntas y habremos lavado. Las pinchamos con un tenedor para saber si están listas, y entonces las colamos, las enfriamos poniéndolas en un lugar fresco y las reservamos.

4 Montamos el plato intercalando trozos de atún y judías, lo aliñamos con la salsa preparada y acabamos decorando la ensalada con las hojas de *shiso*.

En esta sencilla receta, la carne tierna del atún contrasta con la textura crujiente de la judía verde cocida al dente. El macerado en salsa de soja dota al pescado de un gusto intenso, mientras que la judía refresca el plato. En la salsa, la soja sirve de hilo conductor entre el sésamo, el atún y la judía, y, para finalizar, el sabor ligeramente oxidado de las hojas de shiso *matiza el plato.*

CEBICHE DE SALMONETE

Tiempo: 1 h (+ 24 h de maceración) | Nivel: medio

INGREDIENTES PARA 4 PERSONAS

8 salmonetes (de unos 80 g cada uno)
Salmuera para pescados
Para el caldo de salmonete
750 g de espinas de salmonete
750 g de agua
Para la leche de tigre
750 g de caldo de salmonete
60 g de cebolla
35 g de lima
25 g de pimiento amarillo
20 g de pimiento rojo
7 g de sal
5 g de piel de lima
1 g de tabasco
Para la cebolla encurtida
1 cebolla roja o de Figueres
100 g de vinagre de granada
Complementos
8 tomates cherry • 1 aguacate • Maíz • Salicornia

ELABORACIÓN

1 Para elaborar la leche de tigre, limpiamos las verduras para el caldo y las cortamos en *mirepoix*. A continuación, mezclamos todos los ingredientes en un recipiente y los dejamos macerar en un lugar fresco durante 24 horas.

2 Para preparar el caldo de salmonetes, desangramos las espinas del pescado sumergiéndolo en agua fría durante 6 horas. Después las colamos y las doramos ligeramente en una sartén.

3 En un cazo hervimos el agua e infusionamos las espinas durante 30 minutos, bien tapadas. Las colamos y reservamos el caldo.

4 Para preparar la cebolla encurtida, pelamos y lavamos la cebolla roja o de Figueres, la cortamos en juliana y la escaldamos en agua hirviendo durante 20 segundos. La enfriamos enseguida en agua con hielo, la retiramos y la escurrimos. Después la cubrimos con vinagre de granada, o similar, y la dejamos marinar durante 1 hora.

5 Marcamos una pequeña cruz con un cuchillo en los tomates cherry para luego poder pelarlos mejor y, acto seguido, los escaldamos en un cazo con agua hirviendo durante solo 10 segundos. Acto seguido, los enfriamos en abundante agua con hielo, los retiramos y los pelamos con la ayuda de un cuchillo puntilla. Reservamos.

6 Escamamos y desespinamos los salmonetes.

7 Cortamos los filetes en trozos regulares y los sumergimos en salmuera durante 5 minutos.

8 Agregamos los trozos de salmonete a la leche de tigre macerada y los dejamos en ella durante 8 minutos. Los retiramos y los reservamos.

9 Entonces, trituramos las verduras de la leche de tigre junto a su jugo, las colamos y reservamos.

10 Montamos el plato con los trozos de salmonete cubiertos con la leche de tigre y lo decoramos con los tomates cherry, unos tacos de aguacate, un poco de maíz, la cebolla encurtida y una pizca de salicornia al gusto. También podemos añadir germinados.

1

INFUSIONAR, IMPREGNAR Y AROMATIZAR

Estas tres técnicas permiten que un ingrediente, por lo general líquido –aunque no exclusivamente–, quede empapado de los aromas y gustos de otro producto, que es el elemento aromático. Este efecto gana eficacia si al proceso se le aplica calor, ya que las temperaturas altas producen una reacción más intensa de los elementos volátiles del ingrediente aromático y, de este modo, este adquiere mayor capacidad para transferir sus aromas al líquido. Utilizando esta técnica podemos conseguir combinaciones deliciosas, ya sea con sabores contrastados o armónicos.

INFUSIONAR

La infusión consiste en sumergir un producto en un líquido caliente, sin que este llegue a hervir, para conseguir que el líquido en cuestión incorpore el aroma o sabor del producto infusionado. Es importante que el líquido no hierva para evitar la destrucción de los aromas que deseamos obtener *(foto 1)*.

Por supuesto, el té, las hierbas o el café son infusiones, pero la técnica se puede aplicar a muchos otros alimentos. Por ejemplo, por infusión podemos aromatizar el vino blanco con trufas, la leche con vainilla o el vino tinto con canela y clavo de olor.

IMPREGNAR

Por medio de esta técnica conseguimos que un alimento se enriquezca con el sabor de otro. Normalmente se utiliza con las frutas y las verduras porosas, que sumergimos en un líquido para que este penetre en su interior. Este proceso a veces también se denomina *empapar* o *emborrachar.*

Si bien podemos aromatizar la fruta con una maceración, el resultado que se obtiene con la impregnación es mucho más intenso (en la imagen superior podemos apreciar la diferencia). El mejor método para impregnar consiste en emplear un utensilio para hacer el vacío. Sumergimos la fruta en el líquido y hacemos el vacío dos o tres veces; de este modo conseguimos una impregnación rápida y que el producto no se ablande ni pierda su propio sabor al entrar en contacto con el líquido *(fotos 2 a 4).*

AROMATIZAR

En el ámbito culinario utilizamos este término para designar el acto de aportar aroma o gusto a un alimento con la ayuda de otro producto. Por ejemplo, podemos aromatizar aceites incorporándoles algunas hierbas, especias o flores.

Se puede aplicar calor al elemento aromatizador para que gane capacidad aromática. Cuando trabajamos con aceites, la temperatura aconsejada para esta operación es de 65 °C, durante unos 30 minutos, porque no destruye sus propiedades, al tiempo que se alcanza el límite de seguridad que mantiene a raya a los microbios.

INFUSIÓN DE FRUTOS ROJOS CON HELADO DE VAINILLA

Tiempo: 1 h | Nivel: bajo

INGREDIENTES PARA 4 PERSONAS

400 g de frutos rojos variados (fresas, frambuesas, fresitas de bosque, moras, arándanos, etc.)
200 g de azúcar
200 g de agua
Hojas de hierbaluisa
Helado de vainilla

ELABORACIÓN

1 Hervimos el agua y el azúcar. En el momento de hervir introducimos las hojas de hierbaluisa y las dejamos infusionar durante 5 minutos.

2 Incorporamos los frutos rojos, empezando por los más duros (por ejemplo, los arándanos) y acabando por los más tiernos (fresitas de bosque), de modo que todos reciban diferentes intensidades de calor según su textura. Así evitaremos que se deshagan. Los dejamos en infusión durante 1 hora.

3 Retiramos las hojas de hierbaluisa y colocamos en cada copa una buena ración de infusión de frutos rojos, que acompañaremos con helado de vainilla o algún otro helado cremoso.

En ocasiones, la simplicidad es el lujo más suculento. El secreto de este postre radica, fundamentalmente, en la calidad de los frutos rojos, que deben estar muy maduros. El almíbar, además, vehiculará dulcemente su aroma, y el contrapunto frío y cremoso del helado hará de esta propuesta una pequeña exquisitez.

INFUSIÓN DE PIÑA CON HINOJO

Tiempo: 4 h | Nivel: bajo

INGREDIENTES PARA 4 PERSONAS

500 g de agua
50 g de azúcar
100 g de piña
40 de hinojo
2 hojas de gelatina de 2 g cada una
Helado de jengibre (también puede ser de coco, hierbaluisa o eucalipto)

ELABORACIÓN

1 Ponemos el agua a hervir con el azúcar. Cuando hierva, retiramos el cazo del fuego e incorporamos las hojas de gelatina, previamente remojadas en agua fría, y removemos hasta que estén bien disueltas.
2 Infusionamos la piña cortada en dados de 1 centímetro de lado y el hinojo en el almíbar caliente.
3 Lo cubrimos con papel film o una tapa y lo dejamos reposar en la nevera al menos durante 3 horas.
4 Colocamos en un bol la infusión de piña impregnada con el aroma fresco del hinojo. La acompañamos con un helado. El helado de jengibre con unas láminas de caramelo de jengibre puede ser una opción perfecta, pero también se puede combinar con todo tipo de sabores frescos, como coco, hierbaluisa o eucalipto.

Es un postre muy veraniego. Todo frescor. El aroma anisado que desprende el hinojo acentúa el gusto fresco de la piña y, gracias a la técnica de infusionado, conseguimos que la fruta quede aún más gustosa. Combinada con un helado, esta infusión es un postre irresistible.

CHOCOLATE AROMATIZADO

Tiempo: 2 h | Nivel: bajo

INGREDIENTES PARA 4 PERSONAS

125 g de cobertura de chocolate al 70 % de cacao
1 manojo de menta
Productos liofilizados: menta, frambuesa, coco, fruta de la pasión, yogur, café

Se trata de una propuesta divertida para los niños. Las frutas liofilizadas son un recurso sano, divertido y vistoso. Junto con los sencillos ingredientes de esta receta, necesitaremos unos buenos delantales y ganas de compartir.

ELABORACIÓN

1 Lavamos las hojas de menta. Las escurrimos y las secamos cuidadosamente.

2 Introducimos el chocolate con las hojas de menta en una bolsa preparada para envasar al vacío y lo envasamos todo junto.

3 Calentamos el chocolate y la menta, todavía juntos dentro de la bolsa, en un recipiente con agua a 65 °C durante 1 hora. Así conseguiremos que el chocolate se aromatice con el perfume mentolado y adquiera una nueva personalidad.

4 Colamos la mezcla en caliente y rellenamos un cornete de papel a modo de manga pastelera.

5 Hacemos pequeños bastoncillos de chocolate.

6 Antes de que el chocolate solidifique, espolvoreamos los bastoncillos con diferentes frutas liofilizadas de manera que obtengamos un surtido de chocolatinas alegre y vistoso.

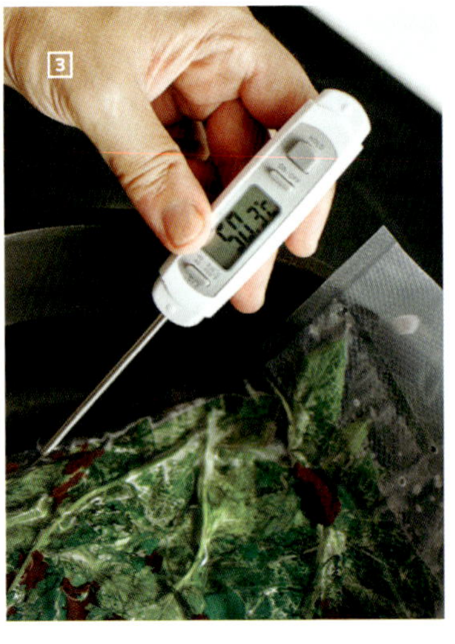

5

6

BLOODY MARY DE TOMATES CHERRY

Tiempo: 20 min | Nivel: bajo

INGREDIENTES PARA 4 PERSONAS

20 tomates cherry
50 ml de vodka
50 g de T + T (mezcla a partes iguales de agua y azúcar)
Sal de apio
Tabasco
Hojas tiernas de apio
Sal y pimienta

ELABORACIÓN

1 Preparamos 50 g de T + T (combinación a partes iguales de agua y azúcar hervidas durante 5 minutos).

2 Mezclamos todos los elementos aromáticos: el vodka, la sal, la pimienta, el tabasco, la sal de ajo y el T + T, y los dejamos reposar 20 minutos.

3 Hacemos una pequeña cruz en la parte superior de los cherry y los escaldamos en agua hirviendo, los enfriamos en agua con hielo y los pelamos.

4 Introducimos los tomates en un bote preparado para hacer el vacío y vertemos la mezcla aromática.

5 Procedemos a hacer el vacío 3 veces. Abrimos el bote cada vez.

6 Cuando los tomates hayan quedado bien impregnados con todos los aromas, los colocamos en un recipiente y los decoramos con hojas de apio fresco. Para finalizar, los aliñamos con una mezcla de sal, sal de apio y pimienta.

Demos la bienvenida a nuestros invitados con pequeños y divertidos detalles, como este: un aperitivo coqueto –los tomates cherry así pueden definirse– cuyo secreto explota en la boca con todo el sabor de un clásico de los cócteles.

4

5

HIGOS CON QUESO AL JENGIBRE Y CONFITADO DE QUINOTOS

Tiempo: 2 h (+ 12 h de reposo y adobo) | Nivel: bajo

INGREDIENTES PARA 4 PERSONAS

4 higos maduros
2 láminas de piel de naranja confitada
12 almendras tiernas
100 g de rúcula
Flores y hojas de hinojo, hojas tiernas de estragón
Para el confitado
12 quinotos (naranjas de la China)
100 g de azúcar
100 g de agua
Para el aceite de jengibre
100 g de queso de cabra tierno o similar (no cremoso)
50 g de jengibre
100 g de aceite de girasol
Para la vinagreta
Aceite de girasol
Vinagre de Módena
Sal y pimienta

ELABORACIÓN

1 Para confitar el quinoto, pinchamos toda su superficie con una aguja y lo cocemos en una mezcla a partes iguales de agua y azúcar durante 2 horas a fuego suave. Después lo dejamos reposar como mínimo durante una noche en un bol cubierto con film.
2 Para aromatizar con el jengibre, lo rallamos y lo mezclamos con el aceite de girasol. Incorporamos la mezcla resultante con el queso de cabra y lo dejamos en adobo al menos durante 8 horas.
3 Pelamos los higos con cuidado de que no se deformen y los cortamos en láminas verticales.
4 Entre lámina y lámina rellenamos con queso de cabra y envolvemos con papel de film de manera que podamos reconstruir la forma inicial del higo. Dejamos reposar la elaboración en la nevera durante 1 hora para que quede compacta.
5 Cortamos por la mitad o en juliana las almendras tiernas, y en dados el quinoto confitado.
6 Para preparar la vinagreta, mezclamos aceite de girasol y vinagre de Módena, sal y pimienta.
7 Montamos el plato colocando una base de ensalada con rúcula y parte de los complementos: la almendra tierna, el quinoto confitado y las flores y hojas de estragón e hinojo. Partimos el higo por la mitad y lo disponemos en el plato intentando que luzca la combinación con el queso. Para finalizar el plato, lo aliñamos con la vinagreta y decoramos con el resto de los complementos.

Simple, polivalente y espectacular. Porque es de fácil elaboración, puede combinarse con diferentes ingredientes y su resultado es sorpresivo. Ideal en temporada de higos carnosos y compactos para combinar su dulzor con ingredientes grasos como el queso fresco de cabra o con foie gras. Una propuesta para una combinación clásica de dulce y graso, que acabamos aromatizando con el frescor del jengibre.

PREELABORACIONES DIVERSAS EN FRÍO

LAS TÉCNICAS QUE PRESENTAMOS A CONTINUACIÓN SON PROPIAS DE LA COCINA TRADICIONAL. SIGUEN UTILIZÁNDOSE EN LA COCINA MODERNA, BIEN PARA CUMPLIR SU COMETIDO ORIGINAL, BIEN ADAPTÁNDOSE A NUEVAS FUNCIONES.

El hecho de cocinar y la capacidad creativa de los cocineros y de la misma industria alimentaria no tienen fin. Por eso, recoger todas las técnicas de preelaboración sería una labor inacabable.

Dicho esto, las preelaboraciones que describimos a continuación responden a las características de unas técnicas que se llevan a cabo en frío, que son bien conocidas en nuestra tradición culinaria y que tienen plena vigencia y utilidad en la cocina actual.

1

LICUAR

Para llevar a cabo esta técnica necesitamos la ayuda de una licuadora, que nos permitirá separar la parte líquida de la sólida de un alimento. Existen dos tipos de licuadoras: las que actúan por centrifugación (el modelo clásico hasta el momento), y las que efectúan un estrujado del alimento (que permite aprovechar mejor la fibra alimentaria) *(foto 1)*.

Actualmente, en las cocinas profesionales se utiliza este sistema para elaborar las bases de cremas y sopas con verduras escaldadas o para obtener líquidos como el agua de tomate –apreciada para preparar cócteles–. También pueden licuarse las hierbas para conseguir jugos concentrados y refrescantes, las frutas para elaborar salsas, o las aceitunas para posteriormente obtener esferificaciones *(véase p. 335)*.

El licuado aporta ventajas nutritivas y gastronómicas, puesto que nos permite obtener un jugo aprovechando todo el valor nutricional del producto, al no someterlo a cambios de temperatura, así como obtener un sabor completamente genuino. Cuando utilizamos germinados, se convierte en un gran manantial de aportes nutritivos para la salud. Al licuar brotes de trigo, por ejemplo, obtenemos su clorofila, que es una excepcional fuente de vitamina B, muy rica en vitamina A y C, además de aportar calcio, hierro, magnesio, fósforo, potasio, sodio, azufre, cobalto, zinc, proteínas y enzimas.

1

2

EMPANAR Y REBOZAR

Seguramente son algunas de las preelaboraciones más populares en los hogares familiares. Empanamos y rebozamos un alimento cuando lo pasamos por harina, huevo y pan rallado para freírlo posteriormente. Esta técnica permite proteger el producto empanado de la alta temperatura del aceite al freírlo.

Existen muchas variantes de empanados. La descrita también se conoce como empanar a la inglesa, pero también podemos empanar a la milanesa –cuando a la harina, el huevo y el pan rallado se les añade queso parmesano– o a la madrileña –que en lugar de parmesano añade ajo y perejil–. También podemos empanar con pan rallado aromatizado (de ajo y perejil, finas hierbas, *curry* o *romesco*) o con mantequilla. En esta última opción, la mantequilla cumple a la vez las funciones de la harina y del huevo, y solo hace falta rebozar con el pan rallado.

Además, podemos utilizar diferentes tipos de pan rallado, desde miga de pan fresco hasta pan seco rallado, o incluso a veces se utilizan otros productos para hacer de pan, como patatas chips desmenuzadas o *panko* (pan rallado japonés que se extrae de pan sin corteza y que aporta una textura muy crujiente).

No obstante, una sugerencia para nuestro gusto consiste en eliminar la harina, untar el alimento con aceite y sustituir el pan rallado por pan precocido cortado a láminas muy finas *(foto 1)*.

Los rebozados cuentan con la ventaja de que pueden realizarse con cierta antelación y conservarse en la nevera, o incluso congelarse o descongelarse directamente con la cocción.

ATAR

Atamos, bridamos e incluso cosemos los alimentos. ¿Por qué renunciar a diseñar nuestras elaboraciones? Con hilo alimentario podemos dar forma a los productos que lo precisen, ya sea para que no se deformen en la cocción, ya sea para manipularlos mejor. A veces conviene coser bien los extremos de un producto, sobre todo cuando este lleva relleno y no deseamos perderlo *(foto 2)*.

GAZPACHO DE CEREZAS

Tiempo: 1 h | Nivel: bajo

INGREDIENTES PARA 4 PERSONAS

800 g de tomates maduros
250 g de cerezas
4 tomates cherry
50 g de pimiento rojo
50 g de pimiento amarillo
50 g de cebolla tierna
1 cebollino
Sal y pimienta
Para las cerezas impregnadas o maceradas (opcional)
12 cerezas
50 g de kirsch o amaretto
Para el aceite de cebollino (opcional)
100 g de aceite de oliva
20 g de cebollino

ELABORACIÓN

1 Lavamos los tomates maduros, los secamos y los cortamos en trozos grandes.

2 Lavamos las cerezas y extraemos el hueso. Reservamos algunas para decorar. Si queremos aromatizar algunas de estas cerezas para decorar con licor, podemos macerarlas (cubrirlas con el licor elegido) o impregnarlas (colocamos las cerezas en un recipiente para hacer el vacío, las cubrimos con *kirsch* y realizamos el vacío 3 veces). Si no queremos aromatizarlas, simplemente las introducimos en un bol, las tapamos con papel film y las reservamos.

3 Trituramos el tomate y las cerezas, y emulsionamos incorporando el aceite. Sazonamos con sal y pimienta, colamos el gazpacho y lo dejamos reposar durante un par de horas.

4 Picamos en *brunoise* los pimientos, la cebolla tierna y finalmente el cebollino. Lo mezclamos, salpimentamos y reservamos.

5 Escaldamos los tomates cherry, los pelamos, los vaciamos con cuidado y los rellenamos con el picadillo de pimientos, cebolla y cebollino.

6 Si queremos elaborar un aceite de cebollino, trituramos el cebollino y el aceite en la Thermomix durante 5 minutos a 70 °C. Colamos y enfriamos en el acto.

7 Montamos el plato con unos pequeños *bouquets* de picadillo intercalados con trozos de cereza, ponemos en el centro un cherry relleno y añadimos unas gotas de aceite. Rellenamos una jarrita con el gazpacho de cerezas y vertemos alrededor del tomate.

Versión ligera de un gazpacho tradicional, esta sopa veraniega, simple y rápida necesita que las cerezas estén en su mejor momento, en plena temporada estival, para que estén tersas y carnosas y su sabor sea intenso. Si además nos animamos a impregnar algunas con licor, añadiremos atrevimiento a una sopa ya de por sí muy sensual.

PICAR

Picar es sinónimo de capolar y triturar, y todo implica pasar los alimentos por la picadora, aunque hay algunos matices. En función de la máquina que utilicemos y de sus complementos, obtendremos una textura más fina o más gruesa.

Podemos picar carnes de ternera o de cerdo –o ambas mezcladas– para hacer hamburguesas, albóndigas o rellenos. Es aconsejable que las piquemos incluyendo algunas partes grasas para que nos queden más melosas. También podemos picar pescados para elaborar terrinas, pasteles o rellenos, así como verduras para sofritos o para condimentar elaborados como lasañas. Otro alimento que puede picarse es el pan seco, para obtener pan rallado. No obstante, también hablamos de picar cuando nos referimos a cortar muy pequeño con un cuchillo; así es como picamos normalmente el ajo y el perejil.

Aunque existen robots de cocina que también tienen la función de triturado, el resultado no es el mismo que con una máquina de picar, puesto que el robot suele dejar el producto más liso, más pastoso en el caso de las carnes, mientras que la máquina ofrece una textura más masticable que confiere características especiales al producto final.

MECHAR Y ALBARDAR

Tanto mechar como albardar son preelaboraciones que tuvieron mejores momentos en el pasado, cuando en los hogares se cocinaba más y se disponía de más tiempo para elaborar guisos. Ambas tienen en común que se ayudan de un producto más o menos graso para proteger el alimento principal y/o para dotarlo de un gusto más potente.

Para mechar, introducimos elementos como tocino, embutidos, trufas o huevos en piezas de carne, generalmente de vacuno, ovino o cerdo, con la ayuda de una aguja mechadora. Los redondos de ternera o el solomillo de cerdo mechado pueden ser dos ejemplos comunes de su uso *(foto 2)*.

Por su parte, la técnica de albardar permite, a través de un producto graso, preservar el alimento principal del contacto directo con el fuego para que la carne no se seque. El producto graso suele ser una lonja gruesa de tocino, conocida como *albardilla*, y suele cubrir las aves para asarlas. Su grasa, además, confiere sabor y jugosidad a la preparación.

El turnedó, el corte de solomillo de ternera envuelto en tocino fresco o curado, es otro ejemplo de esta técnica *(foto 1)*.

TRITURAR

Cuando trituramos, o trinchamos, los alimentos, se reduce el tamaño de los alimentos al tiempo que se homogeneizan las mezclas. Por ejemplo, trituramos frutos secos, ajos y aceite para conseguir picadas rápidamente, o podemos triturar finamente todo tipo de purés en robots o brazos trituradores, para conseguir texturas lisas y agradables. Si trituramos sólidos como café o especias, hablamos de moler, y obtenemos entonces un elemento en polvo. Para todo ello, utilizamos máquinas provistas de cuchillas, como el brazo triturador, el molinillo eléctrico o robots, que además nos permiten aplicar temperatura al triturado *(foto 3)*.

3

DESHIDRATAR

Deshidratar es un sistema muy efectivo de conservar los alimentos. En algunos casos, esto es lo que pretendemos al utilizar la técnica, mientras que en otros buscamos una textura crujiente al tiempo que se preservan el gusto y las propiedades nutricionales del alimento. Se trata de un proceso relativamente simple que consiste en extraer el agua del producto, para mantener sus propiedades organolépticas o incluso intensificándolas, como ocurre al deshidratar setas como los *ceps*.

Esto se consigue mediante una máquina deshidratadora, que controla la temperatura e insufla aire para que el deshidratado sea rápido. El proceso es simple: colocamos los alimentos en ella –enteros o laminados– y damos la orden de secar o deshidratar hasta conseguir la textura deseada. Si no vamos a consumir el producto de inmediato, se debe conservar en un envase hermético (no olvidemos etiquetarlo con la fecha de envasado) *(foto 4)*.

Las agradables texturas crujientes que se consiguen con la deshidratación se utilizan mucho para complementar platos y elaboraciones.

4

TARTAR DE TOMATE

Tiempo: 5 h | Nivel: medio

INGREDIENTES PARA 4 PERSONAS

Láminas de pan tostado

Para la emulsión de mostaza

1 yema de huevo

45 g de aceite de oliva virgen extra

8 g de mostaza en grano

Para el tartar de tomate

600 g de tomates maduros

20 g de chalota

10 g de alcaparras

10 g de pepinillos

Aceite de guindilla

Sal y pimienta

ELABORACIÓN

1 Escaldamos el tomate, lo pelamos y le sacamos las pepitas y la parte acuosa. Troceamos la carne en láminas y el centro del tomate en partes iguales.

2 Colocamos el tomate en la máquina deshidratadora a 55 °C durante 2 horas. También podemos deshidratarlo en el horno a 70 °C, con el ventilador activado y con la puerta ligeramente abierta. Cuando el tomate obtenga una textura similar a la de la carne, lo retiramos y reservamos.

3 Para elaborar la emulsión de mostaza, colocamos la yema en un bol y la batimos hasta que esté bien aireada. Dejaremos caer el aceite de oliva en forma de hilo mientras lo batimos con unas varillas para emulsionar la mezcla. Agregamos la mostaza en grano, mezclamos y reservamos.

4 Para elaborar el tartar de tomate, colocamos el tomate deshidratado en un bol y agregamos el resto de ingredientes: la chalota, las alcaparras y los pepinillos picados; la emulsión de mostaza; el aceite de

guindilla; sal y pimienta. Mezclamos bien y reservamos la preparación tapada en la nevera.

5 Emplatamos y acompañamos el tartar con pan tostado o con chips de verduras y añadimos un poco más de emulsión de mostaza.

El tomate deshidratado, a pesar de conservar todo el sabor del tomate, se asemeja, en cuanto a la textura, a la carne, por lo que es un plato idóneo para aficionados a los juegos con texturas y una propuesta de éxito asegurado para personas vegetarianas.

PREELABORACIONES DIVERSAS EN CALOR

ALGUNAS TÉCNICAS UTILIZAN LA TEMPERATURA CON EL FIN DE PREPARAR LOS PRODUCTOS PARA MANIPULARLOS O PARA COCINARLOS CON MAYOR FACILIDAD. ESCALDAR, MARCAR, BLANQUEAR Y SOFLAMAR SON ALGUNOS EJEMPLOS.

La mayor parte de las preelaboraciones las realizamos con alimentos en crudo, pero en muchos otros casos debemos recurrir a técnicas que necesitan del calor para preparar el alimento y así facilitar su posterior cocción o elaboración.

ESCALDAR

Al sumergir un alimento en agua hirviendo unos segundos, el golpe de calor fija algunas de sus propiedades, como el color o la textura.

ESCALDAR TOMATES

1 Esta operación facilita el pelado posterior de la hortaliza. Empezamos por marcar una cruz con un cuchillo en la base del tomate para que la piel pueda abrirse. Luego lo escaldamos 5 segundos.

2 Enfriamos rápidamente el tomate en un recipiente con agua y hielo para que no se ablande y no se rompa la temperaturas de seguridad.

3 A continuación ya podemos pelar el tomate con el cuchillo sin apenas realizar esfuerzos.

3

4

MARCAR Y DORAR

Se trata de dar calor a un producto con un proceso rápido, de modo que se dore y adquiera aroma, pero evitando que la temperatura alcance su interior. Esta operación sella el producto para que los jugos no salgan durante la cocción, y se utiliza como una precocción, o bien como un paso dentro de una cocción doble (por ejemplo, marcamos una merluza antes de llevarla a cocer al horno, o marcamos un producto para luego, cuando esté frío, cocinarlo al vacío).

BLANQUEAR

Con el blanqueado limpiamos o depuramos un alimento de sus impurezas, sangres o malos olores. La técnica es muy similar al escaldado, aunque el blanqueado trata los alimentos a partir de agua fría. Se espera a que el agua arranque a hervir, y justo en ese momento se retira o se cuela el producto y se refresca o se continúa su cocción en otro medio. Para un resultado óptimo en productos de casquería, como manitas de cerdo o tripa, el proceso se puede repetir.

BLANQUEADO DE MANITAS DE CERDO

- Colocamos las manitas en una olla con agua fría y las ponemos a hervir *(foto 4)*.
- Cuando el agua está a punto de hervir, o justo en el momento que arranca la ebullición, las retiramos.
- Enfriamos las manitas en agua fría y las lavamos. El proceso se puede repetir, si es necesario.

SOFLAMAR Y CHAMUSCAR

Las manitas de cerdo y las aves se chamuscan para eliminar los restos de pelos y plumas *(véase p. 114)*. Pero también podemos soflamar ciertos productos para darles gusto soasado. Es habitual en el *tataki* de atún. Consiste en soflamar la parte externa de los lomos del pescado con la ayuda del soplete –o bien con una rápida exposición de calor en la plancha–, manteniendo una textura casi cruda en el interior.

COCCIONES

CUANDO EXPONEMOS LOS ALIMENTOS A CUALQUIER TIPO DE COCCIÓN, DAMOS INICIO A UN CONJUNTO DE TRANSFORMACIONES EXTRAORDINARIAS: LOS PRODUCTOS MUDAN SU COLOR, CAMBIAN SU TEXTURA, ADQUIEREN AROMAS Y ADOPTAN NUEVOS GUSTOS.

Cuando hablamos de cocciones nos referimos a las diferentes maneras de cocinar los alimentos. Sin embargo, en una definición más académica hablaríamos de modificar o transformar los alimentos por medio del calor. Efectivamente, el juego de la temperatura es lo que distingue las técnicas de cocción de otras técnicas que, sin uso del calor, también pueden modificar los alimentos para ser consumidos, como ocurre en el caso de la maceración o del curado.

La cocción provoca cambios físicos en los alimentos: se modifica su color, su olor, su sabor y textura. Asimismo, tiene lugar una transformación química: la estructura molecular de los alimentos tiende a simplificarse. Y se producen también cambios higiénicos no menos relevantes, en el sentido de que someter los alimentos a unas temperaturas de cocción suficientemente elevadas (a partir de los 65 °C) permite mantenerlos alejados de la proliferación de microorganismos, lo que alarga su conservación y garantiza la seguridad alimentaria.

TÉCNICAS DE COCCIÓN

COCCIÓN POR CONCENTRACIÓN

Engloba todas las técnicas con las que se pretende que el gusto del producto permanezca en su interior, para que sea más sabroso. Las cocciones por concentración requieren que se apliquen temperaturas de cocción elevadas para que el producto pueda sellar su sabor y sus jugos.

Algunas de estas técnicas, como la plancha o el asado, transforman el color del producto -se dora-, su sabor -se vuelve más intenso y concentrado-, su textura -se convierte en crujiente en el exterior-, y lo envuelven en un aroma característico. Todas estas transformaciones se conocen como *reacciones de Maillard*.

Además de la plancha y el asado, el hervor o la cocción al vacío también son ejemplos de cocciones por concentración.

COCCIÓN POR EXPANSIÓN

En este tipo de cocción, característico de los caldos y fondos, un producto transfiere su gusto a otros productos. Los alimentos se sumergen en agua fría y, a medida que esta se calienta, van desprendiendo sus sabores al agua de la cocción. Así pues, hervir partiendo de agua fría -como se hace con los caldos- o blanquear -escaldar partiendo de agua fría- son ejemplos de este tipo de cocción.

COCCIÓN MIXTA

Reúne las técnicas de cocina que primero requieren un sellado del sabor, es decir, una cocción por concentración, y posteriormente una cocción más larga -por expansión-, generalmente con la ayuda de un líquido que permite que se intercambien los gustos de varios productos. Guisos, *suquets*, estofados y *bresas* son técnicas que recurren a cocciones mixtas.

LAS NUEVAS TENDENCIAS

Cada día disponemos de un mayor conocimiento técnico y científico acerca de los procesos culinarios, lo que nos permite valorar cómo afectan las distintas maneras de cocinar a la calidad organoléptica y nutritiva de los productos. Una tendencia culinaria generalizada actualmente es el hecho de prestar especial atención a valores asociados entre sí como la temperatura, el tiempo o la humedad, y la de aplicar nuevas técnicas de cocción que permitan un mayor control de estos parámetros con la finalidad de dotar de mayor calidad a las elaboraciones.

En este sentido, una de las técnicas que ha tomado relevancia, y seguramente tomará más en el futuro, es la cocción a baja temperatura, entendiendo por bajas temperaturas las menores de 100 °C, aunque por encima o sobre los 50 °C. Esta técnica suele aplicarse con nuevos instrumentos y máquinas, poco habituales todavía en las cocinas domésticas, pero cada día más extendidos en las cocinas profesionales, con el objetivo de controlar con exactitud los procesos culinarios y de replicarlos también con la misma precisión para, finalmente, mejorar las cualidades organolépticas de las elaboraciones y preservar al máximo el sabor natural de los productos, así como sus propiedades nutritivas.

Si cada vez se puede ajustar más y mejor la temperatura podremos cocinar con cocciones muy precisas y adaptadas a las necesidades de cada producto y también al uso que vayamos a hacer de ellos. Por ejemplo, si elaboramos un plato a baja temperatura, es decir, por debajo de los 65 °C (la temperatura de seguridad con la que conseguimos mantener a raya los microorganismos), sabremos que debemos consumirlo al momento. Si, por el contrario, la técnica nos permite asegurarnos de que estamos cocinando a 65 °C o más, podremos conservar ese alimento para más adelante. En definitiva, estamos hablando de conocer más a fondo cómo y por qué cocinamos de un modo u otro.

No se trata de técnicas muy complejas o sofisticadas que no puedan tenerse en cuenta en casa. A pesar de que no dispongamos todavía de la maquinaria necesaria, sí que podemos incorporar nuevos hábitos y sencillos utensilios, como temporizadores o relojes, termómetros o sondas de cocina, que nos ayudarán a ser más conscientes de los tiempos de cocción y de la importancia que estos tienen para conseguir una cocina sabrosa y nutritiva.

PUNTO ÓPTIMO DE COCCIÓN	
PESCADOS	40 °C / 55 °C
CARNES	50 °C / 65 °C
VERDURAS	A partir de 85 °C

Temperatura en el corazón o interior del producto para lograr una textura correcta.

HERVIR

SE TRATA, QUIZÁ, DE UNO DE LOS PROCEDIMIENTOS MÁS SENCILLOS DE LA COCINA Y AL QUE MÁS HABITUADOS ESTAMOS, PERO TIENE SUS SECRETOS. CADA PRODUCTO REQUIERE UN PROCEDIMIENTO Y UNOS TIEMPOS DE COCCIÓN CONCRETOS.

TIPO DE COCCIÓN	Por concentración
TÉCNICAS RELACIONADAS	Escaldar · Blanquear · Pochar Cocción en olla a presión Cocción al vapor

Sumergir un producto en un líquido hirviendo (es decir, a 100 °C) durante un período determinado es una técnica sencilla y cotidiana, bien sea para conseguir una precocción o una cocción. Habitualmente, para hervir utilizamos agua, pero también podemos emplear caldos, fondos o salsas; en ningún caso usaremos aceite.

Por lo general, antes de que empiece a hervir, salamos el agua e introducimos los condimentos que precisemos (pimientas u otras especias, hierbas, etc.). Después, en el momento preciso de la ebullición, introducimos el alimento que queremos cocer, ya sean hortalizas, pastas, arroces, etc. Aunque hay algunas excepciones: ciertas legumbres (lentejas y judías) o los ingredientes para elaborar un caldo se introducen a partir del agua fría.

Para hervir podemos usar también una olla a presión, la cual nos permitirá cocinar a temperaturas por encima del punto de ebullición –alrededor de los 125 °C– para que los alimentos se cuezan más rápido.

CONSEJOS PARA HERVIR

- **Usar un recipiente adecuado.** Los productos se cocerán mejor si tienen espacio suficiente y evitaremos que el agua sobresalga. Usaremos para ello una olla cuya medida se adecue a la cantidad de agua y a los ingredientes que vayamos a cocinar.
- **Emplear agua en abundancia.** En el recipiente debe haber agua de sobras para que, al añadir el producto que queremos cocer, el hervor no se detenga. Aunque en ese momento la temperatura baje repentinamente, si hay agua abundante el hervor se recuperará más rápido.
- **Añadir sal.** La sal contribuye a una buena ebullición, además de realzar el sabor de los productos que hervimos. Debemos poner entre 10 y 15 gramos por litro en arroces, pastas y verduras.
- **Realizar un consumo eficiente.** Para no desperdiciar energía, evitaremos que la fuente de calor sea más amplia que el diámetro del recipiente. Además, si al principio tapamos la olla conseguiremos llevar el agua a ebullición más deprisa, y si incorporamos los alimentos cortados cocerán más rápidamente.
- **Enfriar deprisa.** Al alcanzar el punto deseado de cocción de un alimento que está hirviendo, debemos sacarlo rápidamente del agua para que no se cueza más de lo debido. Si no vamos a comer caliente y al momento el producto hervido, debemos enfriarlo también deprisa. Podemos refrescar el alimento con agua fría, con hielo, o dejarlo en alguna zona fría de la casa o incluso en el exterior, debidamente protegido.

HERVIR LEGUMBRES

Las legumbres han sido, culturalmente, uno de los pilares de nuestra alimentación y la base de muchos platos tradicionales. Su cocción suele ser larga, acaso poco acorde con las prisas de la vida moderna, y por eso es habitual comprarlas ya cocidas, envasadas o a granel en los mercados. Sin embargo, el proceso de cocción es relativamente simple.

PROCESO

1 Antes de cocerlas, debemos poner las legumbres en remojo el tiempo necesario para cada una *(véase p. 138)*; después, las escurrimos, las enjuagamos y las añadimos a la olla con la cantidad justa de agua (de 2 partes y media a 3 de agua por cada parte de legumbre), para evitar que el gusto y los nutrientes se diluyan más de la cuenta. El agua debe ponerse a fuego fuerte y sin sal.

Para que las legumbres se ablanden más y sean más digestivas, podemos añadir una porción de alga *kombu*, que además aportará minerales a la elaboración.

2 Añadimos las legumbres al agua, cada una en su momento: las judías y las lentejas, cuando el agua aún está fría, y los garbanzos, en el agua hirviendo.

3 Cuando el agua arranque a hervir (de nuevo en el caso de los garbanzos, o por primera vez en el de las judías y las lentejas), espumamos y bajamos el fuego para que empiece una cocción larga, lenta y constante.

4 Cada legumbre es particular en cuanto al tiempo de cocción, así que debemos ir probando si están al punto: es la mejor manera de acertar. Cuando están blandas, salamos el agua y las retiramos del fuego.

5 Dejaremos enfriar las legumbres en su propia agua. Si queremos hacer una crema, podemos aprovechar el agua de cocción, puesto que conserva todo su sabor.

TIEMPOS APROXIMADOS DE COCCIÓN

- Garbanzos, de 1 h 30 min a 3 h
- Judías, de 1 h 30 min a 2 h
- Lentejas, 1 h

2

3

4

1

HERVIR PASTA

Mucha agua y fuego alto para que hierva a borbotones. La pasta necesita mucho calor y bastante agua para que se cueza en el menor tiempo posible y quede en su punto. En esta cuestión, cada persona tiene sus preferencias, aunque hay cierto consenso respecto a que el mejor modo de degustar la pasta es al dente, lo que significa que deberíamos notar una cierta dureza al morderla, o al cortarla; apreciar un punto blanco en su interior, el *corazón de la pasta*.

PROCESO

1 Introducimos la pasta en abundante agua salada (15 gramos de sal por litro). La sal impide que el almidón que desprende la pasta la deje pegajosa. Se utiliza 1 litro de agua por cada 100 gramos de pasta.

2 Removemos periódicamente y con cuidado para evitar que la pasta se pegue en el fondo del recipiente y entre sí. Dejamos que borbotee, sin tapar la olla. No es necesario ponerle aceite al agua; solo es indicado para la cocción de las pastas planas.

3 A pesar de que cada envase de pasta indica un tiempo de cocción recomendado, dependiendo del tipo y de su grosor, el punto adecuado siempre es una cuestión muy personal, así que lo mejor es ir probando hasta que se ajuste a nuestro gusto.

4 Una vez que esté al punto, la escurrimos rápidamente y ya la podemos servir. Si se trata de una cocción o precocción, la enfriamos rápidamente y la untamos con aceite para reservarla tapada y evitar que se seque.

TIEMPOS DE COCCIÓN APROXIMADOS

- Pasta fresca, de 2 a 8 min
- Seca fina (fideos), de 2 a 5 min
- Seca mediana (macarrones), de 5 a 10 min
- Seca gruesa, de 10 a 20 min
- Integral, 5 min más que la pasta refinada

MACARRONES MEDITERRÁNEA

Tiempo: 2 h | Nivel: bajo

INGREDIENTES PARA 4 PERSONAS

400 g de macarrones • 80 g de aceitunas de Kalamata
20 g de puré de aceituna • 12 tomates cherry
120 g de tomates • 60 g de aceite de oliva
40 g de tomates secos • 8 anchoas
20 g de piel de limón confitada • 1 limón
20 g de alcaparras • Albahaca • Tomillo
Flores de romero, tomillo o similares
Azúcar • Sal • Pimienta

ELABORACIÓN

1 Escaldamos, pelamos y cortamos los tomates en *concassé*. Los cubrimos con aceite y sazonamos con tomillo, sal, pimienta y azúcar. Los confitamos en el horno o en la cazuela o sartén durante 45 minutos.

2 Deshuesamos y partimos las aceitunas en trozos grandes (reservamos algunas enteras). Cortamos los tomates secos en tiras, y los cherry, por la mitad. Cortamos las anchoas en trozos grandes, y la piel de limón confitada, en dados. Picamos la albahaca.

3 Dejamos las alcaparras en agua durante 10 minutos para que pierdan el exceso de acidez.

4 Marcamos los tomates cherry en una sartén a fuego fuerte, e incorporamos el resto de los ingredientes: los tomates confitados y los secos, las aceitunas enteras y el puré de aceitunas, las anchoas a trozos, las alcaparras hidratadas y la piel de limón confitada. Cocemos hasta que los tomates estén blandos, pero aún mantengan la forma, y hasta que tengamos una preparación jugosa lista para incorporar los macarrones.

5 Hervimos los macarrones al dente; acto seguido, los escurrimos y los incorporamos a la sartén junto con los vegetales. Los salteamos rápidamente. Incorporamos la albahaca y ya podemos emplatarlos.

6 Para finalizar, añadimos a la elaboración ralladura de piel de limón y las flores escogidas.

RAVIOLIS DE VERDURAS CON REBOZUELOS

Tiempo: 1 h | Nivel: medio

INGREDIENTES PARA 4 PERSONAS

12 láminas de pasta wonton

1 cebollino

Sal

Para la salsa

200 g de rebozuelos

25 g de zanahoria

25 g de puerro

25 g de cebolla

50 g de mantequilla

50 g de vino blanco Chardonnay o similar

200 g de nata

Para el relleno

125 g de cebolla

125 g de zanahoria

125 g de puerro

125 g de calabacín

125 g de mantequilla

Sal y pimienta

ELABORACIÓN

1 Para preparar la salsa, picamos las verduras y algunos rebozuelos en *brunoise*. El resto de las setas las cortamos en láminas.

2 Incorporamos las verduras picadas en una sartén con un poco de mantequilla.

3 Cocemos las verduras más duras durante unos 5 minutos, después incorporamos los rebozuelos picados y lo cocinamos todo junto otros 3 minutos.

4 Incorporamos el vino y lo dejamos reducir. Añadimos la nata y cocinamos hasta que la salsa adquiera una textura cremosa.

5 Para elaborar el relleno, cortamos las verduras a la jardinera; reservamos el calabacín, que dejamos sudar con un poco de sal.

6 Cocemos la cebolla, el puerro y la zanahoria con la mantequilla a fuego moderado durante unos 15 minutos; cuando prácticamente estén cocidos, incorporamos el calabacín y lo cocinamos durante 7 minutos más. Salpimentamos y reservamos.

7 Cocemos la pasta *wonton* durante 20 segundos en agua abundante con sal. La enfriamos en un baño de agua fría y la extendemos sobre una superficie limpia o sobre una bandeja.

8 Rellenamos los raviolis con las verduras.

9 Para finalizar, calentamos los raviolis en el microondas durante 1 minuto. Colocamos 3 piezas de raviolis en un plato ligeramente hondo, y napamos –es decir, los cubrimos– con la salsa de setas y verduras. Complementamos la elaboración con las láminas de rebozuelo reservadas, que salteamos rápidamente con un poco de aceite, y terminamos el plato espolvoreando cebollino picado.

La pasta wonton, *típica de la gastronomía cantonesa, es de textura suave y muy ligera, similar a la pasta fresca, y muy fácil de manipular. Su cocción es rapidísima: bastan unos 20 segundos, como indicamos en esta receta, o bien 4 minutos si la cocemos una vez rellena y la queremos tratar al vapor. Se trata de una alternativa rápida y sencilla para preparar unos raviolis ligeros y sabrosos a modo de* dim sum *oriental (degustación para picar). En esta receta proponemos un relleno de verduras combinado con una salsa de setas y verduras con nata y vino, pero se pueden realizar una infinidad de variantes. Animémonos a jugar con esta pasta y a descubrir y a combinar diferentes ingredientes.*

HERVIR VEGETALES

Hervir es uno de los métodos tradicionales para cocer todo tipo de vegetales. Cocerlos el tiempo justo es crucial, tanto para evitar que pierdan sus nutrientes como para conseguir texturas agradables.

PROCESO

- Salamos el agua con generosidad (15 gramos por litro de agua). La cantidad de líquido debe ser suficiente para que, al añadir las verduras, no se rompa el hervor.
- Cuando el agua hierva, añadimos las verduras.
- Retiramos y colamos las verduras enseguida, una vez que hayan alcanzado el punto de cocción deseado, para que no pierdan nutrientes, sabor y color *(foto 1)*.
- Si no vamos a consumirlas de inmediato, debemos enfriarlas. Incorporarlas en agua con hielo les proporciona una textura, un sabor y un color intensos *(foto 2)*.

CASOS ESPECIALES

- **Alcachofas.** Para evitar que ennegrezcan, podemos pelarlas y ponerlas a hervir inmediatamente añadiendo aceite al agua hirviendo, o conservarlas en agua y limón o perejil antes de la cocción.
- **Patatas.** Pueden hervirse con piel o sin piel. Por lo general, para purés y verduras, las cocinamos peladas, pero para guarniciones o ensaladas podemos cocerlas con piel para que queden más jugosas. Para saber su punto óptimo de cocción, basta con pincharlas con un cuchillo o punzón *(foto 3)*; si este se introduce con facilidad y suavidad, ya estarán listas.
- **Espárragos.** Sus yemas son frágiles y pueden romperse con el hervor. Existen ollas especiales que permiten hervir los espárragos dispuestos verticalmente, con lo que se consigue que el agua cueza los tallos al tiempo que las yemas se cocinan al vapor. También se pueden hervir yemas y tallos por separado para darles a cada uno su tiempo de cocción.

TIEMPOS DE COCCIÓN APROXIMADOS

- Acelgas, es mejor cocer por separado el tallo (10 min) de la hoja (2 min)
- Alcachofa (tamaño medio), de 15 a 30 min
- Calabacín (rodajas de 1 cm), de 10 a 15 min
- Calabaza (rodajas de 1 cm), 5 min
- Cebolla, 20 min
- Col, de 10 a 20 min
- Coles de Bruselas, 15 min
- Coliflor en ramilletes, de 10 a 15 min
- Espárrago blanco, 20 min
- Espárrago verde, de 7 a 15 min
- Espinaca, de 5 a 10 min
- Guisante, de 2 a 5 min (congelado, hasta 20 min)
- Judía verde, de 5 a 20 min
- Patata, de 20 a 40 min (según el tamaño o corte)
- Remolacha entera, entre 20 y 30 min
- Tirabeques, 7 min
- Zanahoria, de 15 a 20 min

ENSALADA DE TOMATE CON VERDURAS Y SALMOREJO

Tiempo: 1 h | Nivel: bajo

INGREDIENTES PARA 4 PERSONAS

4 tomates medianos
1 manojo de tomillo en flor
Canónigos o similar
Para la cocción de las hortalizas
50 g de nabos
50 g de zanahorias
50 g de calabacín
12 espárragos
50 g de rebozuelos
Sal
Para el salmorejo
500 g de tomate
40 g de pan rústico
6 g de vinagre de Jerez
30 g de aceite de oliva virgen extra
1 diente de ajo
6 g de sal

Es un plato tan fresco como delicioso, y muy veraniego, puesto que se utilizan hortalizas de temporada. Además, combina una ensalada con una sopa, de modo que tenemos un dos en uno que aporta una sabrosa mezcla de sabores. El tomate en el epicentro del plato, como buen director de orquesta, integra verduras y salmorejo para dar paso a una sinfonía de sensaciones.

ELABORACIÓN

1 Para preparar el salmorejo, cortamos los tomates en trozos y retiramos la parte de las semillas, que podemos reservar para decorar el plato al final. Trituramos la carne del tomate con los demás ingredientes. Colamos la mezcla y la reservamos en la nevera.

2 Para la cocción de las hortalizas, las cortamos todas en bastones y las hervimos en agua y sal hasta que estén al dente. Las enfriamos y reservamos.

3 Cortamos los rebozuelos en dados y los salteamos ligeramente con una pizca de sal.

4 Escaldamos los tomates, los pelamos y les vaciamos el corazón y las semillas. Los rellenamos con el salmorejo y las verduras cocidas en bastoncitos, los rebozuelos y las hojas de canónigo.

5 En un plato vertemos una base de salmorejo, colocamos un tomate relleno en el centro y aliñamos con unas gotas de aceite de oliva virgen. Finalizamos decorando con unas flores de tomillo.

ENSALADA DE PATATAS Y SALMÓN MARINADO

Tiempo: 2 h | Nivel: bajo

INGREDIENTES PARA 4 PERSONAS

300 g de patata para cocer
(kennebec, monalisa, red pontiac)
300 g de patata morada • 200 g de salmón curado
1 tarrina de germinados picantes
(rábanos, mostaza o cebolla)
Para la salsa agria
250 g de yogur natural ecológico • 50 g de nata
1 limón • 1 cucharada de eneldo picado
Mostaza antigua en grano • Sal y pimienta

ELABORACIÓN

1 Lavamos y hervimos las patatas, cada clase por separado, para obtener su punto óptimo. Acto seguido, las enfriamos y reservamos.

2 Para elaborar la salsa agria, mezclamos el yogur con la nata, unas gotas de zumo de limón (y si queremos, añadimos unos toques de ralladura de limón), 1 cucharada de eneldo picado y 1 cucharada pequeña de mostaza, y sazonamos con sal y pimienta. El objetivo es que encontremos un gusto ligeramente ácido, pero sin perder la cremosidad del láctico.

3 Cortamos el salmón curado en dados regulares y rompemos las patatas como las patatas quebradas o encontradas para conseguir formas irregulares y divertidas *(véase p. 124)*.

4 Colocamos los trozos de patata y los dados de salmón intercalados en el plato y los salseamos con la salsa agria de yogur. Para finalizar, añadimos unos brotes de germinados picantes.

Esta ensalada de estilo nórdico nos proporciona una sabrosa y muy vistosa combinación entre el salmón macerado, las patatas y la salsa agria. El toque picante y refrescante del germinado redondea este plato sencillo de preparar y que luce por sí solo.

ALFOMBRA DE CASTAÑAS CON SETAS Y ANISADOS

Tiempo: 2 h | Nivel: alto

INGREDIENTES PARA 8 PERSONAS

500 g de castañas peladas • 100 g de castañas sin pelar • 700 g de agua • 60 g de mantequilla 20 g de trompetas de la muerte • 30 g de rebozuelos pequeños • 30 g de níscalos • 1 cajita de enokis 1 granada • 200 g de boniato • 200 g de nabo • Aceite de perifollo • Hojas de shiso *morado • 10 g de sal*

ELABORACIÓN

1 Para hacer el puré de castañas, hervimos el agua con la sal en un cazo e incorporamos las castañas peladas. Las cocemos 10 minutos.

2 Colamos las castañas y las trituramos.

3 Pasamos las castañas trituradas por un tamiz y, acto seguido, las reservamos en caliente.

4 Emulsionamos 300 gramos del puré de castañas aún caliente con dados de mantequilla.

5 Pasamos de nuevo el puré de castañas por un tamiz para obtener pequeños hilos que nos servirán para «tejer» la alfombra.

6 Retiramos los hilillos de castaña con la ayuda de una espátula y los colocamos en la base del plato.

7 Cocemos 100 gramos de castañas hasta que estén tiernas. Las pelamos, laminamos y reservamos.

8 Salteamos los rebozuelos partidos por la mitad y las trompetas y los níscalos cortados en trozos pequeños. Cortamos los enokis con 2 centímetros de largo. Reservamos todas las setas para el montaje del plato.

9 Asamos el boniato al horno a 180 °C hasta que esté totalmente blando. Lo pelamos y lo trituramos. Para que tome textura cremosa podemos incorporar unas gotas de caldo o agua, y también podemos tamizarlo.

10 Hervimos en agua y sal el nabo cortado en *mirepoix* y lo trituramos añadiendo el agua necesaria para conseguir la textura de puré. Reservamos.

11 Incorporamos la castaña laminada, los granos de la granada y las setas sobre la alfombra de castañas. Lo aliñamos con pequeños puntos de los purés de boniato y de nabo y con el aceite de perifollo.

12 Decoramos con *shiso* o con hierbas de matices anisados, como el hinojo o el estragón, o terrosos, como germinados de remolacha o regaliz.

1

2

3

4

5

6

11

12

HERVIR CARNES

Hervir las carnes en agua no es algo habitual, pues suelen cocerse en salsas, caldos o *bresas* de alguna elaboración; es lo que hacemos en los estofados o guisos. En estas cocciones, el líquido estabiliza la cocción a 100 °C, lo que permite que sea más suave que en el horno; además, al estar protegida por un líquido, la carne no se seca y luego puede aprovecharse la sabrosa combinación de sus jugos y de la guarnición utilizada (*bresa*, vino, caldo...).

No obstante, sí que hervimos en agua carnes muy duras, como las manitas de cerdo u otros tipos de despojos como la tripa, la oreja o el morro, aunque este proceso se considera más bien una preelaboración.

PROCESO DE LAS MANITAS DE CERDO

1. Antes de cocer las manitas de cerdo, primero debemos preelaborarlas con un blanqueado *(véase p. 177)* para eliminar sangres, impurezas y malos olores.
2. Una vez blanqueadas, las pondremos a hervir entre 2 y 3 horas, normalmente condimentadas con hortalizas, hierbas y especias, y vamos espumando el agua tantas veces como sea necesario.
3. Cuando ya estén hervidas, podemos deshuesarlas con facilidad y acabar de prepararlas según la receta o elaboración que deseemos llevar a cabo.

TIEMPOS DE COCCIÓN APROXIMADOS

- Manitas de cerdo, de 2 a 4 h
- Lengua de ternera, de 2 a 4 h

PANECILLO AL VAPOR CON PANCETA

Tiempo: 2 h | Nivel: medio

INGREDIENTES PARA 4 PERSONAS

20 panecillos al vapor
15 g de pepino
Hojas de shiso *(opcional)*
Para el relleno
400 g de panceta
400 g de agua
125 g de salsa de soja
75 g de azúcar moreno
40 g de puerro
75 g de cebolla
½ barra de canela
2 g de jengibre
5 granos de pimienta negra

2

ELABORACIÓN

1 Para preparar el relleno, colocamos todos sus ingredientes en una pequeña cazuela, con las verduras previamente cortadas en *mirepoix* (a dados grandes). Lo cubrimos con un círculo de papel sulfurizado a modo de tapa. Cocinamos durante 1 hora y dejamos enfriar la elaboración en su propia agua.

2 Una vez fría, cortamos la panceta en trozos de 50 gramos aproximadamente y la preparamos para calentarla en el horno o en el microondas.

3 Reducimos la salsa restante de la cazuela hasta que quede densa, y enfriamos.

4 Calentamos la papada y la introducimos, todavía caliente, en el panecillo al vapor *(véase p. 218)*. Añadimos también 2 o 3 rodajas de pepino y la salsa de carne. Acabamos decorando el panecillo con hojas de *shiso*.

La clave de este plato es la combinación del gusto graso de la panceta con el frescor del pepino. Además, gracias a la perfecta cocción del panecillo al vapor y a la intensidad de la salsa, este sencillo bocado se convierte en una pequeña perla gastronómica.

CARPACCIO DE MANITAS DE CERDO

Tiempo: 2 h (+ 4 h de preelaboración) | Nivel: medio

INGREDIENTES PARA 10 PERSONAS

Para preelaborar las manitas

5 manitas de cerdo partidas por la mitad
150 g de zanahorias
150 g de cebollas
½ hoja de laurel
5 granos de pimienta negra

Para los ceps (Boletus edulis) confitados

200 g de ceps
100 g de aceite de oliva virgen extra
75 g de zanahoria
75 g de nabos
Perejil picado

Para la vinagreta

100 g del aceite de confitar los ceps
25 g de los ceps y hortalizas de la cocción
10 g de vinagre • 5 g de piñones tostados
Cebollino picado • Sal y pimienta

ELABORACIÓN

1 Para preparar las manitas de cerdo, primero las blanqueamos para limpiarlas a fondo *(véase p. 177)*: las hervimos en una olla con agua fría. A continuación, la retiramos del fuego y cambiamos el agua. Repetimos el proceso 2 veces más.

2 Añadimos a las manitas la zanahoria y la cebolla peladas, el laurel y los granos de pimienta. Lo hervimos todo y acto seguido bajamos el fuego al mínimo. Lo dejamos en el fuego 4 horas o hasta que comprobemos que las manitas están totalmente tiernas. Entonces, las retiramos, las escurrimos y las deshuesamos todavía en caliente.

3 Para confitar los *ceps*, en primer lugar los limpiamos bien *(véase p. 111)* y después los cocemos a fuego muy suave (a una temperatura de entre unos 70 y 80 °C) durante 1 hora, junto con las zanahorias y los nabos cortados en bastones medianos.

4 Una vez cocidas las setas y las hortalizas, las enfriamos, las cortamos en dados y las reservamos. Guardamos unos 25 gramos de esta elaboración para la vinagreta que prepararemos antes de servir.
5 Cortamos una pequeña parte de las manitas en dados y la mezclamos con los dados de *ceps* confitados, la zanahoria y los nabos y el perejil picado.
6 Extendemos una base de manitas de cerdo deshuesadas, la rellenamos con la mezcla de *ceps* y hortalizas cortadas en dados y lo cubrimos con otra manita. Formamos rulos con la ayuda de un papel film. Los enfriamos en la nevera y los congelamos.

7 Para elaborar la vinagreta, mezclamos el aceite de confitar los *ceps*, el vinagre, el cebollino, los piñones y los vegetales cocidos que habíamos reservado, y rectificamos de sal y pimienta.
8 Cortamos las manitas de cerdo congeladas en láminas de 0,3 milímetros de grosor –el corte nos resultará más sencillo si utilizamos una máquina de cortar fiambres– y las colocamos en un plato plano.
9 Antes de servir la elaboración, calentamos ligeramente todo el conjunto en el grill del horno o en una salamandra. Acabamos el plato aliñándolo generosamente con la vinagreta.

HERVIR PESCADOS Y MARISCOS

Aunque en tiempos pasados hervir pescados era una práctica habitual, actualmente se emplean cocciones más suaves, como el pochado o un leve escaldado. Son procedimientos que respetan mejor las propiedades del producto.

Por el contrario, sí continúa siendo generalizado el hervido para cocer mariscos.

PROCESO DEL MARISCO

1. Introducimos el marisco en agua hirviendo. El agua debe estar salada, o incluso puede ser agua de mar.
2. Hervimos durante el tiempo que sea necesario dependiendo del tipo de marisco (podemos preguntar en la pescadería), aunque el tiempo de cocción también depende del tamaño de la pieza y del punto de cocción buscado. A veces solo lo escaldamos, o lo hervimos muy brevemente si después tenemos que continuar cocinándolo en algún tipo de cocción diferente.
3. Lo servimos o lo enfriamos rápidamente.

Existe un tipo de cocción muy especial para pescados de agua dulce (trucha, carpa o lucio), denominada cocción *au bleu*, que requiere manipular un pescado extraordinariamente fresco. Consiste en hervir el pescado en un caldo corto con vinagre, sal y hierbas aromáticas como el laurel o el tomillo. De este modo, la piel del pescado queda de color azulón (de aquí la denominación *bleu* del procedimiento).

TIEMPOS DE COCCIÓN APROXIMADOS

- Bogavante (pieza de 500 g), de 6 a 8 min
- Centollo, 20 min
- Cigala, de 3 a 4 min
- Gamba, 2 min
- Langosta (pieza de 500 g), de 6 a 8 min
- Langostino, de 2 a 3 min
- Nécora, de 5 a 6 min
- Percebe, 1 min
- Pulpo, de 15 min a 1 h

BERBERECHOS CON CÍTRICOS

Tiempo: 1 h | Nivel: medio

INGREDIENTES PARA 8 PERSONAS

500 g de berberechos ▪ Brotes de mostaza

Pimienta negra

Para el jugo de berberechos y limón

200 g de agua de berberechos (de la elaboración anterior)

75 g de jugo de limón

Para el gel de bergamota

125 g de agua ▪ 25 g de azúcar ▪ Piel de bergamota

2 g de agaragar ▪ 25 g de zumo de bergamota

Para la emusión de bergamota

150 g de gel de bergamota (de la elaboración anterior)

50 g de aceite de oliva virgen extra

ELABORACIÓN

1 Ponemos a hervir agua en un cazo e introducimos los berberechos poco a poco, para retirarlos rápidamente a medida que se abran. Según el tamaño, pueden tardar en abrirse entre 10 y 30 segundos.

2 Extraemos la carne de los berberechos de las conchas y reservamos su agua.

3 Para obtener el jugo de berberecho y limón, exprimimos los limones, colamos el zumo y lo mezclamos con el agua de los berberechos. Reservamos.

4 Para elaborar el gel de bergamota, calentamos el agua y el azúcar. En cuanto hiervan, los retiramos del fuego e infusionamos 15 minutos la piel de bergamota rallada con el cazo tapado. Enfriamos, colamos y mezclamos con el agaragar. Lo llevamos a ebullición y añadimos el zumo de bergamota. Retiramos inmediatamente del fuego y lo dejamos cuajar en la nevera.

5 Para la emulsión, trituramos el gel de bergamota poco a poco con el aceite de oliva. Reservamos.

6 Colocamos los berberechos en un plato. Agitamos el jugo de berberechos con limón y salseamos. Añadimos 4 puntos de emulsión de bergamota, un poco de pimienta negra molida y unos brotes de mostaza.

PARMENTIER DE PULPO CON SU PROPIA EMULSIÓN

Tiempo: 4 h (preelaboración del pulpo 1 día antes) | Nivel: medio

INGREDIENTES PARA 4 PERSONAS

1 pulpo mediano o grande
Pimentón de la Vera
Hojas de shiso *o algún germinado picante*
Aceite de oliva • Sal
<u>*Para el puré de patatas*</u>
500 g de patatas monalisa • 70 g de mantequilla
30 g de aceite de oliva virgen extra • 6 g de sal

ELABORACIÓN

1 Si partimos del pulpo fresco, para ablandar bien la carne, lo mejor es congelarlo y descongelarlo y después hervirlo durante 1 hora. Colamos y dejamos enfriar. Si partimos del pulpo ya cocido y congelado, basta con dejarlo descongelar un día antes.

2 Abrimos el pulpo y reservamos el agua gelatinosa que cubre la carne. Separamos la cabeza de las patas (podemos aprovechar la cabeza para ensaladas o salpicones). Aliñamos generosamente las patas con el pimentón dulce.

3 Montamos un rulo con papel film, que cubrimos con una segunda capa de film para que quede bien atado. Congelamos el rulo.

4 Mezclamos aceite con pimentón y sal para obtener una pequeña cantidad de aceite de pimentón.

5 Cortamos el rulo en láminas finas, las disponemos entre papeles antiadherentes (o film de cocina) y las guardamos en el congelador.

6 <u>Para el puré de patatas</u>, seguimos el proceso de horneado *(véase p. 277)*. También podemos preparar el puré cociendo las patatas al vacío: las envasamos al vacío junto con la mantequilla, el aceite y la sal, y las cocemos en la máquina de cocción a 85 °C durante 4 horas. Retiramos de la bolsa y lo trituramos todo. Enfriamos y reservamos.

7 Colocamos en el centro del plato una cúpula de puré de patatas, con la ayuda de un aro.

8 Cubrimos el puré con las láminas de pulpo.

9 Precalentamos el horno en modo de salamandra o gratinador y metemos el plato unos instantes.

10 Mientras, calentamos suavemente la gelatina del pulpo, adicionamos mantequilla y lo montamos con el túrmix de manera que la salsa quede ligeramente aireada, mucho más espesa que líquida.

11 Colocamos un par de cucharadas de salsa en los bordes del plato. Decoramos con *shiso* y unas gotas de aceite de pimentón y servimos de inmediato.

Este plato es un pequeño guiño al tradicional pulpo a la gallega. Lo realizamos desde el respeto y la admiración por la cocina tradicional, que siempre nos aporta conocimiento y es la base para nuevos retos.

SOPA DE ALMEJAS CON *MISO*

Tiempo: 30 min (+ 2 h previas de infusión) | Nivel: bajo

INGREDIENTES PARA 4 PERSONAS

1 l de agua mineral
Alga kombu *(una hoja de 5 × 5 cm)*
800 g de almejas
50 g de miso *rojo*
100 g de nabo
Cebollino
Sal

Es una propuesta de muy fácil elaboración, puesto que el jugo de las almejas nos permite obtener una sopa casi instantánea, y tiene la singularidad del sabor cálido y especial del miso*, que nos descubre un estilo de cocina fresco, saludable y sin ningún tipo de complicación.*

ELABORACIÓN

1 Ponemos las almejas en sal para purgarlas y las reservamos durante 1 hora en la nevera.
2 Realizamos una serie de cortes en el alga *kombu* y la dejamos 2 horas en un bol con 1 litro de agua para que se infusione y desprenda todo su sabor.
3 Cortamos el nabo en dados.
4 Transcurridas las 2 horas necesarias para la infusión del alga, vertemos el agua con el *kombu* en una pequeña cazuela junto con las almejas y el nabo.
5 Cuando el agua empiece a hervir, retiramos el alga *kombu* y bajamos el fuego para reducir el hervor.
6 Con la ayuda de un colador, deshacemos la pasta *miso* para que no haga grumos en la sopa.
7 Mantenemos la sopa a fuego suave durante 3 minutos aproximadamente (sin que el agua llegue a hervir). Incorporamos un poco de cebollino picado y la servimos al instante, muy caliente.

4

5

6

HERVIR CEREALES

La cocción de los cereales depende del tipo y de la textura que busquemos. En general, al ser productos secos, necesitan mucha agua, ya que deben ablandarse; lo que se acentúa aún más en el caso de los cereales integrales, que necesitan mayor tiempo de cocción, pues su recubrimiento exterior, o salvado, es una barrera que controla el paso de la humedad.

Así pues, escoger el proceso dependerá del resultado que busquemos y del producto que trabajemos. Podemos preguntar el tiempo de cocción de un determinado cereal a su productor o comerciante, pero también vale la pena probar hasta encontrar el gusto y la textura que más nos agrade.

Es interesante hervir los cereales en agua enriquecida con aromas, como *bouquets garni* *(véase p. 348)*, especias, verduras o pieles de cítricos.

Aconsejamos hervores dulces a fuego suave, y, al acabar la cocción, escurrir y enfriar rápidamente el producto. Antes de servir lo podemos untar ligeramente con aceite y taparlo para que no se seque.

HERVIR EL ARROZ

1 Ponemos a calentar a fuego vivo una buena cantidad de agua con sal (4 partes de agua por cada parte de arroz). Debemos utilizar una cacerola suficientemente grande, porque el arroz aumenta al cocerlo.

2 Cuando el agua rompa a hervir, echamos el arroz y lo removemos de vez en cuando.

3 Dejamos que cueza entre 15 y 20 minutos, según la clase de arroz, o hasta que desaparezca todo el líquido. Al final, dejamos el arroz 1 minuto sin tapar para que expulse el vapor, y le damos una vuelta con la cuchara.

TIEMPOS DE COCCIÓN APROXIMADOS

- Arroz, de 15 a 20 min
- Avena, 10 min
- *Bulgur*, de 15 a 20 min
- Quinua blanca y negra, de 12 a 15 min

ENSALADA DE QUINUA CON CEREZAS Y FRESAS

Tiempo: 2 h | Nivel: bajo

INGREDIENTES PARA 4 PERSONAS

300 g de quinua
Fresas
Cerezas
Flores (acacia, tomillo, violeta, saúco)
Para el aliño
50 g de cebolla tierna
50 g de pimiento rojo
50 g de pimiento verde
160 g de aceite de girasol
30 g de zumo de limón
Sal y pimienta

ELABORACIÓN

1 Para preparar el aliño, cortamos las hortalizas en dados, las mezclamos con el aceite y el zumo de limón, y añadimos sal y pimienta.

2 Para elaborar la quinua, la hervimos según las indicaciones del producto. Normalmente necesitamos 2 medidas de agua por 1 de quinua y debe cocer durante 12 minutos aproximadamente. Al agua le podemos añadir verduras o jengibre para aromatizar y darle un toque refrescante.

3 Colamos y enfriamos en agua, o, mejor aún, extendiendo la quinua en una placa muy fría que introduciremos en la nevera. Si vamos removiendo la quinua conseguiremos que se enfríe más rápido.

4 Una vez que tengamos la quinua fría, la aliñamos con el picadillo, la rectificamos de sal y pimienta si es necesario, la servimos en un bonito plato y la decoramos con cuartos o trozos de fresa y cerezas para que le aporten acidez y frescor. Para decorar, añadimos flores aromáticas.

La quinua (Chenopodium quinua) *es una planta cuyo fruto es comestible. Aunque no es exactamente un cereal, porque no pertenece a la familia de las gramíneas, su alto contenido en almidón permite que se cocine como tal. Ampliamente cultivada en Bolivia y Perú, los pueblos originarios de los Andes la veneraban como fruto sagrado debido a sus propiedades nutricionales. Hoy en día está considerada como uno de los alimentos más completos y saludables por su aporte de aminoácidos esenciales, minerales y sobre todo proteínas (más del doble que cualquier otro cereal). Además, no contiene gluten.*

Es de cocción fácil y tiene una textura muy interesante, además de un sabor suave que hace que sea muy versátil a la hora de combinarla con otros alimentos. Por todas estas características y cualidades, merece la pena cederle protagonismo en nuestras elaboraciones cotidianas.

ARROZ DE PERDIZ Y SEPIA

Tiempo: 3 h | Nivel: medio

INGREDIENTES PARA 4 PERSONAS

2 perdices
300 g de panceta
400 g de arroz
2 alcachofas
1 tomate maduro rallado (solo la pulpa)
2 cebollas
1 pimiento verde
1 pimiento rojo
3 dientes de ajo
1 sepia mediana
1 cucharada pequeña de salsa de soja
Sal y pimienta
Aceite de oliva
Para el caldo
Huesos y carcasas de las perdices
1 bresa de verduras
7 g de sal

ELABORACIÓN

1 Para elaborar el caldo de perdiz, utilizamos los huesos y las carcasas de las perdices y una *bresa* de verduras para seguir la receta del fondo oscuro *(véase p. 324)*. El caldo debe ser potente, al punto de sal. Como se reducirá más en la cocción con el arroz, aconsejamos 7 gramos de sal por litro, aunque dependerá del gusto del comensal.

2 Para la marca del arroz, deshuesamos la perdiz y cortamos su carne en tacos pequeños. Cortamos también la panceta en dados. Las salpimentamos y las salteamos en una sartén con un poco de aceite de oliva. Cuando la carne esté bien dorada añadimos las cebollas, los pimientos y el ajo picados en *brunoise*, y lo dejamos cocer a fuego lento durante 1 hora y 30 minutos. Seguidamente añadimos el tomate y lo dejamos cocer 30 minutos más.

3 Para elaborar el arroz, limpiamos las alcachofas *(véase p. 110)*, las cortamos en cuartos y las salteamos con aceite de oliva.

4 Una vez que las alcachofas estén doradas, añadimos la marca, el arroz y lo sofreímos todo junto.
5 Añadimos el fondo de perdiz muy caliente.
6 Cocemos el arroz 10 minutos a fuego fuerte y 5 minutos a fuego lento (también podemos acabar con 5 minutos de horno a 180 °C).
7 Salteamos la sepia cortada en tiras muy finas.
8 Aliñamos la sepia con sal, aceite y unas gotas de soja. Disponemos el arroz en el plato y encima le colocamos los tallarines de sepia.

Un buen arroz debe acompañarse de productos excepcionales. Asimismo, el caldo con el que lo vamos a cocinar debe concentrar gustos y ofrecer aroma y sabor.

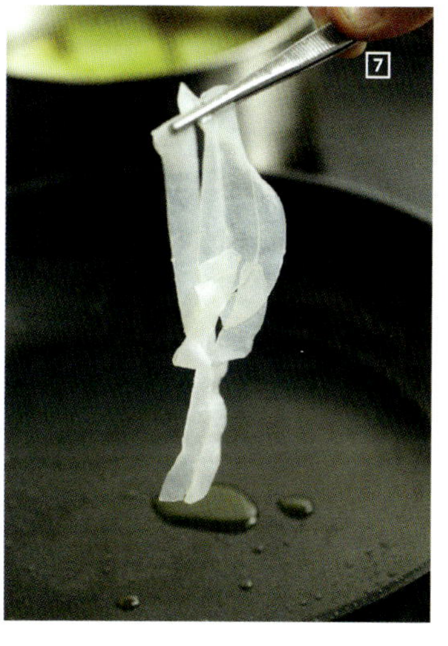

CUSCÚS CON VERDURAS AL GRILL Y YOGUR DE ESPECIAS

Tiempo: 30 min | Nivel: bajo

INGREDIENTES PARA 4 PERSONAS

2 zanahorias

2 calabacines

1 manojo de ajos tiernos

2 nabos

Judías, coliflor y hojas de col u otras verduras según temporada

Aceite de oliva

Ras el hanout *(mezcla de especias típica de Marruecos)*

Sal y pimienta

Para hidratar el cuscús

240 g de cuscús

240 g de caldo de verduras al punto de sal

Para la salsa

1 yogur griego de 250 g

½ limón

Menta fresca

Ras el hanout

ELABORACIÓN

1 Para hidratar el cuscús, calentamos el caldo de verduras *(véase p. 323)* y le añadimos la sal necesaria para que esté al punto que deseamos. Vertemos el cuscús en un bol y, una vez que el caldo haya arrancado a hervir, lo incorporamos al cuscús. Tapamos y lo dejamos reposar. Transcurridos 5 minutos, removemos el cuscús con un tenedor para que quede suelto y se enfríe.

2 Cortamos las hortalizas de distintas formas y las cocemos en agua hirviendo hasta dejarlas al dente. Las enfriamos rápidamente en agua y hielo.

3 Una vez bien escurridas, marcamos brevemente las verduras a la plancha y las reservamos en un bol. Las aliñamos con aceite de oliva.

4 Añadimos las verduras al cuscús y lo aliñamos con aceite de oliva y *ras el hanout*.

5 Para elaborar la salsa, mezclamos el yogur con el zumo de medio limón, añadimos un poco de menta picada y la sazonamos con *ras el hanout*.

6 Para finalizar, colocamos en un plato una base de cuscús, incorporamos las verduras marcadas y acabamos el plato aliñándolo con unos toques de la salsa de yogur con menta y especias.

Aunque la idea de esta propuesta es conseguir un primer plato tibio, también puede presentarse como una ensalada fría o como elaboración caliente, según la temporada en que deseemos cocinarlo o según nuestras apetencias. Las verduras y hortalizas propuestas pueden sustituirse por otras, según la temporada.

HERVIR A PRESIÓN

La olla a presión nos permite cocinar a temperaturas por encima del punto de ebullición para que los alimentos se cuezan rápido. Estas ollas cierran herméticamente para que el vapor quede atrapado en su interior y produzca un ascenso de la temperatura, que supera los 125 °C. Un dispositivo libera el vapor antes de que la presión alcance el límite de seguridad.

Es un método útil para cocinar de forma rápida –sobre todo alimentos consistentes que necesitan mucho tiempo de cocción–, pero también para elaborar caldos muy concentrados –de cabezas de marisco, como las gambas– o purés y cremas a los que nos interesa incorporar el agua de la cocción. Para hervir al vapor no es necesario añadir mucha agua, lo que permite extraer el máximo sabor de los alimentos al evitar la disolución de sus elementos nutritivos en el líquido –como puede ocurrir cuando hervimos normalmente–. Sin embargo, no es aconsejable cocinar carnes a presión, ya que, aunque ablanda su textura, también puede secarla.

PROCESO DE COCER A PRESIÓN

1 *Mise en place* de los alimentos que vamos a cocer.

2 Ponemos agua a calentar en la olla a presión (la necesaria según la elaboración; para un puré, pondremos el agua justa, que aprovecharemos en el triturado).

3 Incorporamos los alimentos en el agua caliente y cerramos la olla. El tiempo necesario para la cocción depende de cada producto, y empieza a contar en cuanto empieza a salir vapor por el dispositivo.

4 Cuando apaguemos el fuego debemos esperar a que el vapor deje de salir por la válvula de seguridad.

5 Una vez que estemos seguros de que no hay vapor dentro de la olla, ya la podemos abrir y tomar los ingredientes para servir.

TIEMPOS DE COCCIÓN APROXIMADOS

- Alcachofas, 8 min
- Caldos, de 1 a 3 h
- Guisantes, 3 min
- Judías verdes, 5 min

CREMA DE CALABACÍN AL PESTO

Tiempo: 1 h | Nivel: bajo

INGREDIENTES PARA 4 PERSONAS

600 g de calabacín
100 g de agua
200 g de nata
100 g de queso mascarpone
40 g de piñones tostados
Sal y pimienta
Para el aceite de albahaca
50 g de aceite de oliva
Hojas de albahaca

ELABORACIÓN

1 Para elaborar el aceite de albahaca, trituramos con el brazo eléctrico unas hojas de esta planta (las más grandes, mientras que reservamos las pequeñas para decorar) con el aceite de oliva.

2 Colocamos el agua indicada y sal en una olla a presión, y añadimos el calabacín lavado y cortado en *mirepoix*. Hervimos durante 2 minutos a partir de que la olla expulse el vapor a presión.

3 Retiramos la olla del fuego y, en cuanto se pueda abrir, trituramos rápidamente el calabacín. Antes de triturar, reservaremos un poco de agua por si no se precisa toda. La podemos añadir luego, si la necesitamos para conseguir una textura cremosa.

4 Enfriamos la crema en un baño maría invertido (con el agua fría), para que no pierda color ni gusto.

5 En frío, añadimos sal a la nata y la montamos con el *mascarpone* en un vaso triturador, hasta que la mezcla quede con la textura de la nata montada. Rectificamos de sal y pimienta.

6 Colocamos 2 cucharadas de crema de calabacín tibia en un plato sopero. Añadimos en el centro una *quenelle* o cucharada de crema de queso *mascarpone*. Decoramos con el aceite de albahaca, los piñones y las hojas pequeñas de albahaca.

Plato muy simple que tiene el valor añadido de prepararse con una cocción muy rápida con el fin de aprovechar toda la sustancia del alimento. El aliño del pesto y el mascarpone *aportan aromas y texturas, y dotan de modesta distinción a esta sencilla propuesta.*

COCER AL VAPOR

CONSIDERADA UNA DE LAS TÉCNICAS POR EXCELENCIA DE LA NUTRICIÓN SALUDABLE, PERMITE COCINAR ALIMENTOS QUE NECESITAN POCO TIEMPO DE COCCIÓN PARA LLEVARLOS A LA MESA SIN PERDER SU SABOR Y SU AROMA ORIGINALES.

TIPO DE COCCIÓN	Por concentración
TÉCNICAS RELACIONADAS	Cocina al vacío Hervir Baño maría

La cocción al vapor es una técnica muy respetuosa con el alimento, pues preserva en su interior todo su sabor y salvaguarda sus propiedades nutritivas. Además, no precisa de ningún tipo de grasa. Consiste en cocinar los alimentos con el vapor que emana un líquido, generalmente en ebullición, por lo que cocinamos a una temperatura aproximada de 100 °C.

Hasta hace apenas unas décadas, la cocción al vapor quedaba relegada prácticamente a dietas curativas, pero hoy en día se está revalorizando; seguramente debido a que la población está más concienciada sobre los beneficios de una alimentación saludable, y porque la industria del menaje de cocina también contribuye a popularizar la técnica, al poner a nuestro alcance una amplia gama de utensilios que nos resultan cómodos, a la par que aportan refinamiento y variedad.

En la actualidad, algunos cocineros utilizan esta técnica para cocinar muy suavemente algunos productos, como las verduras o los pescados. Al mismo tiempo, la cocina al vapor permite aromatizar los ingredientes con el perfume del líquido que se calienta, en particular los alimentos grasos, que adquieren el aroma con mayor facilidad que los magros. Por ejemplo, el pescado azul de carne grasa, como la caballa, absorbe muy bien los aromas.

Muchas cocinas profesionales –y cada vez más las domésticas– disponen de hornos mixtos, con la función de horneado de convección y de vapor, que calientan de forma homogénea los alimentos con el aire caliente que circula a su alrededor. Con estos se pueden realizar diferentes tipos de cocciones, entre ellas la cocción al vapor, con un rango de temperaturas más bajas de lo que es habitual en la cocción al vapor tradicional (entre 40 y 130 °C).

PROCESO

1 *Mise en place* de todos los ingredientes.

2 Colocamos al fuego un recipiente específico para cocinar al vapor, agujereado o rejado, o una vaporera. En la parte inferior añadimos el agua, aunque también puede ser un caldo suave, un caldo muy especiado o incluso un licor –un vino manzanilla o de Jerez, por ejemplo–, para que aromatice la elaboración.

3 Introducimos el alimento en la parte superior de la vaporera, que mantendrá el alimento separado del líquido que hemos puesto a calentar.

4 Por último, tapamos y cocemos durante el tiempo que necesite cada producto.

CABALLA AL AROMA DE MONTILLA

Tiempo: 1 h | Nivel: bajo

INGREDIENTES PARA 4 PERSONAS

4 caballas medianas

250 g de vino de Montilla

10 g de avellanas tostadas

1 cep pequeño (o 1 champiñón pequeño tierno)

1 limón

Piel de naranja confitada

Para elaborar el miso

10 g de miso

50 g de caldo de verduras

Aceite de oliva virgen

ELABORACIÓN

1 En primer lugar, es importante que preparemos los diferentes complementos para poder montar y servir el plato muy rápidamente y mantener la caballa caliente. Así que empezaremos por partir las avellanas tostadas en trozos pequeños. Cortamos también la piel de la naranja confitada. Preparamos a continuación un pequeño puré triturando la piel del cítrico junto con aceite de oliva, y le añadimos caldo de verduras hasta conseguir la textura deseada.

2 Para elaborar el *miso*, calentamos el caldo de verduras y lo incorporamos al cereal a temperatura suave. Lo emulsionamos con un poco de aceite de oliva.

3 Cortamos la seta en láminas.

4 En una cazuela de cocción al vapor incorporamos el vino de Montilla, colocamos los lomos de la caballa en la vaporera y cocinamos durante 2 minutos.

5 Emplatamos la caballa recién cocida y rápidamente añadimos los complementos: las avellanas, el *miso* emulsionado, unas láminas finas del *cep* o champiñón, la naranja confitada cortada y el puré de naranja. Para finalizar, aliñamos con aceite de oliva y unos pequeños toques de ralladura de limón.

Una propuesta llena de matices gracias a la diversidad de aromas de un vino generoso como el de Montilla, que consigue, con una cocción delicada como la que se obtiene con el vapor, aromatizar la caballa y armonizarla con las notas de naranja tostada, de frutos secos o de tierra que ofrecen los complementos de este plato.

PANECILLOS AL VAPOR (PAN CHINO)

Tiempo: 1 h 30 min | Nivel: medio

INGREDIENTES PARA 4 PERSONAS

25 g de agua
6 g de levadura fresca
2 g de levadura en polvo
125 g de harina
10 g de azúcar
45 g de leche
12 g de aceite de girasol
1 g de sal

ELABORACIÓN

1 Mezclamos la levadura fresca con el agua tibia.
2 Formamos un volcán con la harina, el azúcar y la sal, y en el centro incorporamos los demás elementos líquidos (leche y aceite), la levadura disuelta en agua y la levadura en polvo.
3 Amasamos hasta formar una bola lisa.
4 Dejamos reposar la bola 1 hora en un bol cubierto con film al que habremos practicado unos agujeros para que la masa pueda respirar y fermentar.
5 Amasamos y formamos pequeñas bolas.
6 Estiramos las bolas con el rodillo y las colocamos sobre láminas de papel. Las untamos con aceite y las doblamos (el aceite impedirá que las dos partes de la masa doblada se peguen).
7 Cocemos los panecillos al vapor durante 5 minutos y ya están listos para ser rellenados.

Los panecillos al vapor nos alejan de los referentes habituales de los panes crujientes y nos adentran en un nuevo mundo de texturas suaves y esponjosas, que pueden combinarse con salsas, lo que confiere al pan nuevos sabores y sensaciones.

Podemos precocerlos y congelarlos para disponer de ellos en cualquier momento. Es muy fácil atemperarlos de nuevo al vapor o en el microondas para luego rellenarlos con apetitosas salsas, de trufa, de ceps, de alcachofas o de cualquier otro ingrediente que nos apetezca. Esponjosos y delicados, los panecillos al vapor nos ofrecen sutiles bocados llenos de sabor.

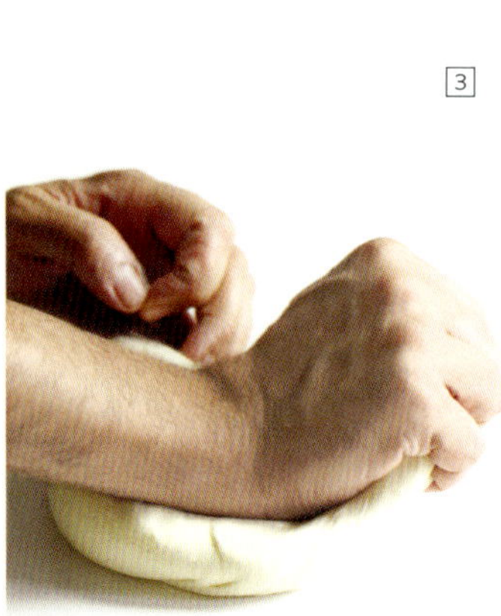

5

6

BRIOCHE AL VAPOR CON MAYONESA DE CHAMPIÑONES

Tiempo: 2 h (+ 6 horas de reposo) | Nivel: medio

INGREDIENTES PARA 4 PERSONAS

Para el brioche

30 g de azúcar • 25 g de leche • 2 huevos
12 g de levadura en polvo • 250 g de harina
125 g de mantequilla • 3 g de sal

Para la mayonesa

1 yema de huevo • 10 g de agua • 100 g de aceite de oliva virgen • 100 g de champiñones • Sal

ELABORACIÓN

1 Para elaborar el *brioche*, mezclamos la leche, los huevos, el azúcar, la levadura y la sal con unas varillas.

2 Incorporamos la harina a la mezcla en dos veces, para poder mezclarla bien con un tenedor o cuchara, y a continuación añadimos la mantequilla, que tendremos a punto de pomada. Para conseguir esta textura blanda basta con dejar la mantequilla fuera de la nevera y cortada en dados durante 1 hora, o bien trabajarla con un tenedor o unas varillas hasta que adquiera la textura deseada.

3 Amasamos hasta conseguir una pasta lisa y elástica que se desprenda fácilmente del recipiente.

4 Colocamos la masa en un bol y la dejamos reposar en la nevera durante 6 horas.

5 Retiramos la pasta de la nevera, cortamos pequeñas piezas de 6 gramos y formamos bolas. Las dejamos fermentar durante 40 minutos a 40 °C en una bandeja de horno y reservamos en la nevera.

6 Para elaborar la mayonesa de champiñones, seguimos las indicaciones de su receta *(véase p. 329)*. Reservamos un par de setas para decorar.

7 Colocamos los *brioches* en una vaporera y los cocemos durante 20 minutos.

8 Una vez listos, los rellenamos de mayonesa con una manga pastelera y los decoramos con láminas finas de los champiñones que hemos reservado.

Frente a la cremosidad de la mayonesa, el brioche *aporta una textura muy especial. Podemos adaptar la salsa a nuestro gusto: de trufa, de* ceps, *de alcachofas, de hierbas...*

5

8

BOMBÓN DE FRUTA DE LA PASIÓN CON ESPUMA DE COCO

Tiempo: 2 h (+ 6 h de reposo) | Nivel: bajo

INGREDIENTES PARA 8 PERSONAS

Para el bombón de fruta de la pasión

160 g de fruta de la pasión o maracuyá • 475 g de azúcar

316 g de yema de huevo • 53 g de clara de huevo

Para el jarabe base

60 g de azúcar • 60 g de agua

Para la espuma de coco

250 g de leche de coco • 100 g de nata • 100 g de jarabe

Para la crema de maracuyá

300 g de puré de maracuyá • 50 g de azúcar

1 g de goma xantana

ELABORACIÓN

1 Para elaborar el bombón de fruta de la pasión, mezclamos el azúcar con la fruta y cocemos hasta 120 °C para obtener un almíbar. Lo dejamos reposar unos minutos para que su temperatura baje un poco.

2 Batimos las yemas y las claras e incorporamos el almíbar progresivamente. Este no debe estar muy caliente, para evitar que cuaje el huevo.

3 Untamos unas tarrinas o flaneras individuales con un poco de almíbar y las llenamos con la mezcla.

4 Cocemos los bombones al vapor durante 10 minutos. Tapamos el cesto del vapor con papel film.

5 Podemos comprobar el punto de cocción adecuado pinchando con un cuchillo; si este sale limpio, los bombones están en su punto. Una vez fríos, los dejamos reposar 6 horas como mínimo en la nevera.

6 Para preparar el jarabe, hervimos el agua con el azúcar y lo reservamos.

7 Para elaborar la espuma de coco, mezclamos la leche de coco, la nata y el jarabe, los colamos e introducimos la mezcla en un sifón. Colocamos dos cargas de gas y lo enfriamos en la nevera.

8 Para preparar la crema de maracuyá, con un brazo eléctrico trituramos el puré -que se puede comprar ya preparado- junto con el azúcar y la goma *xantana*. Colamos la mezcla y reservamos.

9 Para finalizar, desmoldamos los bombones en el plato, vertemos una cucharada de crema de fruta de la pasión o maracuyá, y con el sifón añadimos un poco de espuma de coco.

1

2

3

4

5

7

BAÑO MARÍA

EMPLEADA EN COCCIONES SUAVES Y DELICADAS, ES LA TÉCNICA POR EXCELENCIA DE LOS POSTRES Y LA REPOSTERÍA, AUNQUE TIENE MUCHOS OTROS USOS. SE TRATA DE UNA DE LAS FUENTES DE INSPIRACIÓN DE LAS COCCIONES MODERNAS A BAJA TEMPERATURA.

TIPO DE COCCIÓN	Por concentración
TÉCNICAS RELACIONADAS	Cocina al vacío Cocciones a baja temperatura

En la cocción al baño maría, el agua desempeña, una vez más, un papel fundamental. En este caso, y al igual que con la cocción al vapor, el alimento no entra en contacto con el agua, sino que lo calienta indirectamente y le proporciona una temperatura estable, no superior a los 100 °C. Además, la cocción indirecta amortigua el exceso de calor y podemos conseguir texturas cremosas, aunque también dependerá de la intensidad de la temperatura y de la velocidad con la que agitemos el producto. Por último, como esta técnica permite cocinar el huevo evitando que cuaje, es la mejor manera de elaborar flanes, revoltijos y algunas cremas, como la inglesa o la holandesa.

En el caso de los flanes, debemos controlar la temperatura del horno para que el agua no hierva. De este modo evitaremos que se produzcan agujeros en la parte exterior de los flanes y que se sequen demasiado.

Esta técnica también puede utilizarse para calentar elaboraciones como salsas, purés o guarniciones, así como para conservarlas en caliente y a una temperatura estable, que no las seque ni cuaje, hasta el momento de servirlas.

PROCESO

1. *Mise en place* de todos los ingredientes.
2. Introducimos el alimento en un recipiente de cocción (un cazo, un bol o un vaso tipo flanera).
3. Sumergimos este recipiente en otro mayor (una pequeña olla, una cazuela o una placa de horno honda) que contenga agua.
4. Ponemos los recipientes al fuego o al horno, y dejamos cocer el tiempo y a la temperatura que requiera la elaboración.

REVOLTIJO DE HUEVAS DE TRUCHA CON ANISADOS

Tiempo: 20 min | Nivel: bajo

INGREDIENTES PARA 4 PERSONAS

12 huevos

120 g de nata

90 g de huevas de trucha

Pan rústico

Aceite de oliva

Hojas de perifollo, hinojo y estragón • Sal • Pimienta

ELABORACIÓN

1 Picamos las hierbas anisadas, pero reservamos algunas enteras para la decoración final.

2 Batimos los huevos con la nata, sazonamos con sal y pimienta e incorporamos el picadillo de hierbas.

3 Cortamos el pan en rebanadas finas y lo tostamos al horno con unas gotas de aceite a 180 °C.

4 Colocamos un bol en un baño maría e incorporamos la mezcla de los huevos. La cocemos sin dejar de remover para conseguir que el revoltijo se haga de forma progresiva y lograr de este modo una preparación cremosa.

5 Una vez listo el revoltijo, lo servimos enseguida, junto con el pan tostado y las huevas de trucha, y los decoramos con las hojas de las hierbas anisadas.

Un revoltijo cremoso necesita un poquito de paciencia para cocerlo a fuego muy suave y evitar que el huevo cuaje. El resultado merece tal delicadeza. Estamos ante una elaboración sencilla pero muy sabrosa.

CREMOSO DE VAINILLA CON *COULIS* DE ALBARICOQUES

Tiempo: 2 h (+ 12 h de reposo) | Nivel: bajo

INGREDIENTES PARA 8 PERSONAS

375 g de nata
125 g de leche
1 huevo entero y 5 yemas
150 g de azúcar
2 vainas de vainilla
Hierbaluisa
Para el coulis de albaricoques
1 albaricoque
100 g de azúcar • 100 g de agua

ELABORACIÓN

1 Calentamos la leche y la nata con la vaina de vainilla cortada por la mitad. Cuando esté a punto de hervir, lo retiramos del fuego.

2 Abrimos la vaina de vainilla y retiramos sus semillas, que añadimos a la leche caliente.

3 Batimos el huevo y las yemas con el azúcar e incorporamos la leche templada.

4 Vertemos la mezcla en unas flaneras y las horneamos al baño maría a 120 °C durante aproximadamente 45 minutos. El agua del baño maría debe estar caliente cuando introduzcamos las terrinas para que el tiempo de cocción sea el correcto. De todos modos, no está de más pinchar con un cuchillo para comprobar si la cocción interna está lista. Cuando saquemos el cuchillo limpio, la crema ya habrá cuajado y será el momento de retirarla.

5 La dejamos enfriar y la reservamos en la nevera para que repose unas 12 horas.

6 Para elaborar el *coulis* de albaricoques, cortamos el albaricoque en *brunoise* y lo cocinamos 10 minutos con agua y azúcar. Enfriamos y reservamos.

7 Colocamos el cremoso de vainilla en un plato sopero, espolvoreamos azúcar por encima y lo caramelizamos con un soplete de cocina o una pala de quemar. Para finalizar, añadimos el *coulis* de albaricoques y decoramos con hojas de hierbaluisa.

1

2

3

Entre una crema y un flan, este cremoso de vainilla es el resultado de una cocción al horno a una temperatura más baja de lo habitual. El control de la temperatura a la baja es una tendencia culinaria que cada vez adoptan más cocineros por lo respetuosa que resulta con el sabor de los productos y también para conseguir nuevas texturas. Este postre guarda cierto parecido con la típica crème brûlée *francesa, pero, en lugar de utilizar natas y salsas caramelizadas, nos decantamos por un delicioso y refrescante* coulis *de albaricoques.*

BRASEAR

ES LA COCCIÓN ADECUADA, AUNQUE NO EXCLUSIVA, PARA CARNES FUERTES Y CONSISTENTES QUE NECESITAN DOS TÉCNICAS CULINARIAS COMBINADAS PARA CONSEGUIR, AL MISMO TIEMPO, SABOR Y UNA TEXTURA MELOSA.

TIPO DE COCCIÓN	Mixta
TÉCNICAS RELACIONADAS	Asar Estofar Guisar

Procedente del término francés *braiser*, la técnica del braseado combina una precocción y una cocción: en primer lugar, un dorado para sellar el alimento y, en segundo lugar, una cocción prolongada y a fuego lento. En la primera cocción, el producto –habitualmente, carne– se cuece en solitario, sin más compañía que un poco de grasa, mientras que en la segunda cocción se acompaña de una *bresa* –conjunto de hortalizas cortadas– y de un líquido, que puede ser agua, caldo, vino o incluso un licor.

En resumen, se trata de una cocción mixta, que consta de una primera parte seca y rápida y una segunda parte húmeda y lenta en la que hay un intercambio de sabores entre la pieza previamente dorada y el resto de los alimentos incorporados.

PROCESO

1. *Mise en place* de todos los ingredientes.
2. Doramos el alimento con aceite a alta temperatura, salpimentado (o bien con una salmuera previa; *véase p. 144*) y bridado, si es necesario, como ocurre en el caso de muchas carnes. Podemos dorarlo al horno, en una *brasera* (cazuela baja con tapa especial para brasear) o cualquier otro tipo de cazuela.
3. Incorporamos la *bresa* de verduras y las cocemos a fuego moderado hasta que estén cocidas.
4. Vertemos un vino tinto joven y dejamos reducir la elaboración a fuego moderado.
5. Añadimos líquido (algún tipo de caldo o fondo, blanco u oscuro, o un caldo de verduras, según la clase de elaboración que queramos realizar), tapamos y cocemos a fuego suave hasta que la carne esté tierna.
6. Separamos la carne, colamos la *bresa* y la ligamos, aunque también podemos triturarla con su jugo.
7. Cortamos la carne cuando esté fría, ya que en caliente se rompe con facilidad, y la añadimos de nuevo a la cazuela o a la placa del horno con la salsa para acabar la cocción a fuego suave.

TERNERA BRASEADA CON JARDINERA DE VERDURAS

Tiempo: 4 h | Nivel: bajo

INGREDIENTES PARA 4 PERSONAS

1 llana de ternera
2 cebollas
2 zanahorias
½ puerro
1 rama de apio
6 ajos
3 tomates maduros
300 g de vino tinto
200 g de aceite de oliva
2 l de caldo oscuro o fondo blanco
Sal y pimienta
Para la guarnición
200 g de setas ▪ 32 cebollitas ▪ 200 g de zanahorias
200 g de nabos ▪ 200 g de judías finas
Para la picada
70 g de almendras tostadas ▪ 1 manojo de perejil
2 ajos ▪ 10 g de aceite ▪ 50 g de agua

ELABORACIÓN

1 Bridamos la llana de ternera. Si es muy grande, la podemos dividir en dos trozos y atarlos por separado.

2 Salpimentamos la carne (o le aplicamos una salmuera al 10 % de sal durante 1 hora; *véase p. 144*) y la cocemos hasta que tome un bonito color dorado.

3 Preparamos la *bresa* cortando todas las hortalizas en *mirepoix* (cortes grandes) y la incorporamos cuando la carne esté dorada. Seguimos cociendo hasta que la *bresa* también se dore.

4 Vertemos el vino y lo dejamos reducir al máximo.

5 Añadimos el caldo caliente, tapamos la cazuela y cocemos durante aproximadamente 1 hora. Transcurrido este tiempo, comprobamos que la carne esté suficientemente blanda. Si es así, la retiramos del caldo y la dejamos enfriar. Colamos el caldo, lo desgrasamos y lo reservamos.

6 Para elaborar la guarnición, cortamos las zanahorias, los nabos y las judías en bastones, los escaldamos rápidamente y los reservamos.

7 Pelamos las cebollitas y las cocinamos 30 minutos con aceite, hasta que queden casi cocidas.

8 Cortamos las setas en láminas y las salteamos, pero las dejamos un punto crudas.

9 Para elaborar la picada, trituramos todos sus elementos con un brazo eléctrico.

10 Cortamos la carne fría en láminas de 1 centímetro y las añadimos a la cazuela. Mojamos con el caldo de la cocción, añadimos las verduras y cocinamos 30 minutos. Salpimentamos y añadimos la picada.

La buena cocina siempre está arraigada a platos y cocciones clásicas que acumulan el saber y la experiencia de muchas generaciones. Creemos que es importante aprender los procesos de este tipo de elaboraciones, comprendiendo lo que sucede en cada uno de los pasos. Entenderlos bien nos permitirá rectificar las recetas en función de los ingredientes o de los recipientes, una labor imprescindible para cualquier buen cocinero.

ESTOFAR

SIEMPRE A FUEGO SUAVE, Y BIEN TAPADO PARA NO DEJAR ESCAPAR EL VAPOR NI SU AROMA, EL ESTOFADO ES LA TÉCNICA IDEAL PARA CARNES QUE NECESITAN COCCIONES LARGAS. EL LÍQUIDO DE LA COCCIÓN SERÁ, UNA VEZ EN EL PLATO, UNA SABROSA SALSA.

TIPO DE COCCIÓN	Mixta
TÉCNICAS RELACIONADAS	Brasear

Hay muchos tipos de estofados, cada uno con sus variantes. En teoría, los ingredientes se añaden a la cocción en crudo, aunque en nuestra cultura gastronómica son muchos los cocineros que, para sellar un poquito la carne y para ligar el líquido, y convertirlo en una suave salsa, deciden enharinar el producto y dorarlo, antes de empezar la cocción lenta.

Los estofados deben cocer suavemente, con un leve hervor, y siempre tapados para que los líquidos que se evaporan se condensen y vuelvan a caer sobre el guiso, sin dejar perder ni una sola gota de los jugos de todos los ingredientes incorporados.

La guarnición del estofado se puede tratar de varias maneras. Si queremos que forme parte directa del plato y se mezclen sus sabores, la incluiremos en la cocción. Es el caso del estofado a la jardinera, en el que incorporamos las patatas, las zanahorias y las setas, o del estofado al estilo Saint Germain, que lleva guisantes. Si, por el contrario, preferimos que la verdura complemente, refresque y que no se confunda su sabor, añadiremos la guarnición ya casi cocida en el último momento.

En los estofados de piezas de caza, en los que la carne se macera previamente, podemos aprovechar el líquido de la maceración para añadirlo a la cocción.

PROCESO

1 *Mise en place* de todos los ingredientes.
2 Salpimentamos la pieza principal, la enharinamos y la doramos en aceite.
3 Incorporamos verduras o alguna base, como un sofrito *(véase p. 350)*, y rehogamos.
4 Vertemos vino y lo dejamos reducir para que pierda su acidez.
5 Incorporamos algún líquido, ya sea caldo, un fondo o agua para ayudar a la cocción.
6 Cocemos a fuego suave e incorporamos, si así lo deseamos, la guarnición que queramos incluir. Hay que calcular bien el momento adecuado para añadirla, para asegurarnos de que se cueza.
7 Podemos finalizar el estofado añadiendo algún tipo de picada, majado o complemento que ultime el gusto e incluso la textura, como alguna especia o algún elemento graso que no necesite mucha cocción, como embutidos tiernos o verduras y marisco que requieran una cocción corta.

ESTOFADOS CLÁSICOS

- **Civet.** Estofado elaborado con carne de caza, como jabalí o liebre, en el que se suele ligar su salsa con el hígado o la sangre del animal. Este método de ligazón está en desuso actualmente, pero continuamos denominando *civet* a los estofados que se cocinan con este tipo de carnes.
- ***Goulash.*** Aunque originalmente era una sopa, se suele asociar a un estofado en el que el páprika (un tipo de pimentón) es el protagonista.
- **Navarín.** Estofado de cordero que incluye patatas y hortalizas de temporada, y casi siempre nabo -verdura que en el origen de este estofado constituía la guarnición principal-. A veces sigue el proceso convencional de cocción del estofado y en otras ocasiones se combina con el horno.
- **Ragú.** De origen italiano, su denominación engloba genéricamente todo tipo de estofados: de carnes rojas, de aves, de caza, de pescado o de verduras.

ESTOFADO DE JABALÍ CON CEBOLLITAS

Tiempo: 5 h (marinado de 5 a 7 días) | Nivel: medio

INGREDIENTES PARA 4 PERSONAS

Para el marinado

1 kg de paletilla de jabalí • 100 g de cebolla
100 g de zanahoria • 100 g de puerro
100 g de apio • 1 l de vino tinto • 1 cabeza de ajos
Pimienta blanca y negra en grano • Laurel
1 limón • Clavo • 1 bouquet garni

Para el rehogado y salteado

200 g de aceite • 200 g de harina
2 l de caldo • 40 g de cebollitas • Sal y pimienta

Para la picada

2 ajos • 70 g de almendras tostadas
1 manojo de perejil • 10 g de aceite • 50 g de agua

ELABORACIÓN

1 Para elaborar el marinado, cortamos la paletilla de jabalí en tacos y los introducimos en un recipiente con el vino y la *bresa* de hortalizas cortadas en *mirepoix*, los ajos, las pimientas, el laurel, el clavo, el limón y el *bouquet garni*. Lo dejamos marinar durante 1 semana (puede ser algo menos, si el jabalí es tierno). Una vez transcurrido el tiempo de marinado, colamos y separamos el líquido por una parte, la *bresa* de verduras por otra y la carne por otra.

2 Rehogamos las hortalizas en aceite, y cuando estén bien doradas incorporamos el líquido del marinado y lo dejamos reducir.

3 Mojamos las hortalizas con el caldo y las cocemos durante 20 minutos más. Colamos y reservamos el jugo resultante.

4 Para el rehogado y salteado, salpimentamos la carne de jabalí, la enharinamos y la doramos rápidamente en una sartén con abundante aceite.

5 Incorporamos la carne en la cazuela sin aceite, a la que añadiremos el jugo que hemos reservado, y lo hervimos durante 2 horas a fuego suave, aunque este tiempo dependerá de la dureza de la carne.

6 Para preparar la picada, mientras se cuece la carne, trituramos los ajos, las almendras y el perejil con un brazo eléctrico, y vamos añadiendo agua y aceite.

7 Escaldamos las cebollitas, las pelamos y las salteamos para incorporarlas al estofado una vez transcurridas las 2 horas de su cocción.

8 Cocemos las cebollitas durante 30 minutos.

9 Para finalizar, incorporamos 2 cucharadas de la picada de almendras, rectificamos de sal y pimienta y ya podemos servir.

Atreverse con un estofado clásico es un acto de valentía. Requiere un largo reposo para que la carne se ablande y pierda fuerza. La cocción suave, constante y paciente nos regalará un extraordinario guiso, lleno de sabiduría y tradición. En realidad, la cocina no es antigua ni moderna, sino buena o mala. El legado recibido de nuestros maestros es de una generosidad extrema. Este plato lo demuestra.

ESTOFADO DE JUDÍAS TIERNAS CON AJETES

Tiempo: 1 h | Nivel: bajo

INGREDIENTES PARA 4 PERSONAS

600 g de semillas de judías tiernas
1 manojo de ajos tiernos
100 g de panceta curada
100 g de aceite de oliva
1 tomate maduro grande
100 g de manitas de cerdo cocidas y deshuesadas
100 g de butifarra negra
1 cebollino
Sal

PREELABORACIÓN

1 Hervimos las semillas de las judías tiernas en agua con sal durante 20 minutos. A continuación, colamos y reservamos por separado las semillas de las judías y el agua de la cocción.

2 Elaboramos la base del estofado rehogando en aceite la panceta cortada en juliana con los ajos tiernos cortados en tiras de unos 5 centímetros. Lo cocemos durante 15 minutos.

3 Incorporamos a la cazuela el tomate cortado en *concassé* y continuamos estofando 15 minutos más.

4 Añadimos al estofado las judías tiernas escurridas, la butifarra y las manitas de cerdo cortadas en dados, y lo rehogamos todo durante 2 minutos.

5 Mojamos toda la elaboración con el caldo que hemos reservado de cocer las semillas de las judías y seguimos cocinando durante 5 minutos.

6 Finalizamos decorando con cebollino picado.

Estamos muy habituados a consumir judías verdes y judías secas, pero no es tan común consumir la semilla de la judía cuando todavía está tierna, antes de que llegue a ser legumbre. Cuando en nuestros mercados encontremos bolsas de estos pequeños diamantes verdes, no debemos desaprovechar la ocasión de comprarlas y cocinarlas al momento. Basta con hervirlas con un chorro de aceite de oliva, o guisarlas, como en el caso que nos ocupa, para descubrir un producto maravilloso, tanto en sabor como en textura.

FREÍR

ESTA TÉCNICA TIENE EL DON DE RESERVAR BUENAS SORPRESAS. ALGUNAS VECES PERSIGUE LA COMBINACIÓN PERFECTA ENTRE LO CRUJIENTE Y LO JUGOSO; OTRAS, SE CENTRA SOLO EN LO CRUJIENTE. EL RESULTADO SIEMPRE ES APETITOSO.

TIPO DE COCCIÓN	Por concentración
TÉCNICAS RELACIONADAS	Pochar Confitar Saltear

Freímos cuando sumergimos un alimento en una grasa, normalmente aceite, a altas temperaturas, entre 160 y 180 °C, con el fin de dorar y endurecer la parte externa del alimento a la vez que preservamos la jugosidad de su interior, en algunos casos, o lo deshidratamos, en otros.

Cuando freímos es importante que la temperatura sea suficientemente elevada para evitar que el producto absorba un exceso de aceite. Sobre la temperatura incidirán tanto el tipo de grasas como el sistema de cocción que utilicemos –en freidora, en sartén o en un cazo–. Para salir de dudas podemos utilizar un termómetro de cocina que nos indicará cuándo hemos alcanzado la temperatura deseada y cuándo, por consiguiente, podemos introducir los alimentos en el aceite.

FREÍR SIN PROTECCIÓN

Al someter un producto sin ningún tipo de recubrimiento protector a un aceite a alta temperatura, este le proporciona una cocción directa y potente. Es lo que ocurre, por ejemplo, con los huevos fritos. El aceite es un gran conductor del calor y actúa deshidratando los productos, y por ello debemos controlar bien los tiempos de cocción. Esta capacidad del aceite es la responsable también de producir una capa crujiente en la parte exterior de los ingredientes, al tiempo que su interior adquiere una textura suave; es el caso de las patatas o de los boniatos fritos. También podemos conseguir que todo el producto quede crujiente, como en las chips de verduras.

FREÍR CON PROTECCIÓN

También podemos freír los alimentos con una protección, por ejemplo, un empanado o rebozado. Estos recubrimientos impiden que el calor del aceite seque el producto, al tiempo que permiten que la temperatura penetre suavemente para que el alimento quede jugoso por dentro.

Con harinas, sémolas, pan rallado y pasta podemos empanar desde los calamares a la andaluza hasta los aros de cebolla o cualquier otra hortaliza frita. En los rebozados, además de las harinas, incorporamos huevo; es el caso de los calamares a la romana, de los buñuelos de bacalao, de las croquetas o de la verdura en *tempura*. Hay otros envoltorios para rebozar como la pasta *brick*, la pasta *wonton* o la pasta *filo*.

UNA FRITURA CON POCA GRASA

Podemos freír los alimentos utilizando una cantidad mínima de grasa y con sartenes menos profundas. Se trata de una cocción más suave, para cocinar el producto de manera progresiva, primero por una cara y después por la otra, sin exceso de calor.

También podemos freír con mantequilla, pero para que esta no se queme debemos clarificarla (calentarla para separar su parte acuosa, y decantándola para que la elimine), con lo que conseguimos que aguante el punto de fritura hasta los 180 °C en vez de los 140 -160 °C que soportaría sin clarificar.

PROCESO

1. *Mise en place* de todos los ingredientes.
2. Calentamos el aceite entre 160 y 180 °C.
3. Introducimos el producto una vez que el aceite ha alcanzado la temperatura mínima. Le damos la vuelta si es necesario, o removemos el recipiente para conseguir uniformidad en la fritura.
4. Cuando esté al punto, retiramos el producto y lo colocamos sobre papel de cocina absorbente para eliminar el aceite sobrante.

ALGUNOS CONSEJOS PARA FREÍR

- **Adecuar la temperatura.** Es fundamental freír a la temperatura apropiada, entre 160 y 180 °C, dependiendo del producto, de la grasa y del recipiente.
- **Calcular la cantidad.** No debemos freír muchas piezas a la vez. El producto debe freírse holgadamente. Al introducir mucho producto de golpe en la sartén, la temperatura del aceite desciende y la fritura queda impregnada de grasa, hervida y reblandecida.
- **Reaprovechar el aceite.** El aceite de una fritura puede aprovecharse para más usos, pero debemos tener en cuenta que el agua y las impurezas que liberan los alimentos en el aceite y el propio calor tienden a enranciarlo y a oxidarlo. Esta pérdida de cualidades acorta la vida útil de los aceites.
- **No tapar.** Nunca debemos tapar un alimento cuando lo freímos, porque la humedad estropearía el aceite. Tampoco debemos cubrir los alimentos una vez fritos, ya que se reblandecen.
- **Evitar accidentes.** Nunca debemos echar agua para enfriar un aceite demasiado caliente o para apagar una sartén encendida. Si esto ocurriera, debemos apartarla del fuego y taparla para privarla de aire.

SARDINA CON ALBAHACA Y PIEL DE LIMÓN

Tiempo: 30 min | Nivel: bajo

INGREDIENTES PARA 4 PERSONAS

12 filetes de sardina
12 hojas de albahaca
4 hojas de pasta brick *o* filo
50 g de aceite de girasol
Limón
Pimienta

ELABORACIÓN

1 Colocamos los filetes durante 5 minutos en una salmuera de agua fría al 10 % de sal (*véase p. 144*).

2 Mezclamos 50 gramos de aceite de girasol con un poco de zumo de limón y pimienta.

3 Secamos las sardinas, las ponemos en una bandeja con la mezcla de aceite y zumo de limón, y las adobamos durante 30 minutos.

4 Colocamos un filete junto con una hoja tierna de albahaca y los envolvemos con una hoja de pasta *brick* o *filo*. Pegamos la parte exterior con unas gotas de agua para que no se abra al freír.

5 Calentamos el aceite a 180 °C en una sartén e introducimos la sardina.

6 Cuando la pasta del envoltorio tome un bonito color dorado, retiramos las sardinas de la sartén y las extendemos sobre papel secante de cocina para que absorba el exceso de aceite. Acto seguido, las espolvoreamos con unas raspaduras de la piel del limón y las servimos cuanto antes.

Una propuesta crujiente para picar y compartir. Es tan fácil de elaborar como sabrosa, tan sencilla como vistosa. Estas sardinas son ideales como aperitivo o como plato de un menú de tapas.

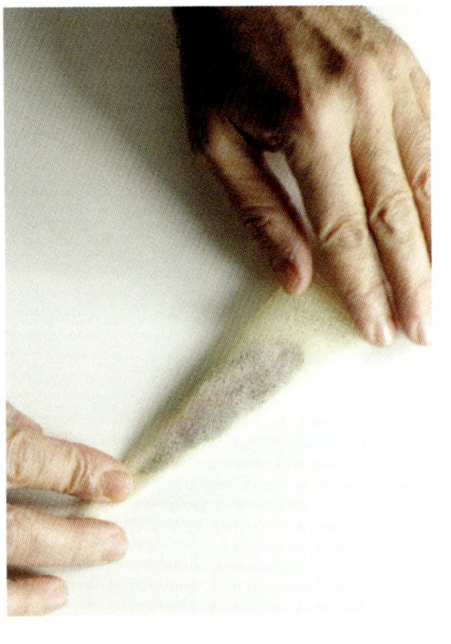

FLOR DE CEBOLLA FRITA CON *TZATZIKI* Y SALSA DE AJÍ

Tiempo: 1 h | Nivel: medio

INGREDIENTES PARA 4 PERSONAS

1 cebolla dulce grande • 300 g de aceite de girasol
200 g de harina • 10 g de pimentón
10 g de curry • 5 g de pimienta
Para la salsa tzatziki
1 yogur griego cremoso • 10 g de menta
10 g de pepino • Sal • Pimienta
Para la mayonesa de ají
100 g de mayonesa • 15 g de salsa de ají picante

ELABORACIÓN

1 Para preparar la salsa *tzatziki*, mezclamos el yogur con la menta picada y el pepino cortado en *brunoise*, y sazonamos con sal y pimienta.

2 Para elaborar la mayonesa de ají, mezclamos la mayonesa con la salsa de ají picante.

3 Pelamos la cebolla procurando no cortar su parte inferior, donde se unen las capas. Le practicamos 8 cortes (con lo que obtendremos 16 filas de pétalos), sin llegar al final, para que los pétalos queden unidos.

4 Colocamos la cebolla en agua helada durante 1 hora. Retiramos del agua y escurrimos.

5 Mezclamos la harina con el pimentón, el *curry* y la pimienta para obtener una harina especiada, y enharinamos con ella todas las capas de la cebolla.

6 Freímos la cebolla en aceite de girasol y en un recipiente de tamaño ajustado, de manera que quede totalmente cubierta por el aceite y con la parte unida completamente sumergida.

7 Retiramos la cebolla del aceite y la dejamos escurrir sobre papel secante de cocina.

8 Emplatamos la cebolla junto a dos boles con las salsas. Para degustar estos apetitosos *dips* de cebolla, le iremos arrancando los pétalos y los untaremos alternativamente con las salsas.

He aquí una propuesta para compartir, gustosa y juguetona. Consiste en arrancar, untar y degustar los dips de cebolla junto con los sabores refrescantes que ofrece la salsa tzatziki *y los picantes de la mayonesa de ají.*

5

6

BONIATOS FRITOS CON SAL DE ROMERO Y PIMIENTAS

Tiempo: 30 min | Nivel: bajo

INGREDIENTES PARA 4 PERSONAS

500 g de boniatos

Aceite de girasol • Sal de pimientas • Romero fresco

ELABORACIÓN

1 Pelamos los boniatos y los cortamos en bastones.

2 Picamos bien finas las hojas de romero y las mezclamos con la sal de pimientas.

3 Ponemos los boniatos a freír en aceite a 180 °C hasta que tomen un bonito color dorado.

4 Retiramos los boniatos de la sartén con una araña y los extendemos sobre papel absorbente.

5 Para finalizar, los espolvoreamos con la mezcla de sal de pimientas y romero, y los servimos en el acto.

Los boniatos fritos, cocinados como si de patatas fritas se tratara, son muy gustosos y pueden acompañar todo tipo de elaboraciones como guarnición o bien constituir una buena alternativa como aperitivo. La sal aromatizada con romero, por su parte, contrasta con el dulzor de este tubérculo, con lo que obtenemos un excelente equilibrio entre dulce y salado. Con la misma idea de combinar sabores contrastados podríamos introducir variantes con los boniatos y sales de curry o de jengibre.

CHIPS DE VERDURAS

Tiempo: 30 min | Nivel: bajo

INGREDIENTES PARA 4 PERSONAS

1 patata monalisa • 2 patatas moradas • 1 boniato
1 zanahoria • 1 nabo • 1 yuca • 1 remolacha
1 plátano • 1 manzana • 1 pera • Sal

ELABORACIÓN

1 Laminamos muy finamente las verduras, las limpiamos y las secamos bien antes de freírlas para que no salpiquen ni se ablanden.

2 Calentamos el aceite entre 160 y 180 °C y freímos las hortalizas y las frutas, progresivamente y guardando un espacio entre ellas para que no se peguen. Vigilaremos también la temperatura del aceite, pues si está excesivamente caliente las chips adquirirán un color oscuro y si, por el contrario, está demasiado tibio, quedarán empapadas de aceite, y en ninguno de los dos casos quedarán crujientes.

3 Mientras las freímos, removemos las verduras y las frutas con una espumadera hasta que tomen un bonito color dorado y queden en la superficie del aceite casi sin moverse. Entonces ya las podemos retirar con la misma espumadera y colocarlas sobre papel absorbente. Salamos y reservamos.

Estos pequeños bocados son muy sabrosos para picar o para complementar platos como guarnición. Aunque aquí explicamos cómo cocinar chips friendo hortalizas y frutas, también pueden conseguirse crujientes verduras deshidratándolas (véase p. 173).

VERDURAS EN *TEMPURA*

Tiempo: 30 min | Nivel: bajo

INGREDIENTES PARA 4 PERSONAS

75 g de pimientos
75 g de espárragos
75 g de cebolla tierna
75 g de tirabeques
75 g de berenjena ahumada
200 g de harina
Para la tempura
100 g de agua con hielo
15 g de yema de huevo
45 g de harina
2 g de sal

ELABORACIÓN

1 Cortamos las hortalizas -que podrían sustituirse por otras como calabacín, calabaza, nabo o col- de diferente forma para adaptarnos mejor a las características de cada una y para dotar de diversidad a la elaboración: los espárragos, laminados en mandolina; los pimientos, en juliana; la cebolla tierna, en aros; los tirabeques, enteros o partidos, y la berenjena, laminada dejando una parte unida para conseguir un efecto similar a un abanico.

2 Para preparar la *tempura*, retiramos el hielo del agua y mezclamos con ella todos los ingredientes. Empezamos introduciendo la yema de huevo en el agua helada y añadimos la sal. Incorporamos la harina y lo mezclamos todo ligeramente. No importa si queda algún grumo, producido por el choque de temperatura con el agua fría: en realidad, no mezclar demasiado la pasta es fundamental para conseguir una *tempura* crujiente.

3 Enharinamos las hortalizas.

4 En una sartén o cazo hondo calentamos el aceite a unos 180 °C aproximadamente.

5 Pasamos las hortalizas por la *tempura* y las introducimos en el aceite hasta conseguir un color dorado y una textura crujiente. Las escurrimos sobre el papel absorbente y las servimos acompañadas de salsa de soja o de limón y sal.

3

4

5

ESPÁRRAGOS A LA ROMANA CON TINTA Y *ROMESCO*

Tiempo: 30 min | Nivel: bajo

INGREDIENTES PARA 4 PERSONAS

24 espárragos trigueros
100 g de harina
2,5 g de levadura en polvo
1 huevo
25 g de agua
1 bolsa de tinta de sepia o de tinta de calamar
Aceite de girasol
Sal
Salsa romesco (véase p. 250)

ELABORACIÓN

1 Preparamos el rebozado mezclando la harina, el huevo, la levadura, el agua, la sal y la tinta de sepia o de calamar, ayudándonos con unas varillas. La mezcla debe quedar totalmente lisa, y a ser posible debe reposar durante unas horas para que la levadura actúe y la convierta en una masa esponjosa, ya que este es el secreto para que el rebozado quede crujiente cuando lo friamos.

2 Pelamos la parte del tronco de los espárragos y la enharinamos ligeramente.

3 A continuación pasamos los espárragos por la mezcla del rebozado a la romana.

4 Con cuidado, freímos los espárragos en aceite a temperatura moderada, unos 170 °C, hasta que el rebozado esté crujiente. Los retiramos del fuego y los ponemos en papel absorbente.

5 Colocamos los espárragos en un recipiente acompañados de la salsa *romesco.*

*Esta receta plantea la falsa ilusión de comerse un cal*çot *(una cebolla tierna) recién salido de las brasas del fuego, gracias al efecto de piel quemada que conseguimos con el rebozado teñido por la tinta de sepia. Sin embargo, no hay decepción alguna al descubrir que lo que degustamos, en realidad, es un sabroso y tierno espárrago que combina a la perfección con la salsa ro*mesco*. Esta, a pesar de que su preparación es algo laboriosa, es extremadamente gustosa.*

2

3

4

SALSA *ROMESCO* *(viene de la página anterior)*

Tiempo: 3 h | Nivel: bajo

INGREDIENTES

1 kg de tomates maduros ▪ *6 ajos* ▪ *1 ñora o pimiento de* romesco *(cuerno de cabra)* ▪ *400 g de aceite de oliva* *50 g de avellanas tostadas* ▪ *50 g de almendras tostadas* *15 g de vinagre de Jerez* ▪ *Sal* ▪ *Pimienta*

ELABORACIÓN

1 Si es posible, elaboraremos la salsa *romesco* un día antes de su degustación, puesto que queda más sabrosa. Colocamos los tomates y los ajos pelados en un recipiente ajustado y cubierto con todo el aceite. Lo introducimos en el horno para confitar tomates y ajos a una temperatura moderada (160 °C) durante 2 horas.

2 Mientras, introducimos el pimiento o ñora en un recipiente y lo dejamos en remojo para que su carne se hidrate. Después separaremos la carne de la piel rebanándola con la ayuda de un cuchillo.

3 Cuando los tomates estén cocidos y tibios, los pelamos y aprovechamos únicamente la carne. Reservamos también el aceite y los ajos.

4 Trituramos la carne de los tomates y del pimiento o ñora y con los ajos y los frutos secos –que habremos pelado antes–. Poco a poco vamos incorporando el aceite de confitar hasta conseguir una salsa totalmente ligada. Rectificamos de sal y pimienta e incorporamos el vinagre.

5 Colamos la salsa, si es necesario –puede ser que ya tengamos una textura lo bastante fina–, y la reservamos en la nevera.

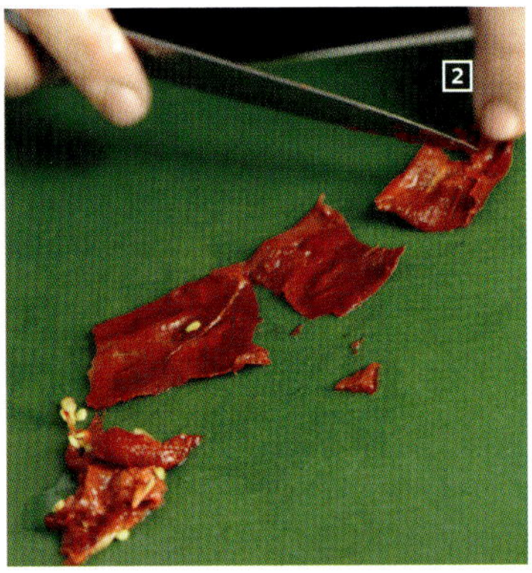

POLLO CON MAYONESA DE AJÍ Y *RÖSTI* DE PATATAS

Tiempo: 30 min (+ 2 h de adobo) | Nivel: bajo

INGREDIENTES PARA 4 PERSONAS

2 pechugas de pollo

Para el adobo

10 g de pimentón (dulce o picante según el gusto)

200 g de aceite de girasol para freír • Sal • Pimienta

Para el rösti de patatas

250 g de patatas monalisa

100 g de mantequilla clarificada

Para la mayonesa de ají

50 g de salsa de ají • 50 g de mayonesa

250 g de aceite de girasol • 1 cebolleta tierna

ELABORACIÓN

1 Para preparar el adobo, cortamos en tiras las pechugas de pollo y las dejamos con el pimentón, el aceite, la sal y la mezcla de pimientas durante 2 horas.

2 Para elaborar el *rösti*, pelamos las patatas y, sin lavarlas (basta con pasarles un paño húmedo, en el caso de que se hayan ensuciado al pelarlas), las laminamos en la mandolina como si se tratara de patatas chips. Acto seguido, agrupamos las láminas y las cortamos en bastones finos.

3 Fundimos la mantequilla. Introducimos los bastones de patata en el cazo de la mantequilla fundida y lo mezclamos.

4 Cocemos la patata en una sartén lentamente, dentro de un aro para que quede como una tortilla.

5 Para elaborar la mayonesa de ají, mezclamos la mayonesa con la salsa de ají (la podemos comprar en tiendas especializadas en cocina peruana).

6 Freímos el pollo en una sartén con aceite a 170 °C durante 2 o 3 minutos, en función del grosor, y lo retiramos con la ayuda de la araña. Lo ponemos sobre papel absorbente.

7 Colocamos las tiras de pollo sobre la base del *rösti*, añadimos la mayonesa de ají y finalizamos decorando con las cebolletas picadas.

Diferentes tradiciones culinarias se aúnan en esta elaboración en que la fritura suave de pollo queda realzada por el picante del ají, salsa típica de América Latina, y al mismo tiempo compensada con la guarnición del rösti *de patatas, típica de Suiza, aunque ya es un clásico de todas las cocinas.*

POLLO ADOBADO CON *CURRY*

Tiempo: 1 h 30 min | Nivel: bajo

INGREDIENTES PARA 4 PERSONAS

Para el adobo

2 pechugas de pollo • ½ cebolla

1 manzana Granny Smith • 5 g de curry

10 g de polvo de coco o 30 g de coco rallado

300 g de aceite de girasol • Sal • Pimienta

Para la mayonesa de curry

1 cebolla tierna • 1 manzana Granny Smith

5 g de curry *• 100 g de piña • Mantequilla*

100 g de nata • 100 g de mayonesa • Sal

Para la guarnición

200 g de calabaza • 30 g de aceite de girasol

5 g de tomillo • 5 g de romero • Sal • Pimienta

ELABORACIÓN

1 Para preparar el adobo, cortamos las pechugas de pollo en tiras gruesas y las maceramos en 50 gramos de aceite de girasol con la cebolla, la manzana cortada en dados, el coco (en polvo o rallado), sal y pimienta durante 2 horas.

2 Para elaborar la salsa, cortamos todas las piezas en dados pequeños (entre *brunoise* y jardinera), más o menos de ½ centímetro. Rehogamos la cebolla en mantequilla durante 10 minutos, incorporamos la manzana y la piña, y las cocemos 5 minutos más. Después añadimos la nata, 5 gramos de *curry* y sal y seguimos cociendo durante 10 minutos. Lo enfriamos y mezclamos con la mayonesa.

1

3 Para preparar la guarnición, cortamos la calabaza en gajos grandes (cortes irregulares) y la asamos al horno con el romero, el tomillo, la sal, la pimienta y el aceite durante 45 minutos a 180 °C.

4 Preparamos una harina mezclando el polvo o la ralladura de coco con 5 gramos de *curry*. Enharinamos el pollo y lo freímos inmediatamente en aceite de girasol a 170 °C. Cocemos hasta que el rebozado quede dorado y retiramos las tiras de pollo con la araña. Secamos en papel absorbente.

5 Colocamos el pollo frito en un plato o bandeja para servir y lo acompañamos con la mayonesa de *curry* y la calabaza asada.

Es un plato potente en especias, con el curry *como protagonista. No obstante, podríamos prepararlo igualmente al estilo* garam masala *o* tandoori *(mezclas aromáticas de especias típicas de la India y otros países asiáticos).*

POLLO ADOBADO CON MAYONESA DE SOJA Y ESPÁRRAGOS

Tiempo: 1 h | Nivel: bajo

INGREDIENTES PARA 4 PERSONAS

250 g de aceite de oliva virgen
150 g de harina
12 espárragos trigueros
Aceite de girasol
Hojas de shiso *y de* shiso *morado*
Para el adobo
2 pechugas de pollo
100 g de salsa de soja
Jengibre fresco
Para la mayonesa de soja
100 g de mayonesa • 15 g de salsa de soja
1 g de jengibre en polvo (o jengibre fresco rallado)
1 g de pasta de wasabi

ELABORACIÓN

1 Para preparar el adobo, dejamos durante 1 hora las pechugas de pollo cortadas en bastones con el aceite, la salsa de soja y un poco de jengibre rallado.

2 Para elaborar la mayonesa, seguimos las indicaciones de su receta *(véase p. 328)*. Mezclamos la mayonesa con la soja, el jengibre y la pasta de *wasabi* (que previamente habremos diluido en unas gotas de salsa de soja).

3 Con un pelador laminamos tiras de espárragos y las hervimos durante 1 minuto en agua y sal. Acto seguido, las enfriamos, escurrimos y reservamos.

4 Retiramos el pollo de la marinada. Lo escurrimos colocándolo sobre un papel absorbente, lo pasamos por harina y lo freímos en aceite de oliva virgen a 170 °C. Lo retiramos y secamos colocándolo de nuevo sobre papel de cocina.

5 Calentamos un poco los espárragos en el microondas o los salteamos brevemente en una sartén con aceite de girasol.

6 Disponemos los bastoncitos de pollo en un plato y los acompañamos con la mayonesa de soja, los espárragos y las hojas de *shiso*.

Plato marcado por el gusto umami *de la soja, es una elaboración potente que procuramos refrescar combinándola con el jengibre, los espárragos y las hojas de* shiso.

POCHAR, CONFITAR Y ESCABECHAR

ESTAS TÉCNICAS COMPARTEN TRES CARACTERÍSTICAS: COCCIÓN EN UN LÍQUIDO, A TEMPERATURA SUAVE Y POR CONCENTRACIÓN, PARA RETENER TODO EL JUGO DE LOS ALIMENTOS. SON TRES TÉCNICAS HERMANAS. VEAMOS QUÉ LAS DISTINGUE.

POCHAR

TIPO DE COCCIÓN	Por concentración
TÉCNICAS RELACIONADAS	Confitar Escabechar

Pochamos –también podemos decir que escalfamos– cuando cocinamos o precocinamos un alimento en un líquido, pero sin alcanzar la ebullición. Existen tres tipos de pochados o escalfados. Uno de ellos consiste en una precocción suave a baja temperatura, normalmente de hortalizas (por ejemplo, patatas pochadas), que luego se someten a una segunda cocción a temperatura más alta. Otro tipo de pochado es una cocción por inmersión en un líquido sin superar los 100 °C, como ocurre en el caso de la merluza a la vasca, en que el pescado se cuece en su salsa. Y, por último, nos referimos básicamente a los huevos *poché* o escalfados, que se cocinan a una temperatura próxima a los 100 °C pero sin que lleguen a hervir, con el objetivo de que la clara quede cocida y evitar que la yema cuaje.

PROCESO DE PRECOCCIÓN

1 *Mise en place* de todos los ingredientes.

2 Cortamos todas las hortalizas con el corte y la medida que deseamos.

3 Introducimos las hortalizas en aceite a una temperatura de entre 80 y 120 °C. A veces es necesario superar los 100 °C (temperatura de ebullición) porque hay hortalizas que tienen mucha agua, y si la temperatura es demasiado baja se ablandan e incluso pueden deshacerse, como las patatas.

A diferencia de cuando freímos -donde buscamos que el alimento quede crujiente-, aquí podemos introducir todas las hortalizas a la vez, porque el objetivo es que queden blandas.

4 Escurrimos y reservamos para la cocción posterior (horneado, frito, salteado, etc.).

PROCESO DE COCCIÓN

1 Preparamos el líquido de cocción, que por lo general es algún caldo o salsa, y lo calentamos a una temperatura cercana a los 100 °C.

2 Introducimos el género previamente salpimentado o sazonado. En algunas recetas tradicionales el alimento se cubre solo hasta la mitad y se tapa con una tapadera o con papel sulfurizado para que parte del alimento se cocine con el vapor y el caldo o la salsa se concentre. En otros casos, la cocción se realiza en la misma salsa con la idea de que esta estabilice la cocción a una temperatura que no supere los 100 °C.

3 Retiramos el producto y, si es necesario, en el caso de la cocción con un líquido de base, acabamos de reducir y ligar la salsa con la ayuda de un *roux* (mezcla de grasa -generalmente mantequilla- y harina, *véase p. 334*) antes de servirlo.

CONFITAR

TIPO DE COCCIÓN	Por concentración
TÉCNICAS RELACIONADAS	Pochar Escabechar Cocción al vacío

Consiste en una cocción suave, a baja temperatura (entre 50 y 90 °C), con la que deseamos retener el jugo de los alimentos en su interior (cocción por concentración), con la singularidad de que el líquido en el que se sumergen los productos suele ser un medio graso o dulce. El medio graso puede ser desde grasa de pato u oca (generalmente utilizada para los confites de aves o animales de caza) hasta aceites neutros, como el de oliva, o aceites aromatizados. El medio dulce contiene azúcar para confitar frutas en almíbares, que si se quiere pueden ser especiados. El azúcar, en estos casos, funciona también como elemento conservador. El confitado tradicionalmente se ha utilizado para conservar alimentos exponiéndolos a largas cocciones para alcanzar la temperatura de seguridad (65 °C). En la actualidad, los tiempos de cocción son más reducidos, para preservar al máximo el sabor original del producto.

PROCESO

1. *Mise en place* de todos los ingredientes.
2. Preparamos el medio graso -aceite, por regla general- a la temperatura adecuada (entre los 50 y los 90 °C, dependiendo del producto).
3. Incorporamos el alimento (ya preelaborado: limpio, sazonado, curado, etc.) y lo cocemos el tiempo necesario según sus características (si se trata de una carne, dependerá de su dureza).
4. Retiramos y servimos, o enfriamos y guardamos. Si vamos a guardarlo, es mejor dejarlo enfriar en la misma grasa, ya que sirve de protección.

ESCABECHAR

TIPO DE COCCIÓN	Por concentración
TÉCNICAS RELACIONADAS	Pochar Confitar

Es una técnica casi idéntica al confitado, con la diferencia de que en el escabechado introducimos un elemento ácido (vinagre, generalmente) en el medio graso, que aporta gusto y al mismo tiempo puede desempeñar la función de conservante.

El escabechado ha sido un método popular en muchas cocinas regionales con el fin de preparar ciertas elaboraciones para conservarlas posteriormente (bonito, sardinas, mejillones, caballa, piezas de caza como la perdiz, setas, aves de corral, lengua de ternera en escabeche...). No obstante, ello obligaba a cocer los alimentos a temperaturas cercanas, o incluso superiores, a los 100 °C, y llevar a cabo cocciones largas con abundante ácido. En cambio, hoy en día se tiende a utilizar el escabeche como una técnica de cocción, cuyo proceso permite emplear temperaturas más bajas, realizar cocciones más cortas y usar menor cantidad de vinagre, aunque como consecuencia de todo ello la vida útil de la elaboración sea mucho más corta.

PROCESO

1. *Mise en place* de todos los ingredientes.
2. Doramos el producto, con o sin harina.
3. Añadimos hortalizas salteadas y cocemos a fuego suave con aceite, vinagre y algún líquido que rebaje la fuerza del vinagre. Puede ser agua, caldo o incluso vino. Incorporamos hierbas y especias.
4. Reservamos el escabechado en la nevera. Este tipo de preparaciones mejoran transcurridos algunos días, incluso al cabo de una semana, en productos de carnes duras como las aves de caza.

HORTALIZAS POCHADAS

Tiempo: 20 min | Nivel: bajo

INGREDIENTES PARA 4 PERSONAS

Para el pochado de patatas y cebollas

400 g de patatas

200 g de cebollitas

300 g de aceite de oliva

4 ajos

1 manojo de romero

Pimienta en grano

Para el pochado de los boniatos

400 g de boniatos

200 g de aceite de oliva

ELABORACIÓN

1 Pelamos las patatas y las cortamos en láminas. Pelamos las cebollitas sin cortar la parte inferior, para que se mantengan enteras.

2 Para el pochado de patatas y cebollas, colocamos en un cazo los elementos aromáticos -el ajo, el romero y la pimienta en grano-, con suficiente aceite de oliva para cubrir las patatas y las cebollitas. Cocinamos a fuego suave hasta que estén blandas y reservamos en el aceite.

3 Para el pochado de los boniatos, los cortamos en bastones (también podríamos utilizar yuca o calabaza) y los cocemos en aceite a temperatura suave hasta que estén blandos. Escurrimos y reservamos.

4 Podemos acabar la elaboración con una doble cocción a alta temperatura para que las hortalizas tomen un gusto más intenso. Las patatas y las cebollas y podemos hornearlas hasta que obtengan un color dorado y servirlas como guarnición de alguna elaboración de carne. Los boniatos podemos freírlos aprovechando el aceite de pochado, pero con el aceite muy caliente y durante poco tiempo, lo justo para que se doren por fuera.

Aunque las hortalizas pochadas pueden acompañar diferentes elaboraciones como guarnición, normalmente funcionan como una preelaboración de una cocción posterior a fuego intenso. Estos dos pasos de cocción permiten adelantar la elaboración de productos que necesitan un tiempo considerable de cocción y que pueden acabarse de hacer en un segundo paso rápidamente. Es decir, podemos llevar a cabo el primer paso con antelación y el segundo justo antes del servicio. La preparación que proponemos también puede servirnos como aperitivo.

BACALAO CON ESPINACAS, PASAS, PIÑONES Y QUESO IDIAZÁBAL

Tiempo: 1 h | Nivel: bajo

INGREDIENTES PARA 4 PERSONAS

600 g de bacalao
200 g de aceite de oliva virgen
400 g de espinacas frescas
60 g de pasas
20 g de piñones
25 g de queso Idiazábal
25 g de nata líquida
50 g de Pedro Ximénez
Cebollino fresco

ELABORACIÓN

1 Reducimos el Pedro Ximénez a fuego suave para que no se queme. En caliente, lo veremos líquido, pero el licor se espesará cuando esté frío.

2 Por otro lado, fundimos el queso con la nata a fuego suave y reservamos.

3 Picamos el cebollino y lo mezclamos con unas gotas de aceite de oliva virgen. Reservamos.

4 Salteamos los piñones y las pasas en una sartén e incorporamos las hojas de espinacas tiernas, que salteamos unos segundos más.

5 Calentamos el aceite a 50 °C e introducimos el bacalao. Lo cocemos durante 15 minutos comprobando que la temperatura se mantenga constante.

6 Colocamos un centro de espinacas en el plato, añadimos un trozo de bacalao confitado y complementamos con la salsa de queso, la reducción de Pedro Ximénez y unas gotas de aceite de cebollino.

La cocción a baja temperatura permite mantener el sabor y la textura de los pescados. Esta elaboración respeta la textura gelatinosa del bacalao y le saca el mejor partido.

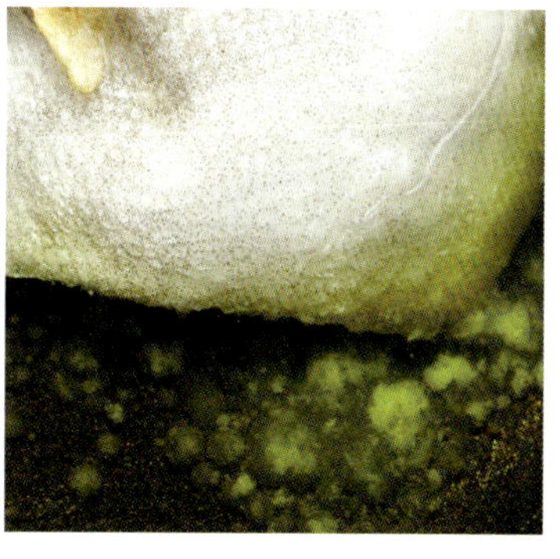

TOSTA DE POLLO AL *CURRY*

Tiempo: 1 h | Nivel: bajo

INGREDIENTES PARA 4 PERSONAS

400 g de pechuga de pollo
200 g de aceite de girasol
3 g de cardamomo
Para la salsa
300 g de nata
75 g de cebolla tierna
75 g de piña
75 g de manzana
7 g de curry
30 g de mantequilla
Sal y pimienta
Para la guarnición
200 g de arroz
1 cebolla tierna
50 g de piña
50 g de manzana
65 g de mantequilla
Pan de molde
Cebollino
Sal y curry

ELABORACIÓN

1 Para elaborar la salsa, cortamos en dados la cebolla tierna, la manzana y la piña. Rehogamos la cebolla en mantequilla hasta que quede tierna. Incorporamos la manzana y la cocemos 5 minutos, añadimos la piña y seguimos rehogando 5 minutos más. Vertemos la nata y sazonamos con sal, pimienta y *curry*. Cocemos 5 minutos y reservamos.

2 Salpimentamos la pechuga de pollo o preferiblemente la disponemos en una salmuera al 10 % de sal durante 15 minutos *(véase p. 144)*.

3 Introducimos el pollo en un cazo, con el cardamomo y el aceite de girasol, a 65 °C. El pollo debe quedar bien cubierto con el aceite, y lo dejaremos confitar 40 minutos. Es recomendable comprobar con el termómetro que se han alcanzado los 63-65 °C en el corazón del producto.

4 Retiramos del fuego y enfriamos colocando el recipiente en un baño maría invertido (es decir, con agua fría) para cortar la cocción.

5 Para preparar la guarnición, hervimos el arroz repartiéndolo en 2 aguas diferentes, una solo con sal y otra con sal y *curry*, durante 18 minutos, de modo que obtengamos arroces de 2 colores distintos. Una vez cocido, lo refrescamos.

6 Salteamos en una sartén la cebolla tierna partida por la mitad y la manzana y la piña cortadas en dados con la mantequilla. Después incorporamos el arroz y salteamos también brevemente.

7 Tostamos una rebanada de pan de molde.

8 Cortamos el pollo en láminas y lo colocamos sobre la tostada. Salseamos con la salsa de *curry* caliente y lo glaseamos en la salamandra o con el gratinador del horno.

9 Acompañamos el pollo con una guarnición de arroces decorada con las medias cebollitas marcadas y el cebollino picado.

Las tostas son un recurso perfecto para cenas ligeras y comidas informales. Los ingredientes pueden ser tan variados como nuestros gustos, y basta con tenerlos en casa para improvisar una tosta apetitosa en cualquier momento y sin apenas trabajo.

ENSALADA DE VERDURAS CON VINAGRETA DE MELOCOTÓN

Tiempo: 2 h | Nivel: bajo

INGREDIENTES PARA 4 PERSONAS

100 g de judías verdes • 1 cebolla tierna • 4 anchoas
4 ajos • 25 g de puré de aceituna negra • 20 g de aceite de oliva • 60 g de aceitunas de Kalamata • Flores

Para el confite de las patatas
200 g de patatas pequeñas • 200 g de aceite de oliva

Para el aceite de melocotón
40 g de aceite de oliva • 40 g de melocotón
5 g de cebollino picado • Sal y pimienta

Para la vinagreta de melocotón
80 g de melocotón • 40 g de aceite de oliva suave
Sal y pimienta

Para el confite de los tomates
2 tomates • 25 g de azúcar • Albahaca
20 g de aceite de oliva • Sal

La emulsión de aceite y melocotón sustituye a una vinagreta clásica para aportar a la ensalada una mezcla de acidez y dulzor. El hecho de colocar la salsa en el fondo del plato, como base, nos garantiza encontrar el frescor de este aliño en cada bocado.

ELABORACIÓN

1 Para confitar las patatas, las colocamos sin pelar en un cazo con los ajos, las cubrimos con 200 gramos de aceite de oliva y las cocemos a fuego suave, a unos 90 °C, durante 1 hora, o hasta que veamos que están blandas. Retiramos del fuego y reservamos.

2 Hervimos las judías al dente y reservamos.

3 Cortamos la cebolla en juliana fina y la refrescamos en agua y hielo.

4 Para el aceite de melocotón, cortamos el melocotón en dados regulares y mezclamos con aceite de oliva, el cebollino picado, sal y pimienta.

5 Para la vinagreta de melocotón, trituramos la carne del melocotón sobrante con 40 gramos de aceite de oliva suave, sal y pimienta.

6 Para confitar los tomates, los escaldamos, los pelamos, los partimos por la mitad y separamos el corazón (el caviar del tomate) de la carne. Cortamos en gajos el resto del tomate y lo cocemos al horno a 120 °C durante 1 hora, con sal, azúcar, albahaca y una cucharadita de aceite de oliva. Es una manera suave de confitar y concentrar gustos, aunque el producto no esté totalmente cubierto de aceite.

7 Mezclamos 25 gramos de puré de aceituna con 20 gramos de aceite. Podemos incorporar unas gotas de agua para que quede bien emulsionado.

8 Cortamos las aceitunas en trozos gruesos. Cortamos en tiras los tomates confitados y las anchoas.

9 Montamos el plato con una base de vinagreta de melocotón e incorporamos los demás ingredientes: las patatas partidas, las judías, el caviar del tomate y el tomate confitado, las aceitunas y el puré de aceitunas y la cebolla cortada en juliana. Aliñamos con aceite de melocotón y cebollino. Y finalizamos decorando la ensalada con flores.

TRILOGÍA VEGETAL: I. ESCABECHE DE VERDURAS CON PIMIENTAS

Tiempo: 2 h | Nivel: bajo

INGREDIENTES PARA 4 PERSONAS

1 escarola frisée • Hierbas aromáticas y germinados de temporada (comino, cilantro; brotes de mostaza, de daikon o de cebolla)

Para las hortalizas hervidas o escaldadas

100 g de zanahoria (en bastones)
100 g de nabo (en tiras) • 3 espárragos (en tiras)
75 g de calabaza (en dados)

Para las hortalizas confitadas

100 g de patatas pequeñas (partidas por la mitad)
12 cebollitas (partidas por la mitad)
12 ajos tiernos (en bastones)

Hortalizas crudas

8 rabanitos (partidos por la mitad) • 12 tomates cherry

Para el escabeche

25 g de cebolla morada • 25 g de pimiento verde
25 g de pimiento rojo • 25 g de calabacín • 25 g de cebolla
200 g de aceite de oliva • 80 g de vinagre de vino blanco
15 g de especias (cardamomo, pimienta negra y blanca en grano, pimienta de Sichuan y pimienta rosa)

Para las hortalizas asadas

150 g de cebollas • 3 pimientos: rojo, verde y amarillo
60 g de aceite de girasol

ELABORACIÓN

1 Limpiamos todas las hortalizas del escabeche y ponemos el calabacín a sudar con un poco de sal. Las cortamos en *brunoise*.

2 Rehogamos los vegetales del escabeche (sofreímos sin que lleguen a dorarse) con un poco de aceite.

3 Cuando las verduras más duras estén cocidas, incorporamos el calabacín y cocemos 1 minuto más.

4 Bajamos el fuego al mínimo e incorporamos el resto del aceite, el vinagre, la sal y las especias. Cocemos a fuego muy suave durante 1 minuto.

5 Añadimos las verduras precocidas y las crudas, y las cocinamos durante 20 minutos a fuego suave. También podríamos trabajar con las verduras en crudo; en este caso deberíamos cocinarlas durante 1 hora a fuego suave (o hasta que estuviesen tiernas).

6 Una vez que tengamos las verduras cocidas y tiernas, retiramos la cazuela del fuego y reservamos.

7 Limpiamos la escarola, la escurrimos y la colocamos en la base del plato. Encima vamos añadiendo las verduras escabechadas y aliñamos con el propio escabeche. Podemos decorar y finalizar el plato con hierbas aromáticas y brotes de germinados.

Como las recetas de verduras salteadas (véase p. 272) *y de verduras asadas* (véase p. 280)*, este escabeche de verduras nos propone un juego con los vegetales. La selección de las hortalizas dependerá de la temporada. Nosotros aportaremos variedad en el corte y la precocción que elijamos para cada vegetal, así como en la cocción final. En este caso, el escabeche las dota de frescor e intensifica su sabor.*

REHOGAR Y SOFREÍR

AMBAS TÉCNICAS SON SIMILARES: FORMAN PARTE DEL GRUPO DE COCCIONES QUE UTILIZAN ELEMENTOS GRASOS, COMO ACEITE O MANTEQUILLA; SE LLEVAN A CABO A TEMPERATURA SUAVE, Y SUELEN SER EL PASO PREVIO A OTRA TÉCNICA DE COCCIÓN.

TIPO DE COCCIÓN	Por concentración
TÉCNICAS RELACIONADAS	Pochar Confitar

A pesar de las similitudes entre ambas técnicas en cuanto al medio de cocción –por regla general, en aceite o en mantequilla–, en cuanto a la temperatura –a fuego suave– y en cuanto al uso –se emplean habitualmente para preparar hortalizas, aunque no de manera exclusiva–, hay también algunas diferencias entre los procesos de cocción del sofrito y del rehogado. El primero precisa de cocciones lentas y muy prolongadas, mientras que al rehogado le bastan cocciones cortas. Sin embargo, ambos procedimientos suelen ser el paso previo a otra cocción.

REHOGAR

Solemos rehogar a fuego suave, con aceite o mantequilla, verduras cortadas en dados o laminadas, como paso previo a una elaboración en la que estas hortalizas nos servirán de base o de complemento. Podemos, por ejemplo, rehogar unos puerros para buscar una textura suave como complemento y base de una tostada de salmón.

Una pequeña variación en esta técnica es el rehogado en blanco, que consiste en tapar la elaboración. De este modo evitamos que el agua de las hortalizas se evapore y propiciamos que la temperatura de la cocción no supere los 100 °C, todo ello con el fin de que las hortalizas, o la elaboración en general, no adquieran color.

SOFREÍR

Se trata de una técnica de larga cocción con la que el producto se cuece suavemente en poca grasa, hasta que queda cocido del todo y de color tostado, en ocasiones muy oscuro, casi negro. El ejemplo más común es el sofrito de tomate y cebolla, con o sin ajo, que sirve de base para multitud de elaboraciones *(véase p. 350)*.

Otras veces, el sofrito incluye más elementos, además de las hortalizas: carnes, aves o pescados, como base o marca para paellas, arroces y otro tipo de elaboraciones de cazuela.

En ocasiones se designa como sofrito una cocción corta y a mayor temperatura que sirve para acabar algún plato. En este caso se trata de una elaboración básica para la que no es necesaria una cocción prolongada. Sucede, por ejemplo, cuando queremos dorar los ingredientes al final de un salteado.

SALTEAR

FUEGO ENÉRGICO Y BUENOS REFLEJOS ES TODO LO QUE REQUIERE EL SALTEADO. EL PREMIO ES UNA CARNE, UN PESCADO O UNA VERDURA CRUJIENTE EN EL EXTERIOR; UN ALIMENTO APETITOSO POR FUERA, TIERNO POR DENTRO Y MUY SABROSO.

TIPO DE COCCIÓN	Por concentración
TÉCNICAS RELACIONADAS	Pochar Confitar

El salteado es una cocción rápida que requiere fuego vivo, poca grasa y pequeñas cantidades de producto, que cortamos en trozos regulares. Se trata de una técnica que puede funcionar como una precocción cuando buscamos marcar el producto para dorarlo y que no pierda su jugo antes de cocerlo, o bien como una cocción de productos tiernos que no necesitan demasiado tiempo de cocinado.

Esta técnica debe ser muy equilibrada en cuanto a la temperatura de cocción. Si salteamos con poco fuego, los alimentos se desprenden de su jugo y quedan secos o insípidos. Si, por el contrario, la temperatura es demasiado alta, el fuego los deshidrata rápidamente y los quema o endurece. Nada más lejos del objetivo del salteado, con el que se pretende que los alimentos queden jugosos.

En algunos casos, los alimentos pueden flambearse con algún licor. Además, podemos aprovechar los jugos del salteado para elaborar una salsa o un desglasado. Se trata de incorporar un líquido, que puede ser vino, cava o cualquier tipo de caldo, para que se mezcle con los jugos caramelizados de la sartén y acabemos obteniendo una salsa sabrosa y aromática.

PROCESO

1. *Mise en place* de todos los ingredientes.
2. Calentamos una sartén, o sartenes preparadas para el salteado como la *sauté* o el *wok*, con una pequeña cantidad de grasa -que puede ser aceite o mantequilla- y esperamos que alcance la temperatura adecuada (hay que encontrar un equilibrio, ni poco fuego ni demasiado alto).
3. Incorporamos el alimento, que habremos cortado en trozos no muy grandes. La cantidad de producto que incorporamos a la cocción debe dosificarse, para que disponga de suficiente espacio y temperatura y podamos dominar la cocción.
4. Aliñamos con condimentos y servimos en el acto.

WOK DE VERDURAS CON SALSA *JANG*

Tiempo: 30 min | Nivel: bajo

INGREDIENTES PARA 4 PERSONAS

100 g de aceite de girasol
75 g de espárragos
50 g de puerro
75 g de calabacín
75 g de tirabeques
75 g de zanahorias
75 g de col
75 g de pimiento rojo y verde
75 de cebolla tierna
50 g de judía verde
50 g de nabo
Salsa jang *(salsa coreana de soja fermentada)*
Hojas de shiso *verde y morado*

ELABORACIÓN

1 Cortamos todas las verduras en juliana. Si igualamos el tamaño de todas las hortalizas, no será necesario realizar una precocción.

2 Calentamos el aceite en un *wok* e incorporamos todas las verduras. Si no disponemos de *wok*, podemos utilizar una sartén ancha para poder saltear todas las verduras a la vez de manera rápida.

3 Salteamos durante unos minutos hasta notar que la verdura pierde su dureza.

4 Salseamos con la salsa *jang*. Esta salsa se puede sustituir por otro tipo de salsa de soja. También se pueden incorporar especias o hierbas aromáticas.

5 Cocemos unos segundos más.

6 Emplatamos y decoramos con las hojas de *shiso*.

Como todas las elaboraciones con vegetales, la variedad de productos de este salteado dependerá de la estacionalidad de cada uno y, para ser prácticos, también del surtido de nuestra nevera, ya que esta cocción rápida con wok puede dar salida a hortalizas que esperan en casa sin saber exactamente su destino. Combinadas con la salsa jang, *que aporta potencia e intensidad a la elaboración, podemos presentar un llamativo y sugerente plato lleno de vitaminas y sabor.*

TRILOGÍA VEGETAL: II. SALTEADO DE VERDURAS CON JENGIBRE

Tiempo: 15 min | Nivel: bajo

INGREDIENTES PARA 4 PERSONAS

Caldo de la cocción de las verduras
10 g de jengibre fresco
70 g de aceite de oliva
60 g de aceite de girasol
Hierbas y germinados de temporada
Sal y pimienta
Para los vegetales hervidos o escaldados
100 g de zanahoria (en bastones)
75 g de nabo (en tiras) ▪ 100 g de calabacín (roto, como si se tratara de patatas quebradas o encontradas) ▪ 75 g de tirabeques
6 espárragos (en tiras)
Para los vegetales confitados
12 patatas pequeñas ▪ 12 cebollitas ▪ 12 ajos tiernos
Para los vegetales crudos
100 g de setas variadas (rebozuelos, níscalos, champiñones...) ▪ 12 tomates cherry ▪ 8 rabanitos
Para los vegetales asados
100 g de cebollas

ELABORACIÓN

1 Pelamos y picamos el jengibre.
2 Calentamos aceite de girasol en una sartén ancha e incorporamos el jengibre picado.
3 Cuando el jengibre esté transparente, añadimos todas las verduras precocidas bien escurridas y las setas, y lo salteamos todo durante 1 minuto.
4 Incorporamos un poco de agua de cocción de las verduras, las salteamos 30 segundos más, las sacamos del fuego y añadimos los rabanitos, los tomates cherry y una cucharada de aceite de oliva. Moveremos la sartén para conseguir una pequeña emulsión entre el líquido de la cocción y el aceite.
5 Servimos el salteado inmediatamente, complementándolo con las hierbas y los germinados.

Segunda versión, junto con el escabeche de la p. 264 y las verduras asadas de la p. 280, de cómo se pueden cocinar diversas hortalizas cortadas y precocinadas de diferente modo. Un plato sencillo, pero muy expresivo.

4

5

ASAR

DIRECTO AL HORNO, A LAS BRASAS O A LA PLANCHA, PERO SIEMPRE A ALTAS TEMPERATURAS, Y SIN MÁS COMPAÑÍA QUE UN POCO DE GRASA, EL PRODUCTO ASADO ADQUIERE UN GUSTO CLARO, LIMPIO, SIN CONFUSIÓN NI MEZCLA CON OTROS SABORES.

TIPO DE COCCIÓN	Por concentración
TÉCNICAS RELACIONADAS	Gratinar Glasear

Asamos un alimento cuando lo exponemos directamente a una fuente de calor, a alta temperatura y en un medio seco. Podemos asar en un asador, horno o espetón (a *l'ast*), pero también asamos cuando cocinamos a la brasa, o incluso a la plancha.

Es un tipo de cocción en la que los factores de tiempo y temperatura son cruciales y deben ajustarse al tipo de producto, de corte y de tamaño de la pieza de que dispongamos. Lo importante es preservar siempre el jugo de los alimentos y evitar que se sequen. Aunque son cocciones en medio seco, sin líquidos, a veces podemos añadir un poco de grasa.

A LA PLANCHA

Como la brasa o el asado al horno, la plancha es un tipo de cocción a alta temperatura y en medio seco; es decir, sin líquidos que intervengan en la cocción. Permite que la cocción de los alimentos sea rápida para que estos puedan mantener sus jugos en el interior, además de adquirir una textura, un sabor y un aroma característicos en el exterior. Es ideal para productos tiernos que no necesitan humedad ni largas cocciones para ablandarse.

El nombre de la técnica hace referencia al utensilio donde se cuece el alimento. Cabe señalar que existen diferentes tipos de planchas según los alimentos que en estas cocinamos. Para las carnes, las planchas o grills normalmente disponen de unas estrías que permiten recoger la grasa que desprende el producto, a la vez que lo marcan o doran en las partes donde la pieza tiene contacto directo con la superficie.

PROCESO A LA PLANCHA

1 *Mise en place* de todos los ingredientes.
2 Calentamos la plancha antes de la cocción. Debemos asegurarnos de que está muy limpia para que no se quemen restos de grasas ni alimentos.
3 Añadimos una pequeña cantidad de aceite -solo unas gotas- para evitar que el alimento se pegue.
4 Incorporamos el alimento.
5 Damos una vuelta a la pieza y la servimos. Si la pieza es muy grande, como podría ser una chuleta de 500 gramos o un solomillo bastante ancho, puede acabarse la cocción en el horno para que su calor uniforme acabe cocinando la totalidad del producto. En este caso es recomendable, como sucede en los asados al horno, dejar reposar la pieza en un lugar templado, para que los jugos se estabilicen y la carne quede más tierna.

A LA BRASA

Es una cocción muy especial, gracias al sabor y al aroma que la leña o el carbón otorgan al producto expuesto directamente al calor de sus ascuas. Las altas temperaturas sellan la parte exterior del alimento y le confieren un gusto intenso con notas de humo y matices de madera. Tenemos que ser hábiles para que no se queme; la temperatura de la brasa puede controlarse acercando o alejando la parrilla del fuego.

PROCESO A LA BRASA

1. *Mise en place* de todos los ingredientes.
2. Preparamos la brasa y esperamos a que el fuego convierta la leña o carbón en ascuas.
3. Calentamos la parrilla al fuego para que el producto no se pegue. Debe estar muy limpia.
4. Colocamos el alimento sobre la parrilla, aunque previamente, y dependiendo del producto, podemos untarlo con un poco de aceite.
5. Cuando el producto está en su punto óptimo, lo retiramos y lo servimos inmediatamente.

CONSEJOS

- **No dejar reposar.** Este tipo de cocción no necesita reposo, a no ser que se trate de piezas muy grandes; por ejemplo, un solomillo entero de ternera cuando se deja en un punto de cocción *saignant* (sangrante o muy poco hecho), con el fin de que se recoloquen sus jugos como cuando se asa al horno.
- **Sazonar y enriquecer.** Aunque salpimentemos las carnes antes de la cocción, cuando las retiramos del fuego podemos acabar de sazonarlas con flor de sal y pimienta recién molida, o enriquecerlas con aceite virgen o aromatizado, o salsas para barbacoa, como chimichurri, picadas o majados. Es una cocción ideal para carnes adobadas con aceites aromáticos.
- **Atemperar.** Si la pieza es muy grande, como un solomillo de ternera o un costillar de cerdo, es recomendable atemperar la carne sacándola de la nevera 1 hora antes de cocinarla para que el producto no esté muy frío y el calor pueda penetrar progresivamente; de lo contrario, la cocción es muy lenta y la carne exterior puede quedar seca, o bien, si la cocción es rápida, el interior del producto puede quedar frío. Con este tipo de piezas debemos empezar con una cocción fuerte para marcar la carne y proseguir con calor moderado a fin de que el interior se cocine progresivamente.
- **No retirar la piel.** No debemos retirar la piel de alimentos como el pollo, puesto que sirve de protección y evita que la carne se queme o reseque.
- **No pelar antes de la cocción.** Algunos alimentos, como la escalivada, los *calçots* o las habas de gitano, se exponen a las llamas del fuego directamente, y su capa exterior se quema y se desecha posteriormente, por lo que no tenemos que pelarlos antes de la cocción, sino después.
- **Proteger los alimentos.** Para proteger ciertos alimentos de la intensidad del calor seco, podemos empanarlos previamente, como ocurre con las manitas de cerdo, que son muy gelatinosas y, sin protección, se pegarían a la parrilla.

AL HORNO

Con este tipo de cocción se busca que el producto cocinado adquiera un gusto claro y limpio, sin que se confunda ni se mezcle con otros sabores, por lo que, a menudo, asamos al horno sin más elementos que un poco de grasa.

PROCESO AL HORNO

- Precalentamos el horno entre 180 y 220 °C. Preelaboramos el producto, si es necesario; lo colocamos en una placa o fuente con un poco de grasa -aceite, generalmente-, y lo introducimos en el horno.
- En un primer momento debemos cocinar el producto a una temperatura elevada para sellarlo, de modo que conserve los jugos en su interior, y luego ya podemos bajar la temperatura para proseguir con una cocción más suave o con una temperatura estable, de manera que se cueza progresivamente.
- A lo largo de la cocción debemos ir dando vueltas a la pieza. La mojaremos o pintaremos con la grasa, para que la carne o piel externa no quede seca y no se rompa. Para la cocción de determinadas carnes, se colocan partes grasas del animal en el fondo del recipiente para que no se peguen.
- Cuando asamos carnes, una vez cocida la pieza, la retiramos y la dejamos reposar en un lugar templado. Es conveniente colocarla sobre una rejilla para que los jugos puedan recolocarse y no queden concentrados en el corazón del producto, con lo que la carne queda más tierna y jugosa. Esta operación no es necesaria para pescados o verduras.

PROCESO DEL PURÉ DE PATATAS

1 Cocemos las patatas enteras y con piel en el horno a 180 °C durante 45 minutos. Cuando estén blandas, las retiramos, enfriamos y pelamos.

2 Las pasamos por el pasapurés o tamiz.

3 Incorporamos el aceite, la mantequilla cortada a dados y la sal, y lo mezclamos.

SOLOMILLO DE CERDO ASADO CON PATATAS

Tiempo: 2 h | Nivel: bajo

INGREDIENTES PARA 4 PERSONAS

600 g de solomillo de cerdo
75 g de aceite de oliva
200 g de patatas pequeñas
100 g de vino tinto (o caldo oscuro)
Sal y pimienta
Para la salsa bearnesa
50 g de mantequilla • 1 yema de huevo • 1 escalonia
Vinagre de estragón • 2 g de estragón fresco
Sal y pimienta

ELABORACIÓN

1 Cortamos las patatas en torneado *(véase p. 125)*, las partimos por la mitad y las hervimos en agua y sal durante 5 minutos.

2 Pulimos el solomillo de cerdo y en una sartén con aceite caliente lo marcamos por las dos caras. Incorporamos las patatas precocidas y las doramos.

3 Precalentamos el horno a 140 °C e introducimos el solomillo y las patatas colocados en una bandeja.

4 Cocemos la carne y las patatas durante 40 minutos aproximadamente o hasta que la carne alcance 55 °C en el corazón del solomillo.

5 Para preparar la salsa bearnesa, seguimos la receta de la salsa holandesa *(véase p. 331)*, añadiéndole escalonia, vinagre de estragón y estragón picado.

6 Retiramos el solomillo del horno y lo dejamos tapado con un plato invertido o con una tapa, en un lugar caliente, por ejemplo, en la boca del horno abierto, para que repose y conseguir así que se fijen sus jugos y quede tierno.

7 Si queremos desglasar la placa del horno para aprovechar el jugo de la cocción, retiramos las patatas, desgrasamos la placa (es decir, con la ayuda de una cuchara, extraemos la grasa superficial) y la ponemos sobre el fuego a temperatura suave, incorporando unas cucharadas de vino tinto (o un fondo oscuro; *véase p. 324*). Reducimos el líquido mezclándolo bien con los jugos aposentados en la base de la placa. Colamos la reducción y la ligamos con un chorro de aceite de oliva.

8 Cortamos el solomillo, lo colocamos caliente en el plato, lo aliñamos con la reducción del jugo de la cocción y lo acompañamos con una cucharada de salsa bearnesa y unos toques de pimienta negra.

El solomillo de cerdo es una carne gustosa, pero debemos prestarle mucha atención porque rápidamente puede quedarnos demasiado cocida. Con el desglasado podemos aprovechar todo el jugo de la elaboración y complementarla con la untuosidad de la salsa bearnesa.

BERENJENA CON QUESO DE CABRA Y ACEITE DE ROMERO

Tiempo: 30 min | Nivel: bajo

INGREDIENTES PARA 4 PERSONAS

1 berenjena grande

160 g de queso de cabra

Sal

Para el aceite de romero

Aceite de oliva • Romero fresco

Sal y pimienta

ELABORACIÓN

1 Laminamos la berenjena con un grosor de más o menos ½ centímetro y la hacemos sudar unos minutos aliñándola con sal.

2 Una vez escurrida, la marcamos a la plancha o en el grill a temperatura moderada. Retiramos.

3 Enrollamos rodajas de queso de cabra con la berenjena marcada y reservamos.

4 Para elaborar el aceite de romero, picamos el romero fresco, lo mezclamos con el aceite de oliva y lo sazonamos con sal y pimienta.

5 Para finalizar, calentamos unos instantes la berenjena al horno o en el microondas para que el queso se funda ligeramente, y la colocamos en un plato, sazonada con el aceite de romero.

Ensalada tibia o entrante fresco, esta sencilla receta admite variaciones incorporando especias y frutos secos al relleno, o cambiando los aliños por aceite de pimientas o de especias, o cualquier otra propuesta a nuestro gusto.

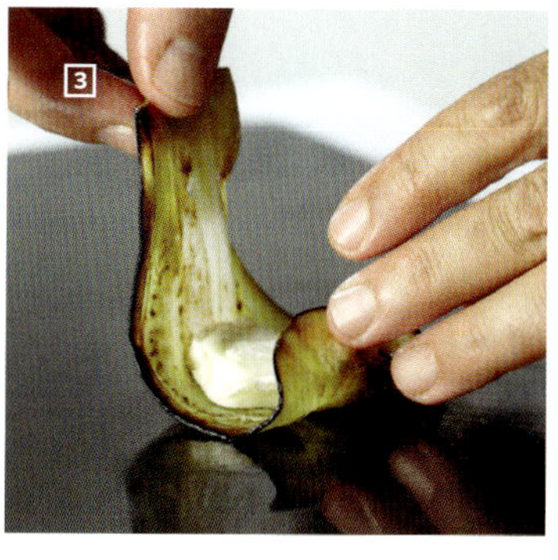

TRILOGÍA VEGETAL: III. VERDURAS ASADAS

Tiempo: 30 min | Nivel: bajo

INGREDIENTES PARA 4 PERSONAS

60 g de aceite de oliva virgen
Tomillo, romero, hojas de albahaca
Sal y pimienta
Para los vegetales hervidos o escaldados
75 g de patatas moradas
(las partiremos tras la cocción)
75 g de apio nabo (en tiras)
75 g de zanahoria (en bastones)
75 g de boniato o calabaza (en dados)
Para los vegetales confitados
12 patatas pequeñas (partidas)
12 cebollitas
12 ajos tiernos (laminados)
4 alcachofas (en cuartos)
Para los vegetales salteados
100 g de setas (rebozuelos, ceps y níscalos)
Vegetales crudos
8 rabanitos (partidos por la mitad)
100 g de remolacha

ELABORACIÓN

1 Colocamos todas las verduras cortadas y precocinadas, y también las setas marcadas, en la bandeja del horno. Aliñamos con las hierbas picadas, aceite de oliva virgen, sal y pimienta recién molida.

2 Asamos en el horno a temperatura moderada de 180 °C durante 40 minutos. Al finalizar la cocción, cortamos la remolacha en gajos.

3 Añadimos los rabanitos, aliñamos con un poco de aceite de oliva virgen y servimos en el acto.

Para esta tercera versión de la trilogía de verduras (véase la primera, escabeche de verduras, en la p. 264, y la segunda, salteado de verduras, en la p. 272), seleccionamos hortalizas de temporada fría. De gusto intenso, con matices de tierra y humedad, solo les incorporamos un toque de hierbas aromáticas, con la idea de respetar al máximo su sabor original. Por la misma razón proponemos una cocción como el asado al horno, añadiendo únicamente un chorro de aceite de oliva virgen.

1

2

FRITTATA DE CALABACÍN Y *MASCARPONE* CON ENELDO

Tiempo: 2 h | Nivel: bajo

INGREDIENTES PARA 4 PERSONAS

12 huevos

120 g de queso mascarpone

800 g de calabacín

Pan rústico

Rúcula

Mantequilla

Eneldo picado

Mezcla de pimientas en grano (pimienta negra, blanca, rosa, de Sichuan y de Jamaica)

Sal

Para el aceite de eneldo

Aceite de girasol • Eneldo picado • Cilantro molido

Sal y pimienta

Para la salsa

100 g de queso fresco tipo quark *o* ricota *• 4 rabanitos*

15 g de mostaza antigua en grano • 1 lima • Sal

ELABORACIÓN

1 Para preparar el aceite de eneldo, mezclamos todos sus ingredientes.

2 Para elaborar la salsa, reservamos un poco del queso fresco para untar las tostas de pan. Mezclamos el resto del queso con un poco de zumo de lima, la sal, los rabanitos cortados en juliana y la mostaza en grano. También podemos añadir unos toques de ralladura de lima. Reservamos.

3 Para elaborar la *frittata*, cortamos los calabacines con la mandolina en juliana fina o a modo de espaguetis, los salamos y los dejamos que suden para que pierdan acidez. Los salteamos con mantequilla a fuego vivo, los retiramos y reservamos.

4 Mezclamos los huevos con el queso *mascarpone*, salpimentamos e incorporamos eneldo picado.

5 Juntamos el batido de *mascarpone* con el calabacín y lo disponemos sobre una bandeja de horno encamisada con papel film.

6 Precalentamos el horno a 160 °C, introducimos la bandeja con el batido de calabacín y *mascarpone*, y cocemos durante 30 minutos aproximadamente (debemos comprobar que el batido quede cuajado).

7 Podemos servir caliente o frío. Si optamos por la segunda opción, enfriamos y reservamos.

8 Preparamos la tosta de pan cortando el pan rústico en rebanadas. Lo tostamos, lo untamos con queso fresco y lo espolvoreamos con la mezcla de pimientas (mejor si son molidas al momento).

9 Cortamos la *frittata* en rectángulos y la servimos acompañada de una tosta de queso, rúcula y unas gotas de aceite de eneldo.

La frittata*, elaboración de tradición italiana, suele ser una buena opción como plato de diario, suave y cremoso. A medio camino entre una tortilla y una quiche, se trata de una elaboración sencilla y de gusto delicado. En esta receta la interpretamos a nuestra manera.*

ROSSEJAT DE CUSCÚS CON GAMBAS Y ALIOLI

Tiempo: 2 h 30 min | Nivel: bajo

INGREDIENTES PARA 4 PERSONAS

400 g de cuscús
800 g de caldo de cabezas de gambas
16 gambas medianas
Aceite de oliva
Para el alioli
Mayonesa ▪ Aceite de girasol ▪ Ajo

ELABORACIÓN

1 Antes de empezar, debemos tener preparado un *fumet* de gambas *(véase p. 327)*.

2 Para preparar el alioli, trituramos los ajos con un poco de aceite de girasol en un mortero o con un túrmix e incorporamos progresivamente la mayonesa. También podemos elaborar un alioli sin mayonesa, solo con ajos, sal y aceite en un mortero, o añadiendo, una vez triturados los ajos, una yema para que nos ayude a emulsionarlos mejor con el aceite, que iremos vertiendo despacio.

3 Doramos el cuscús en una paella a fuego suave con unas gotas de aceite de oliva hasta que esté bien tostado. También podemos tostarlo en el horno a 180 °C, removiendo de vez en cuando.

4 Incorporamos el caldo de gambas rectificado de sal y desgrasado, y cocinamos durante 4 minutos.

5 Añadimos las gambas y acabamos la cocción al horno, a 180 °C, hasta que el cuscús quede seco.

6 Servimos acompañado con el alioli.

Los fideos o el arroz son los ingredientes típicos de los rossejats, *que se caracterizan porque se cocinan con un potente caldo de pescado o de marisco, o de ambos. Tanto la pasta como el arroz –o, en este caso, el cuscús– deben dorarse, casi tostarse, antes de añadirles el caldo, para conseguir una textura crujiente y un sabor intenso.*

EMPANADILLA DE NAVAJAS Y ALGAS

Tiempo: 2 h (+ 1 h de reposo) | Nivel: bajo

INGREDIENTES PARA 4 PERSONAS

Para la masa

500 g de harina de fuerza • 240 ml de agua
20 g de levadura fresca • 2 cucharadas soperas de aceite de oliva • 9 g de sal • Harina (opcional)
Huevo (opcional)

Para el relleno

8 navajas
400 g de algas frescas variadas: algatinado (Gigartina pistillata), *espagueti de mar* (Himanthalia elongata), *ramallo de mar* (Codium tomentosum)
3 dientes de ajo
Salsa de soja

ELABORACIÓN

1 Para elaborar la masa, amasamos todos los ingredientes hasta conseguir una mezcla fina y elástica. La dejamos fermentar hasta que doble su tamaño.

2 Para preparar el relleno, cocemos las navajas al vapor hasta que se abran, y después las separamos de la concha y las cortamos en trozos de 1 centímetro, aproximadamente.

3 Escaldamos las algas 1 minuto en agua hirviendo y las troceamos de modo que queden del mismo tamaño que las navajas.

4 Salteamos los ajos. Incorporamos las algas y las navajas, las salteamos a fuego vivo y las sazonamos con unas gotas de salsa de soja. Reservamos.

5 Estiramos la masa y la cortamos en círculos. Rellenamos los círculos con el salteado de algas y navajas, y los cerramos pellizcando los bordes.

6 Si lo deseamos, podemos pintar con aceite o huevo la parte exterior de la masa, o simplemente espolvorearla con harina.

7 Precalentamos el horno a 180 °C y cocemos la empanadilla entre 20 y 25 minutos.

Esta empanada es una interpretación muy sencilla de la clásica empanada gallega. En las antiguas recetas familiares y en los recetarios tradicionales tenemos una inagotable fuente de recursos para plantear nuevos platos. Basta con retocar cocciones o con variar ingredientes a nuestro gusto, o con aplicar las técnicas y los conocimientos actuales, para enriquecer constantemente nuestro repertorio culinario.

MERLUZA CON VINAGRETA DE AJOS TIERNOS

Tiempo: 30 min | Nivel: bajo

INGREDIENTES PARA 4 PERSONAS

4 supremas de merluza de 125 g
2 patatas
2 cebollas
200 g de aceite de girasol
Cebolleta tierna
Para la vinagreta
80 g de aceite de oliva
6 ajos
15 g de vinagre de vino tinto o de Módena
Romero fresco
Sal y pimienta

ELABORACIÓN

1 Para elaborar la vinagreta de romero, cocinamos los ajos laminados en una sartén con el aceite de oliva. En cuanto los ajos empiecen a dorarse, incorporamos el romero y retiramos del fuego inmediatamente. Cuando el aceite esté templado, introducimos el vinagre y añadimos sal y pimienta.

2 Cocemos las cebollas cortadas en juliana en una cazuela a fuego suave, con 50 gramos de aceite de girasol, hasta que alcancen un aspecto caramelizado.

3 Pelamos y laminamos las patatas, y las confitamos con el resto del aceite de girasol, en el horno o en un cazo, a fuego suave hasta que estén blandas.

4 En una sartén a fuego fuerte marcamos las supremas de merluza, previamente salpimentadas, de manera que solo queden doradas por fuera.

5 A continuación las colocamos en la placa del horno con una cucharada de la vinagreta y las cocinamos a 180 °C entre 7 y 10 minutos. Para detectar si hemos alcanzado la cocción óptima, podemos presionar la merluza, que debe estar algo dura, o comprobar con un termómetro que el corazón del pescado alcanza los 50-55 °C.

6 Calentamos las láminas de patata en una sartén con un poco de aceite a temperatura suave y añadimos la cebolla confitada.

7 Disponemos las patatas y las cebollas en el plato como guarnición, incorporamos el trozo de merluza, salseamos con vinagreta de ajo y romero, y decoramos con láminas de cebolleta tierna y romero fresco.

En el repertorio de la cocina tradicional siempre encontraremos una fuente inagotable de buenas recetas, que, revisadas desde las técnicas actuales, más precisas en cuanto a los tiempos de cocción y más equilibradas nutricionalmente, pueden ofrecernos elaboraciones tan asequibles y exquisitas como esta.

COSTILLAR DE CERDO EN DOS COCCIONES

Tiempo: 3 h o 18 h (según el tipo de cocción)
Nivel: medio

INGREDIENTES PARA 4 PERSONAS

1 costillar de cerdo
Aceite de oliva
3 ajos
Bouquet garni

ELABORACIÓN

1 Realizamos la primera cocción confitando el costillar en una cazuela con el aceite, los ajos y el *bouquet garni*. Lo cocinamos suavemente, sin sobrepasar la temperatura de 100 °C, durante un período de entre 3 y 6 horas, dependiendo de la carne (del tipo de carne, del tamaño de la pieza y de su grosor). Podemos ir pinchándola con una brocheta o un cuchillo pequeño. Cuando penetra con facilidad en la carne, significa que ya está cocida.

Si queremos realizar esta primera cocción al vacío, previamente debemos envasar la carne en una bolsa de cocción con los demás ingredientes y cocerlo en el termo de cocción a 65 °C durante 18 horas o a 85 °C durante 6 horas.

2 Regeneramos (atemperamos) el costillar de cerdo en aceite si lo hemos confitado, u otra vez en agua a 65 °C, si lo hemos cocinado al vacío.

3 Proseguimos la elaboración con una segunda cocción al horno a 180 °C untando el costillar con aceite de la cocción, hasta que esté totalmente dorado y crujiente (unos 15 minutos).

También podemos finalizar la elaboración a la brasa. En este caso es preferible la leña de encina, que aportará matices ahumados a la carne.

A pesar de que empleamos dos técnicas de cocción con tiempos y temperaturas diferentes, no es una receta complicada. En un primer paso cocinamos el costillar a temperatura suave para que la carne quede bien melosa y tierna, ya sea confitándola suavemente o cocinándola al vacío. Y en un segundo paso lo cocemos a alta temperatura, en el horno o a la brasa, para conseguir una textura crujiente en el exterior y realzar el sabor de la carne.

LENGUADO CON EMULSIÓN DE ACEITUNAS

Tiempo: 30 min | Nivel: bajo

INGREDIENTES PARA 4 PERSONAS

4 lenguados
200 g de aceitunas verdes
100 g de aceite de oliva virgen
50 g de aceite de aceitunas negras
(véase p. 313)
48 alcaparras
Sal

ELABORACIÓN

1 Deshuesamos las aceitunas verdes, las trituramos con un poco de su agua e incorporamos el aceite de oliva poco a poco, como si emulsionáramos una mayonesa, hasta obtener una salsa.

2 Freímos las alcaparras en aceite caliente durante 1 minuto. Una vez frías, deben estar crujientes.

3 Limpiamos el lenguado de pieles y espinas, y lo dejamos en una salmuera al 10 % de sal *(véase p. 144)* durante 10 minutos. Lo secamos y lo cocinamos a la plancha o al grill.

4 Servimos el lenguado complementado con la emulsión de aceitunas, lo aliñamos con aceite de aceitunas negras y añadimos las alcaparras fritas.

A la carne del lenguado, suave y tierna, le basta una cocción rápida que potencie su sabor. Combinado con las aceitunas y las alcaparras, en esta elaboración el pescado adquiere fuerza y aroma.

ENSALADA DE BERENJENA Y TOMATE CON ESCAROLA Y VINAGRETA DE MANITAS DE CERDO

Tiempo: 1 h | Nivel: bajo

INGREDIENTES PARA 4 PERSONAS

1 escarola • 1 berenjena • 12 tomates cherry

Para la vinagreta

1 manita de cerdo hervida • 100 g de aceite de oliva virgen

25 g de vinagre de Cabernet Sauvignon

100 g de tomate confitado • 25 g de piñones tostados

(o avellanas tostadas) • Cebollino • Sal y pimienta

ELABORACIÓN

1 Para elaborar la vinagreta, cortamos en dados la manita de cerdo –que, hervida, habremos dejado enfriar y deshuesado– y la mezclamos con el tomate cortado en *concassé*, los piñones partidos y el cebollino picado. Añadimos el aceite, y el vinagre y salpimentamos.

2 Limpiamos la escarola y reservamos.

3 Cortamos la berenjena en bastones, partimos por la mitad los tomates cherry y lo marcamos todo a la plancha. Reservamos.

4 Montamos la ensalada con una base de escarola sobre la que incorporamos las verduras marcadas y tibias. Para finalizar, la aliñamos generosamente con la vinagreta de manitas de cerdo.

Una ensalada no debe ser forzosamente fría; en algunas ocasiones, podemos añadir verduras o vinagretas tibias o calientes que intensificarán los sabores y conseguirán unas texturas diferentes a las habituales. Una alternativa a esta propuesta podría ser una ensalada de escarola con jamón o con panceta salteada y finalizada con una vinagreta tibia.

PALLARDA DE POLLO CON VERDURAS Y MANTEQUILLA DE LIMÓN

Tiempo: 30 min | Nivel: bajo

INGREDIENTES PARA 4 PERSONAS

4 pechugas de pollo de tamaño mediano
10 tomates cherry
100 g de berenjena
100 g de calabacín
150 g de rebozuelos
100 g de mantequilla de cítricos (véanse pp. 346 y 347)
Romero u otras hierbas aromáticas al gusto
Germinados (opcional)
Sal y pimienta

Para el aceite de hierbas cítricas
100 g de aceite de oliva
Tomillo limonero
Hierbaluisa fresca
Sal y pimienta

ELABORACIÓN

1 Para elaborar el aceite de hierbas cítricas, picamos, junto con el aceite, el tomillo limonero, las hojas tiernas de hierbaluisa (aunque también podrían ser de melisa o similares), sal y pimienta.

2 Salpimentamos las pechugas o bien las colocamos durante 30 minutos en una salmuera al 10 % de sal *(véase p. 144)*. Si optamos por este último procedimiento, luego habrá que secarlas. Seguidamente, con un cuchillo, las abrimos por la mitad.

3 Extendemos una cucharada de aceite de cítricos sobre una hoja de papel sulfurizado y colocamos encima las pechugas de pollo abiertas. A continuación, las aliñamos por la parte superior con un poco más de aceite aromatizado.

4 Cubrimos la elaboración con el papel y aplastamos las pechugas de modo que queden de un grueso uniforme. Podemos ayudarnos de un rodillo, una espalmadera o incluso colocarlas entre dos tablas de cortar.

5 Cocemos las pechugas con papel sulfurizado en una plancha o grill muy caliente durante 1 minuto. Además de uniformizar el grueso de la carne, el papel evitará que se pegue a la plancha.

6 Cortamos las verduras en bastones y los tomates cherry en mitades, y los marcamos a la plancha junto con los rebozuelos.

7 Abrimos el papel y colocamos el pollo en el plato acompañado de las verduras. Aliñamos con aceite de cítricos y tacos de mantequilla de cítricos, y decoramos con romero u otras hierbas, o con germinados.

El aceite y la mantequilla redondean el plato y hacen de un simple pollo a la plancha una experiencia diferente.

SARDINA EMPANADA

Tiempo: 30 min | Nivel: bajo

INGREDIENTES PARA 4 PERSONAS

Pan precocido congelado
16 sardinas fileteadas
100 g de aceite de oliva
75 g de tomate maduro
50 g de berenjena
50 g de calabacín
75 g de cebolla
75 g de pimiento verde
75 g de pimiento rojo
Perifollo
Sal y pimienta

ELABORACIÓN

1 Cortamos el pan precocido en rebanadas muy finas. Si no disponemos de máquina para cortarlo, una alternativa puede ser aplastar las láminas de pan entre dos hojas de papel sulfurizado.

2 Colocamos los filetes de sardinas durante 5 minutos en una salmuera al 10 % de sal *(véase p. 144)* para limpiarlas de sangre y sazonarlas. Acto seguido, las secamos y las reservamos.

3 Escaldamos, pelamos y eliminamos las semillas del tomate, y lo cortamos en *brunoise*. Hacemos lo mismo con las demás hortalizas. Colocamos el calabacín y la berenjena con sal para que pierdan acidez.

4 Cocemos la cebolla en una sartén con aceite de oliva durante 5 minutos, a fuego moderado. Transcurrido este tiempo, incorporamos los pimientos y cocemos 3 minutos más. Después añadimos el calabacín y la berenjena ya escurridos, y cocinamos durante 4 minutos. A continuación introducimos el tomate y cocinamos 5 minutos más. Rectificamos de sal y pimienta, y reservamos.

5 Colocamos las sardinas sobre las láminas de pan y recortamos estas últimas para que sobresalgan solo un poco más de la medida de la sardina.

6 Marcamos el conjunto en una sartén a fuego suave de manera que el pan se tueste y la sardina se cueza suavemente. Cocemos solo por la parte del pan.

7 Emplatamos las sardinas empanadas sobre una base de chanfaina de verduras y las aliñamos con aceite aromatizado con perifollo y sal. Decoramos el plato con unas hojas de perifollo.

La gracia de este empanado es que cumple la misión de proteger la suave carne de la sardina del contacto directo con la plancha, a la vez que aporta una textura crujiente, sin enmascarar las propiedades del producto principal. Se trata de un tipo de empanado interesante que podemos tener en cuenta para muchas otras elaboraciones.

GLASEAR Y GRATINAR

AMBAS TÉCNICAS DARÁN A NUESTROS PLATOS EL TOQUE FINAL: UNA TEXTURA CRUJIENTE Y SABROSA, CON UN DORADO INTENSO O INCLUSO UN TONO BRILLANTE QUE LOS HARÁ MÁS DECORATIVOS Y APETECIBLES.

TIPO DE COCCIÓN	Por concentración
TÉCNICAS RELACIONADAS	Risolar (Dorar, a fuego fuerte y con grasa, algún producto ya cocido, como unas patatas hervidas y, posteriormente, risoladas)

Glasear y gratinar son dos técnicas que funcionan como cocciones complementarias de otras, porque son más bien un acabado. Ambas necesitan el calor seco de un gratinador de horno o de una salamandra de cocina para alcanzar su fin.

La diferencia entre glasear y gratinar es que el glaseado parte de una base compuesta de huevo para obtener una capa fina, brillante y levemente dorada, mientras que el gratinado busca un resultado crujiente, por lo general con la ayuda de una base de queso o de pan rallado. En ambos casos, el objetivo final es que la parte superior de un alimento, a través de la aportación directa de calor, adquiera mayor intensidad de color, sabor, aroma y textura, o realizar una cocción rápida, básicamente para dar un toque de calor y obtener una textura crujiente.

Glasear, no obstante, puede tener otras interpretaciones, aun persiguiendo el mismo resultado. Por un lado, se entiende por glasear el proceso de caramelizar un alimento, generalmente verduras, con la ayuda de algún tipo de azúcar o *glasa* –un jugo concentrado que contiene gelatinas y azúcares que aportan densidad y un color típico al glaseado–. Por otro lado, también puede llegar a entenderse por glasear el laqueado, que se consigue con una mezcla de miel y salsa de soja u otras salsas densas, normalmente con algún tipo de elemento dulce. Por último, el término todavía tiene otra acepción: la acción de espolvorear con azúcar glasé cualquier tipo de elaboración dulce.

TOSTA DE SALMÓN GLASEADA CON HOLANDESA DE ENELDO Y MOSTAZA

Tiempo: 30 min | Nivel: bajo

INGREDIENTES PARA 4 PERSONAS

600 g de salmón fresco • 100 g de puerro
30 g de mantequilla • 100 g de nabo
100 g de calabacín • 100 g de zanahoria
1 rebanada de pan de molde • Sal y pimienta
Para la salsa holandesa
300 g de mantequilla clarificada • 3 yemas de huevo
10 g de mostaza • 5 g de eneldo fresco

ELABORACIÓN

1 Cortamos el nabo y la zanahoria con la mandolina en forma de espaguetis de verduras.

2 Hervimos por separado cada hortaliza para alcanzar el punto idóneo de cocción de cada una. Después las enfriamos y reservamos. El puerro lo cortamos en rodajas y lo rehogamos despacio en mantequilla hasta que esté totalmente blando, procurando que no tome matices caramelizados.

3 Elaboramos la salsa holandesa *(véase p. 331)* con la mantequilla y las 3 yemas de huevo, e incorporamos eneldo y mostaza. Reservamos la salsa en caliente en el baño maría, a unos 60 °C.

4 Tostamos la rebanada de pan de molde.

5 Cortamos el salmón en láminas de ½ centímetro lo más uniformes posibles. Salpimentamos.

6 Colocamos una cucharada de puerro caliente en la tostada e incorporamos encima las láminas de salmón. Napamos con la salsa y glaseamos al horno.

7 Servimos en el acto con los espaguetis de verduras y decorando con hojas de eneldo fresco.

ATÚN CON *HUMMUS*, SOJA Y GERMINADOS

Tiempo: 30 min | Nivel: medio

INGREDIENTES PARA 4 PERSONAS

1 taco de atún de 400 g
Sésamo tostado
Hojas de shiso *y* shiso *morado*
(o germinado de cebolla, de soja,
de rábano o de mostaza, o cebollino picado)
Para el hummus
200 g de garbanzos cocidos
30 g de jugo de la cocción de los garbanzos
25 g de aceite de oliva
2 g de tahina *(o aceite de sésamo)*
1 g de ajo
1 g de comino
Sal y pimienta
Limón
Para la salsa de soja
60 g de soja
60 g de aceite de oliva

ELABORACIÓN

1 Para preparar el *hummus*, escurrimos los garbanzos y reservamos una parte del jugo de la cocción. Si los hemos comprado envasados, podemos utilizar el jugo que viene en el bote o bien un caldo blanco o de verduras. Los colocamos en un vaso triturador junto con el ajo, el zumo de limón, el comino, una parte del jugo de cocción y la *tahina* o aceite de sésamo. Trituramos incorporando aceite de oliva. Añadimos más jugo si es necesario, hasta conseguir una textura lisa pero espesa (más de puré que de crema). Rectificamos de sal y pimienta, y reservamos.

2 Marcamos el atún rápida y brevemente en la sartén, de modo que se dore pero quede poco hecho por dentro. Acto seguido, lo enfriamos, lo cortamos en láminas finas de ½ centímetro y lo reservamos protegido con papel film.

3 Para elaborar la salsa, mezclamos 60 gramos de aceite de oliva con la misma cantidad de soja.

4 Calentamos suavemente el *hummus* en un baño maría o en el microondas.

5 Colocamos 2 cucharadas de *hummus* en la base de un plato sopero, lo cubrimos con láminas de atún, lo salseamos con la salsa de soja y glaseamos (o soflamamos) la elaboración brevemente en el gratinador del horno o en la salamandra.

6 Cuando saquemos el plato del horno, le añadimos el sésamo tostado y las hojas de *shiso* o brotes de germinados, y servimos enseguida.

Al glasear la elaboración en el proceso final del plato, le damos al atún la temperatura ideal, sin cocerlo, al mismo tiempo que atemperamos el hummus *para que aporte calor y gusto. La salsa de soja, además, complementa los dos sabores principales a la vez que los une.*

COCCIÓN AL VACÍO

ES LA SÍNTESIS DE DOS DE LOS PRINCIPIOS POR LOS QUE SE DECANTAN LAS TENDENCIAS CULINARIAS PROFESIONALES: EL CONTROL DE LA TEMPERATURA Y LAS COCCIONES SUAVES. YA ES POSIBLE PONER EN PRÁCTICA SUS VENTAJAS EN NUESTROS HOGARES.

TIPO DE COCCIÓN	Por concentración
TÉCNICAS RELACIONADAS	Cocción al vapor Pochar Confitar

Cocinar al vacío es sencillo. Sin embargo, necesitamos una máquina específica –un termo de cocción–, además de otros utensilios. Es imprescindible que realicemos una formación previa para conocer las características de estos elementos y, sobre todo, de las bases de la técnica.

Esta forma de cocción parte de un envasado al vacío de los productos que vamos a cocinar, de modo que necesitamos una máquina de envasar al vacío y bolsas de cocción (a la venta en comercios especializados en menaje de cocina; no son las mismas bolsas que utilizamos para conservar alimentos).

A continuación, el producto envasado se cocina en el termo de cocción, una máquina de cocción al baño maría con temperatura controlada y circulación constante de agua. Es importante leer detenidamente las instrucciones de cada modelo, donde encontraremos indicaciones sobre el tipo de vacío adecuado para cada alimento, así como el tiempo y la temperatura necesarios, ya que estos parámetros, en esta técnica, son muy diferentes a los convencionales. Asimismo existen libros específicos de recetas para cocinar al vacío que nos proporcionarán estos datos del proceso de cocción y nos ayudarán a familiarizarnos con esta revolucionaria forma de cocinar.

Se distinguen dos grandes tipos de cocción al vacío: cocciones directas y cocciones indirectas, según si el plato se quiere consumir al instante o si, por el contrario, su finalidad es conservarlo.

PROCESO

1. *Mise en place* de todos los ingredientes.
2. Realizamos las preelaboraciones necesarias según indica la receta (en algunos casos, dorar o marcar; en otros, salpimentar o blanquear, etc.).
3. Envasamos el producto y sus complementos al vacío (siempre en frío).
4. Cocinamos la elaboración dentro de la bolsa de cocción a una temperatura controlada en hornos de convección al vapor o baños maría termostáticos. En algunos casos, también podemos practicar este procedimiento introduciendo la bolsa en agua hirviendo o muy caliente (para la cocción de verduras), o incluso en el microondas.

65.4
SELECT
START STOP
ICC
International Cooking Concepts
RONER DOMO

3

4

COCCIONES DIRECTAS

El objetivo de las cocciones directas es, como el de la mayoría de las técnicas de cocina moderna, obtener la máxima calidad del producto acabado y su mayor potencial de sabor y de textura. Cuando se realizan para servir la elaboración al momento, los tiempos de cocción pueden ser cortos y las temperaturas, bajas. Normalmente se cocinan productos de texturas suaves, de fácil y rápida cocción, como los pescados, que requieren entre 10 y 20 minutos a una temperatura de entre 50 y 55 °C.

El producto debe ser muy fresco, puesto que probablemente la cocción no alcanzará los 65 °C de seguridad necesarios para destruir los microorganismos. Pero no debe incomodarnos, pues lo mismo ocurre con multitud de elaboraciones cocinadas con técnicas tradicionales: una hamburguesa poco hecha, un rosbif, unas gambas a la plancha, etc. Basta con tomar las mismas medidas de higiene habituales en la manipulación del producto. Si es fresco y de calidad, podemos comerlo tranquilamente.

TEMPERATURAS EN COCCIONES DIRECTAS			
	TEMPERATURA DE COCCIÓN	TIEMPO DE COCCIÓN	TEMPERATURA EN EL CORAZÓN
ATÚN, BACALAO, SALMÓN, CABALLA	45 °C / 50 °C	10 min / 15 min	40 °C / 45 °C
DORADA, LUBINA, RAPE, MERLUZA	50 °C / 55 °C	10 min / 20 min	45 °C / 52 °C
CARNES ROJAS *SAIGNANTS* (solomillo, entrecot)	50 °C / 65 °C	10 min / 30 min	50 °C / 55 °C
CARNES AL PUNTO	60 °C / 65 °C	10 min / 30 min	58 °C / 62 °C
CARNES MUY COCIDAS	65 °C / 70 °C	20 min / 30 min	65 °C / 70 °C

SALMÓN A BAJA TEMPERATURA CON EMULSIÓN DE CÍTRICOS

Tiempo: 1 h | Nivel: medio

INGREDIENTES PARA 4 PERSONAS

4 supremas de salmón de 150 g • Tirabeques
Mantequilla • Sal

Para el gel de cítricos

125 g de agua • 25 g de azúcar • Pieles de lima, limón y pomelo • 2 g de agaragar • 25 g de zumo de los cítricos

Para la emulsión de cítricos

150 g de gel de cítricos (elaboración anterior)
50 g de aceite de oliva virgen extra

Para el aceite de cítricos

5 g de piel de cítricos • 80 g de aceite de girasol • Sal

ELABORACIÓN

1 Para preparar el gel de cítricos, hervimos el agua y el azúcar en un cazo, lo retiramos del fuego e infusionamos las pieles ralladas 15 minutos con el recipiente tapado. Enfriamos y colamos. Mezclamos la infusión con el agaragar, lo llevamos a ebullición y añadimos 25 gramos de zumo de cítricos. Retiramos del fuego y dejamos que la preparación cuaje en la nevera.

2 Para elaborar la emulsión de cítricos, trituramos el gel de cítricos con un brazo triturador y lo emulsionamos poco a poco con el aceite de oliva. Reservamos.

3 Para preparar el aceite de cítricos, rallamos la piel de cítricos y la mezclamos con aceite de girasol y sal.

4 Cocemos en agua y sal los tirabeques y enfriamos.

5 Colocamos el salmón 15 minutos en una salmuera al 10 % de sal *(véase p. 144)*.

6 Secamos el salmón y lo introducimos en una bolsa de vacío con unas gotas de aceite de cítricos.

7 Envasamos al máximo de vacío y cocinamos en termo de cocción a 50 °C durante 15 minutos.

8 Salteamos los tirabeques 30 segundos con una punta de mantequilla y unas gotas de agua.

9 Retiramos el salmón de la bolsa, lo colocamos caliente en el plato y lo acompañamos con la emulsión de cítricos y los tirabeques. Finalizamos aliñando la elaboración con el aceite de cítricos.

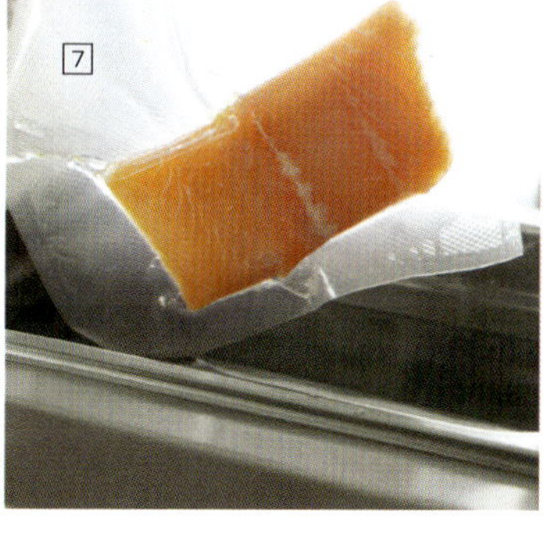

COCCIONES INDIRECTAS

Hasta el momento, las cocciones indirectas han sido las más utilizadas en la cocina al vacío. La industria alimentaria ya hace muchos años que se sirve de este método como sistema de conservación de numerosas preelaboraciones y elaboraciones.

Son cocciones en las que prima el valor de la seguridad alimentaria por encima del valor gastronómico, al tiempo que buscan la máxima calidad. Su premisa fundamental es clara: cocciones siempre superiores a 65 °C en el corazón del producto, durante un mínimo de 30 minutos para asegurar la higienización, y enfriamiento rápido que permita llegar a los 4 °C en menos de 2 horas.

Si bien las cocciones indirectas también se realizan a baja temperatura –aunque siempre por encima de los 65 °C–, a diferencia de las cocciones directas, los tiempos de cocción son largos, lo que favorece que sea una cocción ideal para carnes duras que necesitan mucho tiempo para ablandarse. Por el contrario, no resulta una buena cocción para los pescados, ya que los deja muy secos.

Este sistema suele precisar un doble proceso: tras la primera cocción al vacío, de carácter suave, con la que se consigue una textura tierna y jugosa, se hace una segunda cocción a mayor temperatura, que aporta fuerza, textura crujiente, aroma intenso y colores dorados propios de las cocciones a la brasa, a la plancha o al horno.

Las cocciones indirectas nos permiten cocinar a diferentes temperaturas a partir de los 65 °C; a mayor temperatura, menor es el tiempo necesario de cocción. La relación es distinta según las características del producto (si es más o menos tierno...) y del tamaño de la pieza (o de si está entera o cortada). Dado que las cocciones indirectas se utilizan con el fin de asegurar la conservación del producto, en ocasiones es más práctico cocinar a una temperatura un poco más elevada –a 80 °C, por ejemplo–, para que la cocción sea más rápida sin que esto implique una gran diferencia en cuanto a la preservación del gusto y la pérdida de jugosidad del alimento. Por otra parte, cuando cocinamos para conservar es importante no detener la cocción, ya que perderíamos la garantía de la seguridad higiénica de los alimentos.

Una forma de acertar el punto idóneo de cocción que podemos aplicar a las verduras envasadas al vacío consiste en introducir en el medio de cocción un trozo del mismo vegetal sin envasar. En cuanto esté cocido, sabremos que la preparación al vacío también lo estará, y por lo tanto ya podremos retirar la bolsa.

PROCESO

1. *Mise en place* de todos los ingredientes.
2. Realizamos las preelaboraciones necesarias.
3. Después de enfriar las preelaboraciones, envasamos el alimento principal con sus complementos.
4. Cocemos el tiempo y a la temperatura indicados según la receta y la maquinaria.
5. Enfriamos el producto rápidamente (agua con hielo, agua fría) y lo conservamos en la nevera o en el congelador hasta el momento de su utilización.
6. Regeneramos (es decir, recuperamos la temperatura de cocinado del alimento) según los requerimientos de la receta. En este punto puede ser precisa una segunda cocción.

TEMPERATURAS EN COCCIONES INDIRECTAS

CARNES	TIEMPO A 65 °C	TIEMPO A 80 °C
Carrillera de ternera	34 h	18 h
Carrillera y papada de cerdo	24 h	12 h
Churrasco de ternera	22 h	6 h
Costillar de cerdo	18 h	10 h
Jarrete y morcillo de ternera	24 h	10 h
Lengua de ternera	36 h	18 h
Magret de pato	50 min	20 min
Morro, oreja y pies de cerdo	36 h	18 h
Muslo de pato	16 h	8 h
Muslo de pollo	3 h	1 h 30 min
Paletilla de cabrito	20 h	12 h
Paletilla de cordero	24 h	18 h
Panceta de cerdo	18 h	12 h
Pechuga de pollo	25 min	16 min
Pollo entero	10 h	3 h

VEGETALES	TIEMPO A 85 °C	TIEMPO A 100 °C
Acelga	15 min	8 min
Ajos frescos	25 min	10 min
Alcachofa	45 min	27 min
Apio, rábano	30 min	9 min
Calabacín (corte de 1 cm de grosor)	15 min	4 min
Calabacín *baby*	20 min	7 min
Calabaza	15 min	6 min
Champiñones	16 min	7 min
Col	35 min	20 min
Coliflor	40 min	12 min
Espárragos blancos	40 min	18 min
Espárragos verdes	24 min	8 min
Habas congeladas	20 min	15 min
Hinojo	50 min	24 min
Nabo negro	25 min	14 min
Nabos	15 min	12 min
Patata laminada (1 cm de grosor)	25 min	10 min

PALETILLA DE CORDERO AL VACÍO CON VERDURAS CONFITADAS

Tiempo: 12 h o 24 h (según el método de cocción elegido) | Nivel: medio

INGREDIENTES PARA 4 PERSONAS

1.500 g de paletilla de cordero
100 g de aceite de oliva
12 g de cardamomo
3 ajos
Romero fresco
Tomillo fresco
Pimientas rosa, negra y blanca
Sal
Para las verduras confitadas
400 g de patatas
200 g de aceite de oliva
60 g de fondo de carne concentrado (opcional)
24 cebollitas
3 ajos
1 tomate
Pimienta negra en grano

ELABORACIÓN

1 Cortamos la paletilla en 3 trozos de aproximadamente 350 gramos cada uno y los colocamos en salmuera al 10 % de sal durante 1 hora *(véase p. 144)*.

2 Introducimos el cordero en una bolsa de vacío para cocción junto con las pimientas, el cardamomo, 3 ajos, romero y una cucharada de aceite de oliva, y lo envasamos al máximo posible de vacío.

3 Cocinamos el cordero en el termo de cocción a 65 °C durante 24 horas, o a 80 °C durante 12 horas.

4 Enfriamos la elaboración en agua fría y la reservamos en frío, sin sacarla de la bolsa de cocción.

5 Para confitar las verduras, cortamos las patatas en láminas y pelamos las cebollitas. Las confitamos en una cazuela cubiertas de aceite, con 3 ajos y pimienta. Escaldamos, pelamos y cortamos el tomate en *concassé*, y lo confitamos ligeramente en aceite suave.

6 Calentamos el cordero en agua tibia, dentro de la misma bolsa de cocción. No debemos superar la temperatura a la que lo hemos cocinado.

7 Abrimos la bolsa y marcamos la carne en una sartén, plancha o grill, tan solo por la parte de la piel. Debe ser un marcado rápido, para dorar e intensificar el sabor del cordero sin cocer el interior de la carne, puesto que al sacarla de la bolsa ya está tierna y melosa. Al mismo tiempo marcamos también la guarnición (el tomate en *concassé*, las patatas y las cebollitas) a la plancha o en horno fuerte.

8 Si queremos aprovechar el jugo que queda en la bolsa, lo podemos ligar con un fondo de carne *(véase p. 324)* para obtener una pequeña cantidad de salsa.

9 Emplatamos la guarnición y el cordero, y añadimos romero, tomillo y unas gotas de la salsa de carne.

DIPS DE VERDURAS

Tiempo: 1 h | Nivel: bajo

INGREDIENTES PARA 4 PERSONAS

50 g de calabacín ▪ 50 g de zanahorias
20 g de apio (las hojas más tiernas)
50 g de nabo ▪ 50 g de calabaza

Para el hummus

100 g de garbanzos cocidos ▪ 15 g de jugo de la cocción de los garbanzos ▪ 15 g de aceite de oliva ▪ 2 g de tahina *(o aceite de sésamo) ▪ 1 ajo ▪ Sal ▪ Pimienta ▪ Limón ▪ Comino*

Para el tzatziki

1 yogur griego cremoso ▪ Menta ▪ 15 g de pepino
5 g de jugo de limón ▪ Sal ▪ Pimienta

Para el guacamole

1 aguacate ▪ 25 g de aceite de oliva ▪ 1 tomate maduro
1 cebolla ▪ Tabasco ▪ Zumo de limón ▪ Sal ▪ Pimienta

ELABORACIÓN

1 Lavamos las hojas más tiernas del apio y las reservamos para la decoración. Limpiamos las demás verduras y las envasamos al vacío. Cocinamos a 85 °C si disponemos de baño termostático o un horno de vapor, o a 100 °C si las sumergimos envasadas en una olla con agua hirviendo *(véase tabla en p. 303)*. Enfriamos y reservamos.

2 Para elaborar el *hummus*, si cocemos los garbanzos en casa, los escurrimos y reservamos una parte del jugo de la cocción. En el caso de que sean legumbres envasadas, podemos utilizar el propio jugo que llevan incorporadas o bien un caldo blanco o de verduras *(véanse pp. 322 y 323)*.

3 Colocamos los garbanzos, el ajo, el zumo de limón, el comino, una parte del jugo de la cocción de los garbanzos y la *tahina* (o el aceite de sésamo) en un vaso, y lo trituramos incorporando poco a poco el aceite de oliva. Si es necesario, añadiremos más jugo de la cocción, hasta conseguir una textura lisa pero espesa (más de puré que de crema). Rectificamos de sal y pimienta y reservamos.

4 Para elaborar el *tzatziki*, mezclamos el yogur con la menta picada, el pepino cortado en *brunoise* y el jugo de limón. Sazonamos con sal y pimienta.

5 Para preparar el guacamole, picamos la cebolla y el tomate en *brunoise*. Retiramos la carne del aguacate, que debe ser maduro, y la trituramos con un tenedor junto con el zumo de limón y el aceite de oliva. Mezclamos la pasta con las hortalizas picadas, sazonamos con sal y pimienta, y añadimos un toque de tabasco.

6 Escaldamos brevemente el tomate, lo pelamos, eliminamos las semillas y lo cortamos en *concassé*. Cortamos la cebolleta en *brunoise*.

7 Emplatamos las tres salsas en vasos o boles, y las verduras en otro bol, para que los comensales vayan picando hortalizas y las combinen con las salsas.

Plato para compartir y picar, permite, gracias a la cocción al vacío, servir las hortalizas con una textura muy agradable, muy al dente, casi cruda. Se pueden presentar con las salsas sugeridas u otros aliños, al gusto del cocinero y de los comensales.

CALDO DE VERDURAS AL VACÍO

Tiempo: 3 h | Nivel: bajo

INGREDIENTES PARA 4 PERSONAS

200 g de zanahoria ▪ 100 g de puerro
10 g de apio ▪ 80 g de nabo
200 g de cebolla ▪ 1 rama de perejil
8 cebollinos ▪ 40 g de salsifí
500 g de cubitos de hielo

ELABORACIÓN

1 Lavamos bien todas las hortalizas, las pelamos y las cortamos en *mirepoix*.

2 Introducimos las verduras en una bolsa de vacío para cocción, junto con el agua congelada en cubitos, y las envasamos al 100 % de vacío.

3 Cocemos en un termo de cocción u horno de vapor, a 85 °C, durante 3 horas, aunque la horquilla de posibilidades de temperatura de cocción puede oscilar entre 65 y 100 °C, con matices y resultados gustativos diferentes. Podemos explorar qué rango de temperatura nos satisface más.

4 Transcurrido el tiempo de cocción, abrimos la bolsa, colamos y refrescamos el caldo.

Los caldos cocinados al vacío y a baja temperatura tienen muchas ventajas: en primer lugar, preservan mejor los nutrientes de los vegetales –los cuales, además, pueden reutilizarse para elaborar purés o cremas, ya que conservan sus propiedades organolépticas–; en segundo lugar, el caldo tiene aromas más suaves que los de un caldo hervido, pero a la vez más genuinos, y, por último, al no producirse evaporación, obtendremos prácticamente la misma cantidad de líquido que hemos introducido, y de aspecto cristalino. El caldo puede servir como sopa o consomé, enriquecido con más ingredientes, o como base para elaboraciones más complejas, a las que aportará sabor y consistencia.

2

VERDURAS AL VACÍO CON HIERBAS ANISADAS

Tiempo: 2 h | Nivel: medio

INGREDIENTES PARA 4 PERSONAS

60 g de aceite de oliva
75 g de patatas • 75 g de boniatos
75 g de zanahorias • 75 g de nabos
4 alcachofas • 12 espárragos
75 g de chirivías • 12 ajos tiernos
100 g de tirabeques o judías verdes
15 g de jengibre
Pimienta
Para el aceite de anisados
Hierbas anisadas (hinojo, estragón, perifollo)
60 g de aceite de oliva • Sal

ELABORACIÓN

1 Limpiamos todas las verduras y las cortamos de formas distintas: los nabos, las zanahorias, los espárragos y los ajos tiernos, en bastones; los boniatos y las patatas, en rodajas o medias rodajas; las chirivías, en láminas, y las alcachofas, en cuartos. Los tirabeques los dejamos enteros.

2 Envasamos por separado los vegetales al vacío y los cocinamos según las temperaturas de las tablas de cocción: a 85 °C si disponemos de baño termostático u horno de vapor, o a 100 °C, si los introducimos envasados en una olla con agua hirviendo *(véase tabla en p. 303)*.

3 Transcurrido el tiempo indicado en las tablas, retiramos las bolsas, enfriamos y reservamos.

4 Abrimos todas las bolsas y reservamos el agua que contengan, por poca que sea.

5 Para elaborar el aceite de anisados, picamos y mezclamos las hierbas con el aceite de oliva y la sal.

6 Rallamos o picamos el jengibre y lo rehogamos en una sartén con un poco de aceite. Incorporamos las verduras y las salteamos durante 2 minutos.

7 Añadimos el agua que hemos recuperado de la cocción de las verduras. Cocinamos 2 minutos más.

8 Retiramos las verduras del fuego, las aliñamos con el aceite de oliva, sazonamos con un poco de pimienta molida y servimos.

La cocción al vacío, además de simple –una vez que disponemos de los instrumentos necesarios y dominamos el control de la temperatura–, tiene la ventaja de que respeta al máximo el gusto original de los productos y que aprovecha todas sus propiedades nutritivas. En el caso de las verduras cocidas, ni siquiera debemos añadir sal, porque al cocerse en su jugo conservan sus propias sales minerales. Por ello, es una cocción muy adecuada para las personas que no puedan tomar sal o que deban seguir dietas bajas en grasas. Pero también constituye una alternativa atractiva para todos, puesto que se obtienen sabores depurados y auténticos.

COCCIÓN AL MICROONDAS

LA CAPACIDAD DE ESTE PRÁCTICO ELECTRODOMÉSTICO DE COCER LOS ALIMENTOS EN SU PROPIO JUGO, SIN APENAS NECESIDAD DE AGUA NI DE GRASAS, NOS OFRECE UN AMPLIO ABANICO DE POSIBILIDADES Y DE COCCIONES INTERESANTES.

El horno microondas es un electrodoméstico tan indispensable en la mayoría de los hogares como discutido por otros. Su método para cocinar o calentar los alimentos dista de todos los métodos inventados por el ser humano desde el descubrimiento del fuego. Tal vez por ello, todavía hoy su existencia transcurre entre fieles amantes y acérrimos detractores.

Estudios recientes, sin embargo, han confirmado la seguridad de cocinar con la ayuda de este tipo de horno y han comprobado que la pérdida de nutrientes es inferior al uso de técnicas como el hervido y similar a la de la cocción al vapor. La Organización Mundial de la Salud publicó, en febrero de 2005, un informe en el que se indica que los microondas son máquinas seguras y convenientes para calentar y cocinar alimentos, y que basta con seguir las instrucciones de cada fabricante para darles un buen uso. Dicha organización evalúa periódicamente, junto con la Comisión Internacional de Protección Contra la Radiación No Ionizante, la seguridad de las microondas, igual que lo hace con los teléfonos móviles.

La principal diferencia entre un horno convencional y un microondas estriba en que el calor del horno tradicional, así como del resto de los métodos de cocción que empleamos generalmente, lo proporciona una temperatura externa y siempre en la misma dirección: de fuera hacia el interior de los alimentos. En cambio, el microondas genera una energía electromagnética que, a través de ondas, provoca una fricción en las moléculas de agua del interior de los alimentos. Esta fricción produce el calor, que se transmite al resto de las moléculas por contacto. Otro gran factor diferencial del microondas es la rapidez con la que ocurre este proceso, puesto que la velocidad de calentamiento cuadruplica la de los hornos de gas o eléctricos.

En la mayoría de los hogares, el uso del microondas todavía está restringido a tareas sencillas, como calentar o descongelar alimentos. Pero lo cierto es que ofrece cocciones muy interesantes con determinados productos (sofritos, salsas, sopas, fondos), ya que, al cocerse los alimentos en su propio jugo, conservan sus nutrientes y todo su sabor. Carnes, arroces, verduras y pescados pueden cocinarse también y con muy buenos resultados en el microondas. Además, podemos utilizarlo para deshidratar o secar productos, o cocer bizcochos muy fácilmente.

Cada vez hay más productos, y utensilios para cocinar específicamente con este electrodoméstico y que nos ayudan a ir depurando su manejo. No obstante, es importante estudiar bien las características y las posibilidades de cada modelo para sacarle el máximo rendimiento, puesto que, al producir una cocción tan rápida, necesita un control preciso de las temperaturas y los programas, dependiendo del mismo microondas, del producto y del tipo de elaboración que deseemos obtener.

RECOMENDACIONES DE USO

■ **Introducir trozos pequeños o medianos.** Para una mejor cocción es preferible evitar las piezas enteras y de tamaño grande, pues las microondas penetran a 1 o 2 centímetros de profundidad de los alimentos y después el calor se propaga por la fricción de las moléculas. Conviene también ordenar la comida de manera uniforme en el plato o recipiente.

■ **Remover durante la cocción.** Conviene parar la cocción una o dos veces para remover los alimentos y conseguir una cocción uniforme. Hay que remover de fuera hacia dentro del recipiente, ya que en los bordes se cocina antes. Esto también nos permite mantener el calor de los alimentos más tiempo.

■ **Emplear poca agua.** Para cocer la mayoría de los alimentos se necesita poco líquido, porque se aprovecha su propia agua.

■ **Cubrir.** Cubrir los alimentos con papel film o con una tapa, evitando que estos toquen la protección.

■ **Usar materiales adecuados.** Utilicemos recipientes de cristal, cerámica, porcelana o loza. En los microondas no se pueden introducir materiales metálicos ni papel de aluminio, puesto que las ondas rebotan en ellos y pueden estropear el horno. También debemos evitar el papel o cartón, puesto que puede inflamarse, y los plásticos que no sean aptos para este tipo de cocción, ya que algunos desprenden sustancias tóxicas. En los envases suele haber un símbolo que indica si pueden introducirse en el microondas.

■ **Llenar los moldes hasta la mitad.** En el microondas, los batidos tienden a expandirse más que en el horno convencional; por eso no es conveniente llenar los moldes por completo.

ACEITE DE ACEITUNAS DESHIDRATADAS

Tiempo: 10 min (microondas) o 12 h (deshidratador)
Nivel: bajo

INGREDIENTES PARA 4 PERSONAS

300 g de aceitunas negras
(variedades cacereñas, aragonesas...)
80 g de aceite de oliva virgen

ELABORACIÓN

1 Escogemos entre las dos opciones posibles para deshidratar las olivas: en el microondas o bien con un deshidratador. El microondas permite un proceso de secado rápido, mientras que el deshidratador es lento, pero en contrapartida mantiene mejor las propiedades aromáticas de los alimentos.

Si optamos por el microondas, deshidratamos las aceitunas con un programa medio. Realizamos la cocción en tiempos diferentes de 3 minutos, hasta que las aceitunas estén totalmente secas.

Si nos decidimos por el deshidratador, colocamos las aceitunas en él y lo calentamos a 80 °C durante 12 horas para conseguir que las aceitunas queden completamente deshidratadas.

2 Una vez secas, las trituramos con el aceite de oliva con el brazo triturador o con un robot de cocina, hasta extraer un líquido fino y totalmente negro. Reservamos en un bote hermético.

Para conseguir un buen aceite de olivas es imprescindible deshidratarlas previamente. Es la forma de conseguir que se mezclen bien con el aceite. Si no las deshidratamos, se forma una salsa espesa, y no el líquido aromatizado que buscamos con esta receta.

SALMONETE CON HOJAS DE LIMONERO

Tiempo: 1 h | Nivel: bajo

INGREDIENTES PARA 4 PERSONAS

4 salmonetes • Hojas de limonero (o similar: de parra, de hierbaluisa, etc.) • 1 limón • 1 escalonia
200 g de mantequilla • Cebollino • Aceite de girasol
Pimienta rosa y negra • Cardamomo • Sal

ELABORACIÓN

1 Preparamos un aceite aromatizado mezclando el aceite de girasol, las pimientas, un poco de cardamomo y la piel o ralladura de 1 limón. Reservamos un poco de ralladura para montar el plato al final.

2 Desespinamos los salmonetes y reservamos las espinas. Salamos el pescado o lo introducimos en salmuera al 10 % durante 5 minutos *(véase p. 144)*.

3 Untamos la piel de los salmonetes con el aceite especiado y los colocamos sobre la hoja de limonero.

4 Envolvemos los salmonetes y las hojas en papel sulfurizado y reservamos en la nevera.

5 Para elaborar el caldo de salmonete, desangramos las espinas en agua fría durante 6 horas. Las colamos y las doramos ligeramente en una sartén. En un cazo hervimos agua e infusionamos las espinas durante 30 minutos, tapadas. Colamos y reservamos el caldo.

6 Para elaborar la salsa de cítricos, fondeamos la escalonia cortada en *brunoise* con un poco de mantequilla. Incorporamos 50 gramos de zumo de limón y lo reducimos hasta que esté casi seco. Entonces incorporamos 100 gramos de caldo de salmonete y lo reducimos a la mitad.

7 Apartamos del fuego e incorporamos unos dados de mantequilla y emulsionamos.

8 Reservamos la salsa en caliente, procurando que no vuelva a hervir ni se enfríe.

9 Cocemos los salmonetes en el microondas durante 20 segundos (o algo más, si son piezas grandes) a 800 W. La cocción debe ser breve, para que la carne del pescado quede tierna y más bien cruda.

10 Colocamos la salsa de cítricos en la base del plato y añadimos el salmonete cocido.

11 Aliñamos con unas gotas del aceite especiado y aromatizamos la elaboración con un poco de ralladura de limón y cebollino picado.

3

4

6

7

8

9

10

11

BASES

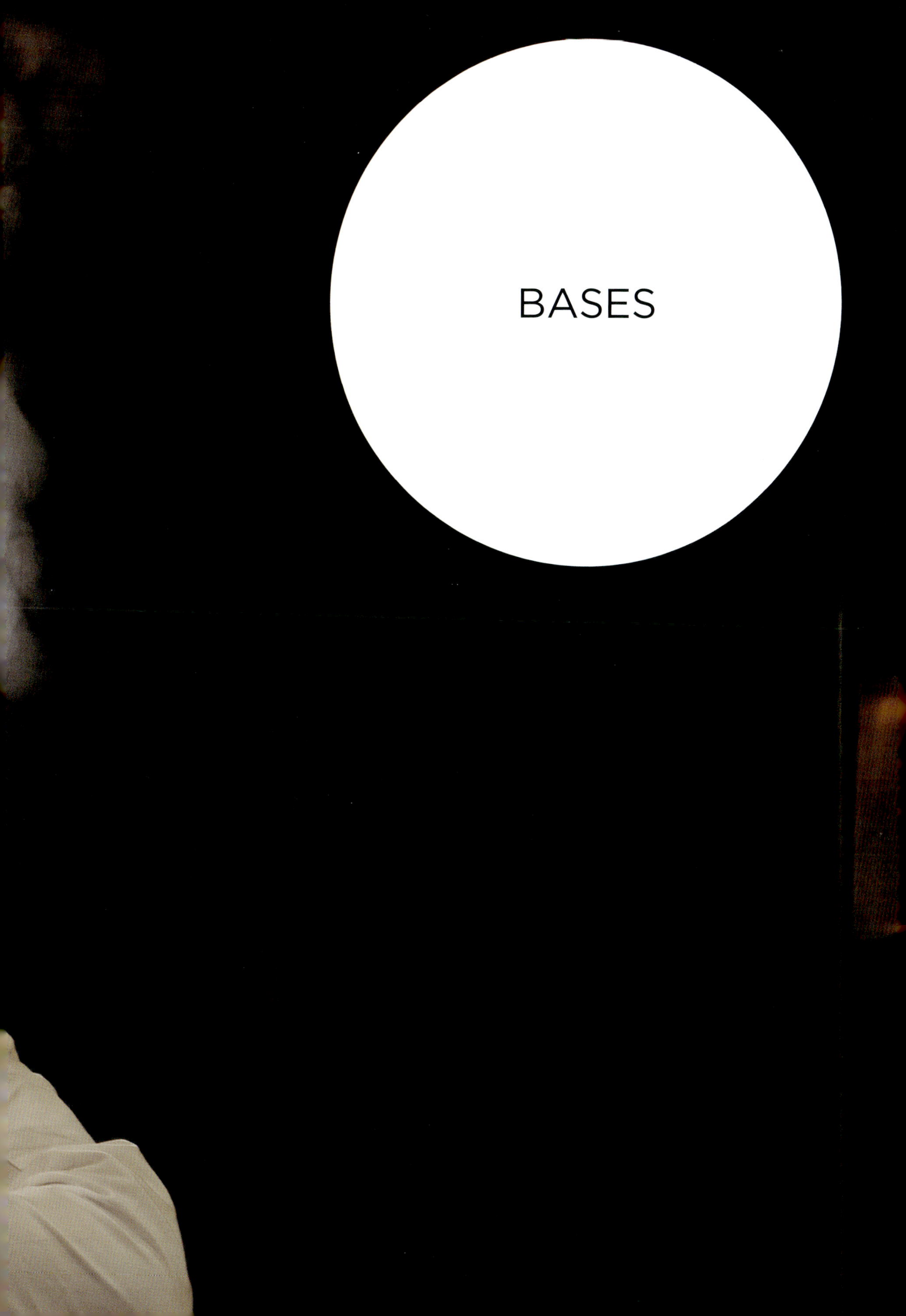

SALSAS, CALDOS, PICADAS, SOFRITOS, PICATOSTES, VINAGRETAS Y MUCHAS OTRAS ELABORACIONES SE CONSIDERAN COMPLEMENTARIAS EN LAS RECETAS, AUNQUE EN MUCHOS CASOS SON FUNDAMENTALES PARA LLEVAR A CABO O PARA FINALIZAR ADECUADAMENTE LOS PLATOS. ALGUNAS, INCLUSO, SON SU SECRETO.

Un sabroso arroz de pescado requiere un buen caldo o *fumet*, como para determinados guisos son imprescindibles los caldos, los sofritos o las picadas; una fresca y espectacular ensalada reclamará una vinagreta a su altura; unos canelones tradicionales, una bechamel suave y exquisita... La lista es infinita. Las bases son elaboraciones complementarias que enriquecen cualquier tipo de plato, que lo estructuran, lo armonizan o lo dotan de matices singulares para distinguirlo.

Estas elaboraciones básicas forman parte de las rutinas de cualquier cocina profesional. Fondos, salsas, majados y pequeños complementos deben estar siempre a punto para ser utilizados como base de muchas recetas y para finalizar o dar un toque especial a tantas otras. Hay elaboraciones básicas, sin embargo, más sofisticadas, que dotan a nuestros platos de texturas sorprendentes y los convierten en propuestas creativas y novedosas, gracias a ciertos complementos tradicionalmente usados en la industria alimentaria, y ahora adaptados a la gastronomía más inquieta. Nos referimos a texturizantes con los que podemos airear, emulsionar, espesar, gelificar o esferificar nuestras elaboraciones, procesos que ya son posibles en las cocinas domésticas.

Profundizar en estas técnicas nos ayudará a perfeccionar y redondear nuestros platos, y nos permitirá experimentar y fomentar nuestra creatividad.

FONDOS BÁSICOS

BUENA PARTE DE LOS ARROCES, GUISOS, RUSTIDOS, ESTOFADOS Y SALSAS PARTEN DE ELABORACIONES CALDOSAS, YA SEAN SOPAS, FONDOS O CALDOS PROPIAMENTE DICHOS. SE TRATA DE ELABORACIONES SENCILLAS, PERO FUNDAMENTALES.

Existen muchos tipos de fondos o caldos y pueden personalizarse tanto como se desee, pero algunos de los que se preparan habitualmente y que son polivalentes para numerosos platos y salsas se consideran los fondos clásicos o básicos. Se clasifican en tres grupos: fondos blancos y de verduras, fondos oscuros y caldos de pescado.

RECOMENDACIONES

- **Realizar las preelaboraciones necesarias.** Todos los ingredientes deben limpiarse antes de ponerlos a cocer; incluso las carnes deben blanquearse (*véase p. 177),* si es necesario. También debemos cortar los productos a una medida adecuada. Las hortalizas, en *mirepoix* (dados grandes), y las carnes o pescados, en trozos medianos.
- **Partir de agua fría.** Los fondos se elaboran partiendo siempre de agua fría, para que el sabor de los alimentos se expanda. La cocción se empieza con fuego alto y, cuando el líquido empieza a hervir, se reduce la intensidad para que la ebullición sea suave y el caldo no se enturbie.
- **Cocer sin sal.** Por regla general, los fondos no se salan hasta el momento en que van a ser utilizados, por lo que no añadimos sal en la cocción. Al ser una base o complemento, deberá salarse después teniendo en cuenta las características de la elaboración a la que acompañará. La proporción oscila entre 7 y 10 gramos de sal por litro. Si se trata de un fondo para arroz, con 7 gramos será suficiente, porque el hervor y la evaporación concentran el caldo.
- **Espumar y desgrasar.** Al inicio de la cocción, debemos ir espumando el caldo, es decir, eliminando la espuma que se forma en la superficie, para evitar malos sabores. Si es necesario, podemos desgrasar varias veces a lo largo del proceso, así como una vez colado el caldo, cuando la grasa se ha solidificado.
- **Controlar el tiempo.** El tiempo de cocción difiere en función del resultado que persigamos y de los ingredientes incorporados. Los caldos de pescado necesitan poco tiempo, mientras que los de carnes duras precisan bastantes horas. En todo caso, los tiempos de cocción que indican las recetas se computan a partir de que el caldo empieza a hervir.
- **Incorporar complementos aromáticos.** Podemos agregar elementos aromáticos para aromatizar el caldo, o a veces para desodorizarlo -neutralizar el exceso de aromas- con especias como clavo o pimientas. Un ramillete de hierbas aromáticas (*bouquet garni, véase p. 348)* puede ser una buena opción.
- **Colar y enfriar.** Al finalizar la cocción, hay que colar el caldo y enfriarlo colocándolo en un lugar fresco o en un baño maría de agua fría. Muchas de las verduras y las carnes del caldo pueden aprovecharse para preparar croquetas y elaboraciones similares.
- **Conservar.** Al ser la base o complemento de otras elaboraciones, es habitual congelar los fondos para disponer de ellos en diferentes ocasiones.
- **Utilizar bolsas de cocción.** Al cocer los alimentos sólidos dentro de esta bolsa especial, evitamos que estos enturbien el preparado. Además, las bolsas de cocción facilitan el colado posterior.

FONDOS BLANCOS

Todos los fondos blancos se caracterizan porque los elementos que los componen se añaden directamente, en crudo, al líquido de la cocción.

El caldo corto, como su nombre indica, es un caldo muy simple o sencillo. De hecho, no es más que un fondo que se prepara con cierta improvisación para enriquecer la cocción de algunos productos que solo necesitan algo más que agua.

El fondo blanco propiamente dicho, o básico, es un caldo también muy sencillo que se utiliza para ayudar en la cocción de algunos platos. Es parecido a un caldo de sopa, pero más suave, puesto que no tiene la consistencia ni el sabor de esta.

Y, finalmente, el caldo casero ya no es simplemente una base o complemento, sino que es, en sí mismo, una elaboración, una sopa. Su proceso es muy similar al del fondo blanco, pero incluye una mayor variedad y cantidad de ingredientes (más carne y patata o legumbres, como judías y garbanzos), que aportan densidad. Además, su cocción es más larga.

CALDO CORTO Tiempo: 20 min

INGREDIENTES PARA 2 LITROS DE CALDO

2 l de agua

Ingrediente para cocer en el caldo

1 cebolla ▪ *1 rama de apio* ▪ *½ nabo* ▪ *1 puerro*

1 zanahoria ▪ Bouquet garni *(opcional)*

ELABORACIÓN

1. Limpiamos y cortamos todas las hortalizas en dados grandes *(mirepoix)*.
2. Ponemos a cocer los ingredientes en una olla con agua fría durante 20 minutos y espumamos.
3. Salamos e incorporamos el alimento que queremos cocer en el caldo, a menudo pescados y mariscos (unas gambas, por ejemplo).
4. Pasado el tiempo necesario para la cocción del ingrediente, retiramos el caldo del fuego, lo colamos y, si no lo vamos a utilizar enseguida, lo enfriamos.

FONDO BLANCO BÁSICO Tiempo: 2 h

INGREDIENTES PARA 3 LITROS DE CALDO

4 l de agua ▪ *1 kg de huesos o carcasas de pollo*

1 cebolla ▪ *1 rama de apio* ▪ *1 puerro* ▪ *2 zanahorias*

Bouquet garni *(opcional)*

ELABORACIÓN

1. Limpiamos las verduras, las cortamos en *mirepoix* (en dados grandes) y las reservamos.
2. Troceamos las carcasas de pollo. Si es preciso, antes podemos blanquear los huesos para limpiarlos de impurezas *(véase p. 177)*.
3. Introducimos la carne y las verduras en una olla con agua fría y las ponemos a cocer.
4. Espumamos al principio de la cocción y desgrasamos a lo largo del proceso, si es necesario. Como no es un caldo muy concentrado, no hace falta que lo dejemos reducir demasiado, por lo que lo coceremos durante 2 horas semitapado.
5. Lo colamos y enfriamos. Podemos guardarlo en la nevera o en el congelador, debidamente etiquetado.

CALDO CASERO Tiempo: 4-5 h

INGREDIENTES PARA 4 LITROS DE CALDO

5 l de agua ▪ *¼ de gallina (muslo)* ▪ *200 g de jarrete de ternera* ▪ *200 g de huesos de ternera o carcasas de pollo*

1 cebolla ▪ *1 patata pelada* ▪ *2 zanahorias* ▪ *100 g de judías o garbanzos* ▪ *1 rama de apio* ▪ *1 puerro* ▪ Bouquet garni

ELABORACIÓN

1. Limpiamos y cortamos las verduras en *mirepoix*.
2. Troceamos los huesos. Si es preciso, los blanqueamos para limpiarlos de impurezas (*véase p. 177*).
3. Introducimos todos los ingredientes en una olla con agua fría y los ponemos a cocer.
4. Espumamos al principio de la cocción y desgrasamos a lo largo del proceso, si es necesario. Cocemos entre unas 4 y 5 horas, aproximadamente, con la olla tapada para evitar una excesiva reducción del caldo.
5. Colamos, enfriamos y reservamos.

FONDO DE VERDURA

Se trata de un fondo ligero, sin grasas, que aporta frescor a las elaboraciones. Si tenemos verduras que están a punto de estropearse, podemos aprovecharlas para hacer un caldo que enriquezca otros platos.

Los caldos de verduras pueden prepararse perfectamente al vacío y, de este modo, tienen la ventaja de que conservan más propiedades nutritivas debido a la temperatura suave de cocción.

FONDO DE VERDURAS Tiempo: 1-2 h

INGREDIENTES PARA 3 LITROS DE CALDO

4 l de agua
1 nabo
1 zanahoria
1 rama de apio
1 cebolla
1 puerro
1 hoja de laurel
Bouquet garni

ELABORACIÓN

1 Limpiamos todas las verduras y las cortamos en *mirepoix* (en dados grandes).

2 Ponemos a hervir una olla con agua; cuando hierva, introducimos las hortalizas y las dejamos cocer entre 1 y 2 horas.

3 Colamos y enfriamos.

4 Guardamos el fondo en la nevera o en el congelador, etiquetado con la fecha de elaboración.

1

FONDO OSCURO

Los fondos oscuros parten de la precocción, generalmente al horno, de algunos productos (sobre todo carnes). De este modo, se obtienen caldos más gustosos. Además, el tiempo de cocción se prolonga considerablemente, con el objetivo de reducir el caldo y de obtener una concentración de sabores. Tras 5 horas al fuego, el fondo se reduce un 20 % y es ideal como agua de cocción para estofados; si lo reducimos al máximo, se considera salsa; es el caso de la salsa *demi-glace* (8 horas de cocción, reducción al 50 %) o de la salsa *glace* (24 horas de cocción, reducción al 80 %), típicas de la cocina francesa y que sirven para aderezar carnes.

FONDO OSCURO Tiempo: 5-24 h

INGREDIENTES PARA 4 LITROS DE CALDO

5 l de agua • 1 kg de huesos, tendones y recortes de ternera • 1 zanahoria • 2 tomates • 1 cebolla • 1 puerro 1 rama de apio • 5 ajos • ½ l de vino tinto • 70 g de aceite

ELABORACIÓN

1 Precalentamos el horno a 180 °C. Introducimos la carne y cocemos hasta que se dore. Mientras, limpiamos y cortamos las verduras en *mirepoix*.

2 Podemos cocer las verduras de tres maneras: en el agua del caldo, en el horno junto con las carnes o rehogadas en aceite, para luego introducirlas en la olla junto con las carnes rostidas.

3 Incorporamos la carne dorada.

4 Vertemos vino y cocemos hasta que se reduzca.

5 Añadimos el jugo desglasado de la placa del horno.

6 Vertemos agua y hervimos, lentamente y sin tapa.

7 Desgrasamos y espumamos.

8 Colamos y enfriamos el caldo, que prácticamente habrá cuajado a causa de la reducción.

2

3

5

6

7

8
6 L
6 qt.
4 L
4 qt.
2 L
2 qt.

CALDO DE PESCADO (*FUMET*)

El caldo de pescado o *fumet* es un caldo muy simple, imprescindible para todo tipo de arroces y guisos de pescado. Su proceso es similar al del fondo blanco o corto, y el tiempo de cocción suele ser, como en este último, breve: 20 o 30 minutos son suficientes para obtener una buena base de pescado. Si queremos un caldo más concentrado, debemos reducirlo tras haberlo colado. Pero también podemos obtener un *fumet* más concentrado elaborándolo de manera similar al fondo oscuro, es decir, con una precocción del pescado para dorarlo previamente y que intensifique su sabor. Este tipo de fondo es habitual en recetas que contienen marisco.

***FUMET* DE PESCADO** Tiempo: 20-30 min

INGREDIENTES PARA 3 LITROS DE CALDO

4 l de agua

1 kg de espinas de pescado, cabezas o pescado para sopa

1 zanahoria

1 rama de apio

1 cebolla

1 puerro

1 hoja de laurel

Bouquet garni

ELABORACIÓN

1 Limpiamos las verduras y las cortamos en *mirepoix* (en dados grandes).

2 Troceamos las espinas, abrimos las cabezas y las limpiamos con abundante agua fría.

3 Ponemos a cocer todo el pescado y las verduras en agua fría. Hervimos de 20 a 30 minutos, espumando el caldo al principio de la cocción.

4 Colamos y enfriamos rápidamente el *fumet*, si no lo vamos a usar de inmediato, y lo guardamos en la nevera o en el congelador, debidamente etiquetado.

FUMET CONCENTRADO Tiempo: 3 h

INGREDIENTES PARA 2 LITROS DE CALDO

4 l de agua • 500 g de cabezas de gambas

1 kg de espinas de pescado, cabezas o pescado para sopa

1 zanahoria • 1 rama de apio

1 cebolla

1 puerro

1 hoja de laurel

Bouquet garni

Tomate fresco o concentrado de tomate (opcional)

ELABORACIÓN

1 Precalentamos el horno a 180 °C.

2 Introducimos las cabezas de las gambas y doramos durante 40 minutos con unas gotas de aceite.

3 Cocemos las hortalizas a fuego suave hasta que queden completamente cocidas.

4 Incorporamos los ingredientes (el agua, las cabezas de gambas y la *bresa* cocida) en una olla y cocinamos durante 2 horas a fuego suave.

5 Colamos el *fumet* y lo enfriamos rápidamente, si no lo vamos a utilizar de inmediato.

SALSAS

FRÍAS, CALIENTES, LÍQUIDAS, SEMILÍQUIDAS, DULCES, AMARGAS, CONSISTENTES, LIGERAS... DIFÍCILMENTE ENCONTRAREMOS DOS SALSAS IGUALES. SUS TEXTURAS Y SUS SABORES PUEDEN VARIAR INCLUSO UTILIZANDO LOS MISMOS INGREDIENTES.

Las salsas se definen como la mezcla de varias sustancias desleídas –es decir, disueltas en un líquido–, a veces calientes, otras frías, y de consistencia más o menos densa, que sirven para aderezar, condimentar, complementar o incluso para cocinar en ellas otras elaboraciones. Algunas salsas son esenciales, puesto que sirven de punto de partida o de base para otras salsas y elaboraciones. Se trata de la mayonesa y las vinagretas, dentro del grupo de las salsas frías, y de la salsa española, la de tomate, la *velouté*, la holandesa y la bechamel, entre las calientes.

Hoy en día, encontramos en el mercado productos, como los texturizantes, que proporcionan nuevas estructuras a las salsas. Gracias a ellos, la ya de por sí gran diversidad de salsas se ha multiplicado exponencialmente, pues permiten realizar las más variadas presentaciones.

MAYONESA

Es una de las salsas frías más populares y sencillas, y la base de numerosas variantes. Sin embargo, tiene sus secretos. Si nos queda demasiado espesa, podemos añadir algún líquido caliente (agua o caldos). Pero, si se nos corta y no conseguimos ligar la salsa, podemos incorporar una yema más con un poco de limón, pero sin aceite, y empezar de nuevo a batir.

Además, es una salsa muy delicada, puesto que se prepara sin cocción y con huevo, por lo que debemos ser prudentes al manipular los productos para evitar riesgos de contaminación. Los huevos deben ser muy frescos. Debemos consumir la mayonesa el mismo día, no podemos conservarla. Existen alternativas seguras, como utilizar ovoproductos pasteurizados, mayonesas comerciales o elaborar *lactonesa* (preparada con leche en vez de huevo).

SALSA MAYONESA

Tiempo: 10 min

INGREDIENTES

200 g de aceite de girasol o de oliva refinado (no ácido)
1 yema de huevo • Zumo de limón (unas gotas) • Sal

ELABORACIÓN

1 Emulsionamos la yema de huevo con unas gotas de zumo de limón y la sal.

2 Blanqueamos la elaboración batiendo la yema e incorporamos lentamente el aceite sin dejar de batir con el brazo eléctrico a velocidad moderada.

PRINCIPALES VARIEDADES

- **Salsa tártara.** Mayonesa con alcaparras, pepinillos y huevo duro. Se le puede añadir cebollino o perejil.
- **Chantillí.** Mayonesa con zumo de limón y nata. También se le puede agregar cayena.
- **Salsa rosa o salsa cóctel.** Es una mayonesa a la que añadimos tomate tipo kétchup, zumo de limón, brandy, salsa Perrins, tabasco, sal y pimienta.
- **Mayonesa de trufa.** Se elabora con trufa picada, aceite de trufa o agua de trufa.
- **Mayonesa de hierbas, de anchoas, de bergamota, etc.** Basta con incorporar los productos deseados picados o como aceites aromatizados.

MAYONESA DE CHAMPIÑONES

Tiempo: 1 h

1 yema de huevo • 10 g de agua • Sal

100 g de champiñones • 100 g de aceite de oliva virgen

ELABORACIÓN

1 Limpiamos los champiñones y los colocamos en una pequeña cazuela cubiertos con el aceite de oliva. Los confitamos muy suavemente durante 30 minutos. Enfriamos y colamos el aceite.

2 Emulsionamos la yema de huevo, el agua y la sal, incorporando el aceite y montando una mayonesa con el brazo eléctrico.

3 Cuando ya esté ligada, incorporamos los champiñones y trituramos hasta conseguir una textura muy suave. Rectificamos de sal y reservamos.

VINAGRETAS

Por definición, las vinagretas consisten en una mezcla de aceite, vinagre y sal. Pero, en realidad, hay tantas vinagretas posibles como días tiene el año. Solo variando el tipo de aceite, de vinagre (u otro componente ácido, como vino blanco o limón) o de sal, ya introducimos diferencias apreciables. Y, por supuesto, podemos singularizarlas añadiéndoles otros ingredientes: ajo, anchoas, pepinillos, chalota, hierbas aromáticas, mostaza, huevo duro, cebolla, alcaparras, etc. Suele ser una salsa fría, aunque a veces se sirve tibia, y normalmente se usa para aliñar las ensaladas.

INGREDIENTES PARA LAS VINAGRETAS

ACEITE	ÁCIDO	COMPLEMENTOS
Oliva virgen	Vino blanco	Frutos secos
Oliva refinado	Vino de Jerez	Sésamo tostado
Oliva puro	Zumo de limón	Especias
Girasol	Vinagre de manzana	Mostaza
Maíz	Vinagre de Módena	Zumo de remolacha
Cacahuete	Crema de Módena	Dados de fruta fresca

BECHAMEL

Es una salsa clásica, basada en la ligazón, también clásica, del *roux* (denominación procedente de la cocina francesa que designa la mezcla de harina y mantequilla, normalmente a partes iguales; *véase p. 334*), que puede reformularse con diversas variantes según las elaboraciones que deba complementar. Aprender la técnica de la bechamel puede ayudarnos a armonizar multitud de platos. La flexibilidad que permite esta sencilla salsa nos ofrece la oportunidad de singularizar numerosas presentaciones.

SALSA BECHAMEL

Tiempo: 15 min

INGREDIENTES

1 l de leche (se puede combinar leche y nata)

70 g de mantequilla ▪ 70 g de harina

Pimienta blanca ▪ Nuez moscada ▪ Sal

ELABORACIÓN

1 Ponemos a hervir la leche con sal, pimienta blanca y unas raspaduras de nuez moscada.

2 Elaboramos el *roux* en un cazo mezclando la mantequilla y la harina con las varillas. Nos ayudaremos de una espátula para evitar que se pegue en los bordes de la cazuela. Mezclaremos hasta que el *roux* esté totalmente homogeneizado y sin grumos. No es necesario que el fuego sea alto, ya que en la mayoría de las ocasiones no buscamos color. Solo en casos especiales, en los que nos interesa un *roux* rubio o tostado, aplicaremos calor en este punto.

3 Incorporamos la leche caliente al *roux* y cocemos hasta conseguir la textura deseada. La harina no empieza a actuar hasta que supera una temperatura aproximada de 80 °C, por lo que es importante ofrecer el calor necesario para que la salsa quede espesa.

4 Si es necesario, colamos la salsa. Si no vamos a utilizarla al momento, debemos enfriarla rápidamente y, si queremos conservarla caliente, la ponemos en un baño maría. Para evitar que se forme costra o piel en su superficie, la cubrimos con un film o con una ligera capa de leche o nata líquida.

PRINCIPALES VARIEDADES

- **Salsa *soubise*.** Con puré de cebolla.
- **Salsa Mornay.** Con queso rallado (parmesano y gruyer), yemas de huevo y, a veces, mantequilla.
- **Salsa florentina.** Con espinacas.
- **Bechamel Aurora.** Con salsa de tomate.
- **Bechamel con *kuzu*.** *(Véase p. 337.)*

SALSA HOLANDESA

Es una de las reinas de la cocina francesa, aunque no es sencilla de preparar. Se trata de una mayonesa elaborada en caliente y con mantequilla en lugar de aceite. El control de la temperatura es importante: debe oscilar entre 60 y 70 °C, lo que implica que debe prepararse justo antes de ser servida. Un robot de cocina nos puede facilitar la tarea, ya que mantiene una temperatura estable sin correr el riesgo de que la salsa se corte por exceso de calor.

Como la mayonesa, la salsa holandesa es delicada en cuanto a su conservación, de modo que no es prudente guardarla para otros usos.

SALSA HOLANDESA Tiempo: 15 min

INGREDIENTES

250 g de mantequilla • 2 o 3 yemas de huevo

Zumo de limón • Sal y pimienta

ELABORACIÓN

1 Clarificamos la mantequilla, es decir, la calentamos suavemente para separar su parte acuosa. Retiramos la espuma que se forma en la superficie y decantamos la mantequilla para eliminar el líquido del fondo. Debemos mantenerla cerca de los 65 °C.

2 Con unas varillas, blanqueamos las yemas de huevo con el zumo de limón, la sal y la pimienta.

3 Emulsionamos las yemas al baño maría con la mantequilla clarificada. Incorporamos la mantequilla lentamente hasta que quede una salsa ligada.

4 Si la salsa queda demasiado espesa, podemos añadir caldo o unas gotas de agua caliente. Mantenemos la emulsión lo bastante caliente para evitar que se corte y que la mantequilla se endurezca, pero no demasiado, para que no cuajen los huevos.

PRINCIPALES VARIEDADES

- **Salsa bearnesa.** Con escalonias y estragón.
- **Salsa maltesa.** Con zumo de naranja sanguina.
- **Salsa Foyot.** Con jugo concentrado de carne.

COMPLEMENTOS

LAS LIGAZONES, LOS TEXTURIZANTES Y LOS PEQUEÑOS COMPLEMENTOS, COMO LOS PICATOSTES, TIENEN EN OCASIONES UN PAPEL ANECDÓTICO, PERO OTRAS VECES SON FUNDAMENTALES PARA DAR FORMA, ESTRUCTURA Y SINGULARIDAD A UN PLATO.

Si la armonía es un concepto primordial en la cocina, las ligazones, como pueden ser las harinas, las féculas, las mantequillas o los aceites, son nuestras aliadas. Estas permiten ligar los ingredientes de una salsa para que parezca un componente indisoluble de la elaboración principal. Por su parte, los texturizantes, más novedosos en el uso culinario, permiten transformar o moldear la textura de un alimento –generalmente, una salsa o texturas líquidas o semilíquidas– y pueden aportar otro factor interesante: la sorpresa.

También se consideran complementos los sofritos, las picadas y los majados, aunque hay elaboraciones que, sin estos, no tendrían razón de ser. Por último, tenemos una infinidad de otros pequeños complementos, como crujientes o picatostes, que, tal vez, podrían jugar en una segunda división. Sin embargo, la cocina es como una gran orquesta en la que todos los ingredientes tienen su punto y contrapunto determinante en algún momento de la actuación.

LIGAZONES

Ciertos productos permiten unir, trabar o enlazar una cosa con otra: por eso, los llamamos *ligazones*. Son elementos que proporcionan densidad y una textura concreta a muchas elaboraciones.

Hay ligazones de origen vegetal y de origen animal. Quizá las más habituales sean los almidones y las féculas, que, presentes en la mayoría de las harinas más comunes (de arroz, de trigo, de maíz), se utilizan de forma recurrente para espesar y ligar salsas. La tendencia actual hacia una cocina más ligera conduce a reducir la cantidad de harina que se usa en las cocciones y a elaborar salsas reducidas que, a menudo, no precisan de ningún tipo de almidón. Sin embargo, los almidones continúan siendo habituales en muchas salsas y preparaciones.

LIGAZONES DE ORIGEN VEGETAL

- **Aceite.** El aceite de oliva, como la mantequilla, termina los platos dotándolos de gusto y brillo. Suele emplearse para aprovechar y emulsionar el jugo que deja un salteado en la sartén.
- **Arroz y harina de arroz.** El arroz se añade al líquido que queremos espesar. Al final de la cocción se tritura, y colamos la elaboración para obtener un líquido ligado y denso. Por su parte, la harina de arroz solo hay que verterla en un líquido hirviendo para que cumpla la función de ligazón.
- **Harina de trigo, sémola, pan rallado.** Se utilizan de distintas maneras: o bien disueltas en algún líquido, o formando parte de una salsa, o solo para dar textura, como sucede con el pan en una sopa de cebolla o de ajo.
- **Harina de maíz, polenta.** Se utilizan del mismo modo que las harinas de trigo.
- **Patata.** La fécula de la patata se utiliza en algunos casos para espesar líquidos y conseguir de este modo cremas y purés.

LIGAZONES DE ORIGEN ANIMAL

- **Mantequilla.** Se utiliza para ligar en el último momento de la cocción. Da textura y brillo a las salsas. Se incorpora en forma de nueces (trozos), fuera del fuego, y se emulsiona rápidamente. La cocción no debe hervir, para que la mantequilla no se corte. A veces se usan mantequillas compuestas de otros sabores para aportar gusto, además de textura.
- **Nata.** Liga las salsas por reducción. Debemos tener la precaución de no sobrecocerla, para evitar el riesgo de que se corte y se separe su parte grasa.
- **Huevos.** Tanto la clara como la yema pueden aportar densidad y textura cuajada a las elaboraciones.
- **Sangre e hígados.** Actualmente, estos elementos están en desuso en su función de ligazón. Pero todavía pueden utilizarse en platos de caza, donde la salsa del guiso se finaliza ligando con la sangre del propio animal. Es el caso de los civets. Los hígados suelen formar parte de las picadas.
- **Coral de marisco.** En algunas ocasiones se utiliza el coral (las huevas) de bogavantes o langostas para enriquecer o ligar el guisado. Se debe incorporar al final de la cocción.

LIGAZONES COMPUESTAS

Se trata de la mezcla de dos elementos con el fin de que actúen como ligazón. De entre las diversas ligazones compuestas, destacan el *baion* y el *roux.*

El *baion* consiste en una mezcla de yemas de huevo y nata que aporta a la elaboración gusto y densidad. Debe incorporarse en el último momento de la cocción procurando que el líquido que queremos ligar esté caliente para que pueda actuar, pero que no hierva, para que el huevo no cuaje. Se utiliza para finalizar cremas y *veloutés* (salsa típica francesa), enriqueciéndolas con el gusto, la untosidad y la cremosidad de estos dos elementos grasos que a su vez otorgan densidad al preparado.

El *roux* es una ligazón basada en la mezcla de mantequilla y harina, que se incorpora al líquido que queremos espesar. El *roux* básico es el blanco, y se utiliza para la bechamel, pero para obtener un gusto más fuerte el *roux* se puede dorar (*roux* rubio), y para que su sabor sea todavía más penetrante podemos tostar previamente la harina en el horno (*roux* oscuro).

TIPOS DE *ROUX*

- ***Roux* 30.** 30 g de mantequilla, 30 g de harina y 1 l de caldo. Favorece una textura de crema *velouté*.
- ***Roux* 70.** 70 g de mantequilla, 70 g de harina y 1 l de leche. Obtenemos así una bechamel.
- ***Roux* 200.** 200 g de mantequilla, 200 g de harina y 1 l de leche, o mezcla de leche y caldo. Es una ligazón indicada para la masa de croquetas.

PROCESO DEL *ROUX*

1. Colocamos en un cazo la proporción de mantequilla según la cantidad de salsa que necesitemos, y la derretimos a fuego suave. Añadimos harina.
2. Mezclamos hasta obtener una textura uniforme.

TEXTURIZANTES

Como su nombre indica, estamos ante complementos que pueden modificar la textura de un alimento. Generalmente incoloros e insípidos, su función consiste en cambiar la densidad de salsas y elaboraciones líquidas, como cremas, caldos, sopas y zumos, pero también helados, pasteles o derivados lácteos.

Son productos utilizados tradicionalmente en la industria alimentaria y que en los últimos años se han introducido en las cocinas profesionales abriendo un nuevo abanico de posibilidades a las elaboraciones de siempre. Han revolucionado la restauración o, al menos, han permitido su evolución incorporando nuevos procesos y técnicas. Poco a poco empiezan a llegar a los hogares y pronto acompañarán a los productos más habituales de nuestras despensas.

EMULSIONANTES

Básicamente, estabilizan la unión de las moléculas grasas y acuosas. Aunque esta definición suene a alquimia, es algo que hacemos habitualmente en nuestras cocinas; por ejemplo, cuando emulsionamos los ingredientes de una mayonesa con la ayuda del aceite para que estos no se separen. Los emulsionantes suelen utilizarse en elaboraciones complejas, como mezclas base para helados.

ESFERIFICANTES

La esferificación es una técnica culinaria que permite encapsular, en forma de pequeña esfera, texturas líquidas diversas dentro de un gel que hace las funciones de capa sólida para contener el líquido. Se trata de una técnica empleada en la alta cocina para crear juegos sorprendentes, puesto que la gelatina esferificante encierra el sabor natural del alimento –a veces un sabor casi secreto o inesperado–. Cuando se introduce en la boca, la cápsula de gelatina se rompe, permite que el líquido fluya y provoca, en definitiva, una pequeña explosión de un gusto muy intenso.

Para realizar las esferificaciones son necesarios productos como el alginato de sodio, un agente gelificante procedente de las algas pardas, y el cloruro cálcico, un compuesto químico usado en medicina y también en la industria alimentaria para cuajar quesos. Combinados, son los responsables de provocar la gelificación parcial del líquido y de formar la esfera.

1

AIREANTES

Los productos con capacidad aireante son una variante de los emulsionantes que permiten incorporar moléculas de aire a la emulsión con el fin de aumentar su volumen y darle una textura más etérea.

La nata o la clara de huevo, tradicionalmente, han cumplido la función de aumentar el volumen de una elaboración, pero al mismo tiempo aportaban grasa y gusto. En cambio, productos como la lecitina de soja (producto derivado de la extracción de aceite de soja) pueden airear las emulsiones sin añadir gusto ni color. Es uno de los emulsionantes más utilizados en las cocinas profesionales, puesto que permite conseguir texturas esponjosas. Batiendo jugos o salsas con lecitina se obtienen aires y espumas *(foto 1)*.

ESPESANTES

Sencillos de utilizar y de incorporar en nuestras cocinas, son una alternativa perfecta a las harinas y sémolas para espesar y ligar salsas y preparados, además de una solución para las personas celíacas. Algunos de los espesantes que encontramos en el mercado son la goma arábiga, la goma de *garrofín* o la goma de *guar*, pero tal vez el más usado y uno de los más recomendables es la goma *xantana*, debido a su facilidad de uso. La *xantana* aporta densidad y viscosidad, y se puede trabajar tanto en frío como en caliente. Podemos incorporarla, por ejemplo, en caldos, para darles más cuerpo, o para ligar o trabar salsas.

PROCESO DE LA GOMA *XANTANA*

1. Pesar o medir el líquido al que queremos dar densidad y preparar la cantidad correspondiente de *xantana*, según las instrucciones de uso del producto.
2. Emulsionar la mezcla con el túrmix o las varillas.
3. Dejar reposar el producto, calentar o realizar un vacío si queremos que pierda el aire que ha podido coger por el batido.

GELIFICANTES

Son aditivos alimentarios que permiten obtener diferentes tipos de texturas gelatinosas: blandas, duras, rígidas o flexibles. Los hay de muchos tipos, que se adaptan también a las necesidades de la elaboración: si es fría o caliente, si debe soportar la congelación o si debe actuar en medios ácidos.

- **Gelatina de origen animal.** Es la gelatina clásica, procedente del colágeno que se obtiene de los tejidos de algunos animales hervidos en agua, como la de la cola de pescado, que se procesa en polvo o en finas láminas deshidratadas.
- **Pectina.** Se trata de una sustancia gelificante procedente de frutas, como la manzana o el limón. Es termorreversible, es decir, soporta los cambios de temperatura, lo que es muy habitual en mermeladas.
- **Agaragar.** Gelatina vegetal de origen marino que tiene la ventaja de mantener su propiedad gelatinosa hasta los 80 °C de temperatura, aproximadamente.
- ***Kuzu.*** Se obtiene a partir de la raíz de una planta trepadora de la familia de las leguminosas, típica de Asia. Se usa también como espesante.

BECHAMEL CON *KUZU* Tiempo: 15 min

INGREDIENTES

1 l de leche • 70 g de mantequilla • 35 g de kuzu

Sal • Pimienta blanca • Nuez moscada

ELABORACIÓN

1 Para saber la cantidad necesaria de *kuzu* de una preparación, primero debemos pesar o medir el líquido al que queremos dar densidad, y tomamos la proporción de *kuzu* según las instrucciones de uso del producto. En este caso, para 1 litro de leche, corresponden 35 gramos de *kuzu*.

2 Hervimos la leche con la mantequilla, la nuez moscada, sal y pimienta. Podemos reservar una pequeña parte de la leche para emulsionar en ella el *kuzu*.

3 Deshacemos el *kuzu* con la leche reservada en frío –o con una pequeña cantidad de agua– y lo emulsionamos con la ayuda de las varillas.

4 Incorporamos el *kuzu* emulsionado en el cazo con la leche caliente, filtrándolo con un colador.

5 Cocemos a fuego suave hasta obtener la densidad y la textura que deseemos.

CALDO DE VERDURAS A BAJA TEMPERATURA CON AROMAS DE OTOÑO

Tiempo: 4 h | Nivel: alto

INGREDIENTES PARA 4 PERSONAS

500 g de caldo de verduras ▪ *75 g de aceite de girasol*
1,5 g de goma xantana ▪ *20 g de queso Comté*
20 g de alcaparras ▪ *60 g de calabaza*
20 g de vinagre de granada ▪ *15 g de azúcar*
1 cebolla pequeña de Figueres
1 alcachofa ▪ *2 naranjas*
Hojas de perifollo y de eneldo

ELABORACIÓN

1 Ponemos a punto de sal el caldo de verduras y lo texturizamos triturándolo junto con la goma *xantana*. Lo colamos y, si disponemos de botes de vacío, efectuamos un par de vacíos para desairear la sopa. Si no es así, dejamos reposar el caldo 6 horas para que pierda el aire que habrá incorporado al montarlo con este espesante.

2 Cortamos el queso en dados muy pequeños.

3 Trituramos las alcaparras con un poco de caldo de verduras hasta conseguir una textura densa.

4 Cocemos al vapor la calabaza (también podemos hervirla) hasta que esté blanda, y entonces la enfriamos. La deshidratamos introduciéndola en el microondas unos 30 segundos a potencia media. Seguidamente la trituramos con el brazo triturador para obtener un puré espeso.

5 Exprimimos las naranjas y colocamos su zumo con el azúcar en un pequeño cazo. Cocemos a fuego suave hasta que consigamos una reducción del 80 %, de manera que, cuando se enfríe, quede un preparado denso. Es importante realizar la reducción a fuego muy suave.

6 Impregnamos la cebolla, cortada en juliana, con el vinagre de granada. Para ello introducimos ambos ingredientes en un bote de vacío y realizamos el vacío un par de veces.

7 Pelamos la alcachofa (*véase p. 110*). La cortamos en láminas e inmediatamente la sumergimos en un cazo con el aceite de girasol para confitarla a fuego suave durante 10 minutos.

8 Disponemos el caldo en un plato hondo.

9 Con la ayuda de pipetas de cocina, añadimos unos puntos de puré de alcaparras, de puré de calabaza y de naranja confitada. Incorporamos también el queso en dados, las láminas de alcachofa confitada y la cebolla infusionada, y finalmente decoramos con unas hojitas de perifollo y de eneldo.

A las virtudes de un caldo cocido al vacío y a baja temperatura se les suma el aroma otoñal que les aportan los ingredientes, así como la textura especial de la xantana. *Este espesante natural ayuda a que el caldo, al ser más denso, permanezca unos segundos más en contacto con nuestras papilas gustativas, por lo que añade persistencia a los gustos y podemos saborearlos mejor.*

ÑOQUIS CON MEJILLONES AL AZAFRÁN

Tiempo: 6 h (12 h para enfriar) | Nivel: medio

INGREDIENTES PARA 4 PERSONAS

Para el aceite de perifollo

60 g de aceite de oliva • 5 g de perifollo • Sal

Para el agua de azafrán

100 g de agua • 1 g de azafrán

Para el puré de patatas

500 g de patatas monalisa • 70 g de mantequilla

30 g de aceite de oliva virgen extra • 6 g de sal

Para los ñoquis

200 g de puré de patatas • 60 g del agua de azafrán (de la elaboración previa) • 15 g de kuzu

Para la salsa de mejillones

250 g de agua de mejillones • 40 g de agua de azafrán

10 g de harina • 10 g de mantequilla • 80 g de nata

60 g de vino Chardonnay

Para decorar

Azafrán • Aceite de perifollo

ELABORACIÓN

1 Para elaborar el aceite de perifollo, picamos finamente la hierba y lo mezclamos con el aceite y la sal.

2 Para preparar el agua de azafrán, precalentamos el horno a 180 °C, colocamos el azafrán en un pequeño recipiente y lo calentamos durante 20 segundos. Calentamos el agua y agregamos el azafrán; retiramos del fuego e infusionamos durante 15 minutos.

3 Para hacer el puré de patatas, lavamos las patatas y las cocemos en el horno a 180 °C durante 45 minutos. Las pelamos, las pasamos por el pasapurés o por el tamiz e incorporamos el aceite, la mantequilla cortada en dados y la sal. Enfriamos y reservamos.

4 Para preparar los ñoquis, añadimos el *kuzu* al agua de azafrán en frío –reservamos unos 40 gramos de agua para la salsa– y batimos con el túrmix.

5 Mezclamos con el puré de patatas y cocemos en una sartén hasta obtener una masa que se despegue de la base de la sartén y que quede compacta. Dejamos enfriar, al menos, durante 12 horas.

6 Colocamos la pasta en una manga y hacemos cilindros. Los cortamos en rodajas de 1,5 centímetros de ancho.

7 Limpiamos los mejillones y los colocamos en una cazuela con el vino blanco. Tapamos y cocemos hasta que se abran. Colamos y reservamos su jugo.

8 Para elaborar la salsa de mejillones, en una pequeña cazuela mezclamos 200 gramos del jugo con el agua de azafrán reservada y ligamos con un *roux* *(véase p. 334)*. Cocemos durante 5 minutos e incorporamos la nata. Cocemos 2 minutos más hasta que consigamos una salsa cremosa y aterciopelada.

9 Calentamos suavemente los ñoquis y los mejillones en el microondas u horno a vapor. Los colocamos sobre la salsa y añadimos azafrán y aceite de perifollo.

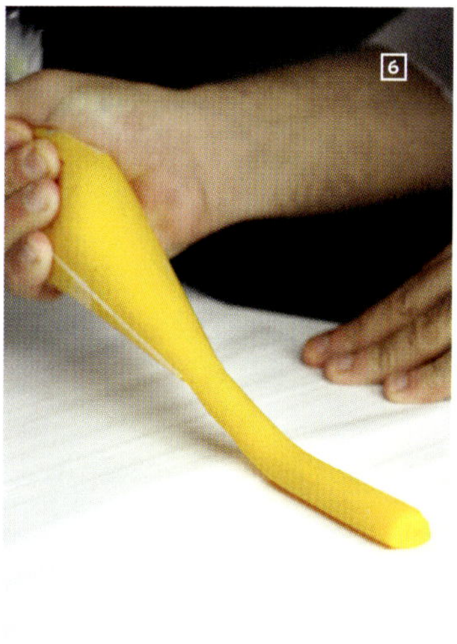

VIEIRA CON TEXTURAS DE CALABAZA Y MANDARINA

Tiempo: 1 h | Nivel: medio

INGREDIENTES PARA 4 PERSONAS

300 g de calabaza
7 g de agua
15 g de azúcar
4 vieiras grandes
2 mandarinas
Hojas de perifollo
Aceite de girasol
Sal y pimienta

Para los dados de calabaza

300 g de calabaza
Agaragar

Para las pipas garrapiñadas

30 g de pipas de calabaza
7 g de azúcar

ELABORACIÓN

1 Para elaborar el puré de calabaza, cortamos 300 gramos de calabaza en gajos y los cocemos al vapor. Los trituramos, los salamos y reservamos el puré.

2 Exprimimos las mandarinas y cocemos su zumo a fuego suave con el azúcar hasta reducirlo para conseguir un jugo concentrado de mandarina.

3 Trituramos unas hojas de perifollo con el aceite de girasol y sazonamos con sal.

4 Para elaborar los dados de calabaza, licuamos los restantes 300 gramos de calabaza para obtener 100 gramos de zumo de calabaza. Colocamos el zumo en un cazo e incorporamos el agaragar.

5 Cocemos el zumo hasta que hierva, removiendo constantemente con unas varillas para que el agaragar se deshaga del todo.

6 Colocamos la mezcla en una bandeja plana y la dejamos cuajar. Cuando esté cuajada, la cortamos en dados y los colocamos en una bandeja.

7 Para garrapiñar las pipas de calabaza, las colocamos en una sartén con el agua y el azúcar, y vamos cociéndolas y removiéndolas a menudo hasta que veamos que el azúcar empieza a panizar (a quedar blanco alrededor de la pipa).

8 Calentamos los dados de calabaza en el horno.

9 Sazonamos las vieiras con sal y pimienta, y las cocemos a la plancha con un poco de aceite.

10 Montamos el plato con una base de puré de calabaza. Añadimos la vieira, los dados, las pipas y unos puntos de reducción de mandarina. Aliñamos con aceite de perifollo y decoramos con sus hojas.

La vieira combina, en esta elaboración, con la suavidad y el dulzor de la calabaza presentada en diferentes texturas: un suave puré, unos dados gelatinosos y unas pipas crujientes. Gracias al agaragar, el zumo licuado de calabaza toma cuerpo, lo que aporta al plato concentración y autenticidad de sabores.

PEQUEÑOS COMPLEMENTOS

Todos ellos nos ayudan a perfeccionar nuestras recetas. Acompañan, enriquecen, armonizan y singularizan. La mayoría los incorporamos hacia el final del proceso de elaboración, pero también hay complementos, como los sofritos, que son la base del plato.

ACEITES COMPUESTOS Y AROMATIZADOS

Finalizar un plato con un buen aceite en crudo aporta el gusto y la untuosidad necesaria para que las texturas de los productos reluzcan más y mejor. Sin embargo, no todos los aceites son válidos para cualquier elaboración. Un aceite de aceituna virgen, por ejemplo, es apropiado para macerar unas aceitunas negras, pero no para aliñar un plato con flores, que necesita un aceite neutro más suave y respetuoso con los frescos aromas florales.

Los aceites pueden aromatizarse con infinidad de composiciones para complementar mejor determinadas recetas. Si elaboramos o escogemos los aceites aromáticos que mejor combinan con nuestros platos, estos ganarán un sutil valor añadido.

Estos aceites pueden elaborarse en frío o con una suave aplicación de calor. En el primer caso, el procedimiento es sencillo: basta con que la combinación entre el aceite y el elemento aromático casen adecuadamente. En el segundo caso, el uso del calor permite que los aromas volátiles se desprendan con más facilidad del producto para aromatizar el aceite.

ACEITES AROMATIZADOS EN FRÍO

- **Aceites de especias.** Mezclamos las especias con el aceite escogido, o bien las picamos junto con el aceite para posteriormente colar la mezcla y reservar.
- **Aceites de hierbas frescas.** Podemos utilizar hierbas como la albahaca, la menta, el estragón o el perejil, que aportan frescor y color al aceite. Se pueden elaborar de diferentes maneras: trituramos las hierbas con el aceite, o bien escaldamos las hierbas, después las enfriamos y entonces trituramos la preparación. En ambos casos, tras triturar las hierbas, debemos colar y reservar el aceite.
- **Aceites con complementos.** A los aceites les podemos añadir complementos tan aromáticos como las aceitunas, las trufas, los pimientos del piquillo, etc. El procedimiento es sencillo: trituramos el producto elegido con el aceite. En algunos casos debemos colar la mezcla, pero también podemos dejar parte o la totalidad del producto triturado. Un caso especial es el del aceite de aceitunas negras, puesto que previamente debemos deshidratar las aceitunas para después triturarlas, mezclarlas con el aceite y finalmente colarlas *(véase p. 313)*.

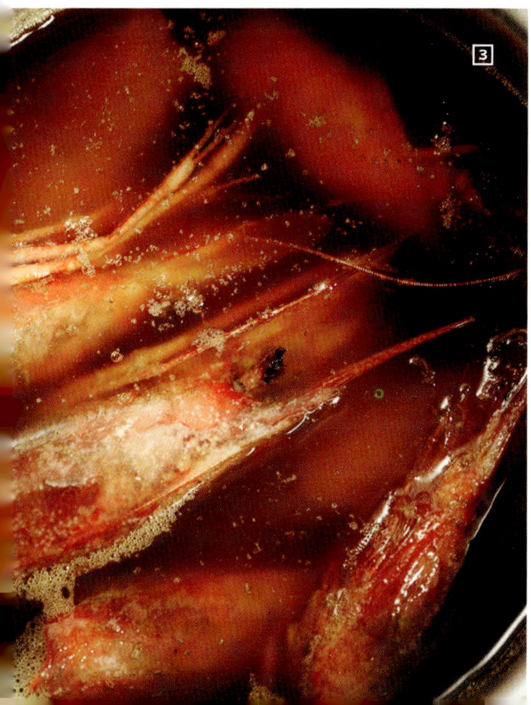

ACEITES ELABORADOS CON CALOR

▪ **Básicos.** Calentamos el producto escogido cubierto de aceite a una temperatura suave (entre 60 y 65 °C). El tiempo de cocción dependerá de las características de cada género; por ejemplo, un aceite de flores requerirá mucho menos tiempo que un aceite de especias. Con este procedimiento podemos aromatizar aceites con setas, cabezas y espinas de marisco y pescado. A veces, este proceso sirve al mismo tiempo para cocer un producto crudo; de hecho, así se confitan las setas.

También podemos utilizar un robot con control de temperatura, tipo Thermomix, para picar las hierbas con el aceite y calentar el preparado a unos 70 °C. Después, hay que enfriar la elaboración rápidamente, colar el aceite y reservarlo.

▪ **Envasados.** Envasamos el aceite al vacío, o en envases tipo botellas, con el alimento que lo aromatizará. Después lo sumergimos al baño maría y lo mantenemos durante tiempos variables, de 2 a 6 horas, a 65 °C. De este modo podemos elaborar aceites de vainilla, trufa, cayena, hierbas o especias. Una vez transcurrido el tiempo de cocción, enfriamos enseguida y colamos.

PROCESO DEL ACEITE DE GAMBAS

1 En una olla, doramos ligeramente las cabezas de las gambas con un poco de aceite de girasol.

2 Una vez doradas, cubrimos las cabezas de las gambas con más aceite de girasol y las dejamos confitar a 65 °C durante 6 horas.

3 Enfriamos y reservamos. No es necesario colar el caldo hasta el momento de utilizarlo.

MANTEQUILLAS COMPUESTAS

La mezcla de mantequilla y otros ingredientes se utiliza mucho para elaborar canapés. Es el caso de las mantequillas de roquefort, de sobrasada, de atún, de anchoa, de espinacas, con nueces, con miel, con huevo duro, con aceituna y con piñones. Pero las mantequillas compuestas pueden tener otras muchas aplicaciones. Para guarniciones, por ejemplo, sugerimos hacerlas de hierbas y/o especias, de *curry*, de hierbas anisadas, de *romesco*, de limón o de pimientas. Hay también algunas fórmulas clásicas, como la elaboración de la Maître d'Hôtel, una mantequilla guarnecida con perejil y zumo de limón.

Para conseguir una textura más etérea y suave, es recomendable montar la mantequilla a máquina, como si se tratara de nata, e incorporar el producto en el montado. Si la vamos a utilizar para glasear, se incorpora yema de huevo.

PROCESO DE LA MANTEQUILLA COMPUESTA

1 Atemperamos la mantequilla, pero nunca con calor directo (no debemos ponerla ni en el microondas ni al fuego, ya que si se funde pierde su propiedad mantecosa), sino simplemente cortándola en dados y dejándola 1 hora fuera de la nevera.

2 Con la ayuda de una espátula o de las varillas, la amasamos hasta conseguir una textura de pomada.

3 Mezclamos la mantequilla con el alimento escogido, que normalmente habremos elaborado en forma de puré para que la mezcla sea más homogénea.

4 La sazonamos con sal, pimienta o especias.

5 La conservamos en la nevera protegida con film.

Mantequilla de cítricos

200 g de mantequilla
10 g de limón confitado
1 baya de cilantro
1 baya de pimienta de Sichuan
10 g de piel de cítricos
4 g de sal

Mantequilla de eneldo

200 g de mantequilla
5 g de eneldo fresco
5 g de piel de limón confitado
10 g de mostaza en grano
4 g de sal

Mantequilla de *curry*

250 g de mantequilla
5 g de curry
5 g de coco en polvo
5 g de sal

Mantequilla de tomate y pimentón

250 g de mantequilla
30 g de tomate en polvo
5 g de pimentón de la Vera
5 g de sal

1

SALES COMPUESTAS

El retoque de sal, o rectificación, en términos culinarios, es el último detalle antes de servir el plato. Incluso este sencillo gesto puede ser especial, si singularizamos la sal con elementos aromáticos *(foto 1)*.

En los comercios hallaremos un buen surtido de propuestas: sales de hierbas, de especias, de limón y pimienta, de *gomasio* (de sésamo)... No obstante, siempre podemos personalizar nuestras sales, puesto que se trata de un proceso muy sencillo que solo requiere mezclar los elementos aromáticos con la sal y reservarla en un lugar fresco y sin humedad, o en botes herméticos en la nevera. El tipo de sal recomendable a tal fin es la flor de sal, ya que es la que ofrece un gusto más neutro y natural.

2

BOUQUET GARNI

Este ramillete de hierbas aromáticas, simple y a la vez lleno de matices, es un clásico de tradición francesa, y uno de nuestros invitados especiales en muchas preparaciones como caldos, guisos o estofados. Se compone de laurel, tomillo, romero y perejil, y se introduce en estas elaboraciones atado y a veces rodeado de verduras para proteger las hierbas y que no se mezclen con la elaboración, o, más modernamente, en bolsas especiales de cocción, porosas, inertes, flexibles y resistentes al calor, que permiten que el *bouquet* desprenda su aroma sin que se deshaga su contenido en el caldo *(foto 2)*.

Estos ramilletes pueden actualizarse con sabores especiales como los que ofrecen las raíces de jengibre, las especias e infinidad de complementos aromáticos de otras culturas, cada vez más presentes en nuestras cocinas, y que pueden complementar y singularizar nuestras recetas.

1

2

3

COMPLEMENTOS CRUJIENTES

Los picatostes de pan tostado son todo un clásico, aunque hoy en día los hay más finos y sofisticados. Su objetivo sigue siendo el mismo: introducir contraste, complementar, diferenciar... Nunca pasan desapercibidos y contribuyen a que el comensal preste atención a lo que está comiendo.

TIPOS DE CRUJIENTES

- **Crujientes.** Verduras deshidratadas en la máquina deshidratadora, al horno o en el microondas *(foto 1)*.
- **Picatostes o láminas.** Pan cortado en dados o en láminas, frito o tostado al horno *(foto 2)*.
- **Liofilizados.** Variante industrial de las verduras, hortalizas y frutas deshidratadas. Por medio de un complejo sistema se consigue eliminar el agua de los alimentos, manteniendo gran parte de su sabor. El mercado ofrece productos muy interesantes y de gran calidad *(foto 3)*.
- **Chips de verduras.** Verduras fritas deshidratadas para ofrecer una textura crujiente. Pueden servirse solas, como aperitivo o como guarnición.

SOFRITOS, PICADAS Y MAJADOS

Los sofritos entran en el primer acto de la función, y las picadas y los majados en el último, pero todos ellos son fundamentales para la elaboración final.

Hay sofritos de varios tipos según los ingredientes que incorporen, aunque tenemos predilección por el sofrito básico de ajo, cebolla y tomate *(fotos 1 a 9)*. Se elabora sin prisas, confitando la cebolla –sin freírla– *(foto 7)* para que su gusto impregne la elaboración, y añadiendo una pequeña cantidad de tomate *(foto 8)*, que evitará que la cebolla se queme y fijará el sabor. Los robots de cocina pueden ayudarnos a reducir el largo tiempo de elaboración de un sofrito aplicando una temperatura de cocción suave *(fotos 4 a 6)*.

Merece la pena hacer sofrito de más para guardarlo para próximas elaboraciones, puesto que podemos conservarlo fácilmente en botes herméticos o incluso congelarlo en cubitos.

Por su parte, las picadas y los majados aportan las notas finales de sabor y textura a las elaboraciones. En muchas ocasiones ayudan a ligar la salsa, pero también pueden utilizarse como adobos para enriquecer los alimentos antes de su cocción. Existen tantos tipos de majados como zonas geográficas y culturas culinarias locales. Su elaboración consiste, sencillamente, en picar todos los elementos en un mortero o con el brazo triturador.

TIPOS DE PICADAS Y MAJADOS

- Ajo, perejil y aceite.
- Ajo, perejil y frutos secos (nueces, avellanas, almendras o piñones).
- Ajo, perejil, frutos secos y galletas o pan frito.
- Perejil y azafrán.
- Ajos, hígados, frutos secos, orégano y brandy o jerez seco.
- Ajo, perejil, carquiñoles, azafrán, hígado de pescado y anís.
- Huevo duro, perejil y zumo de limón.

1

2

3

4

5

6

7

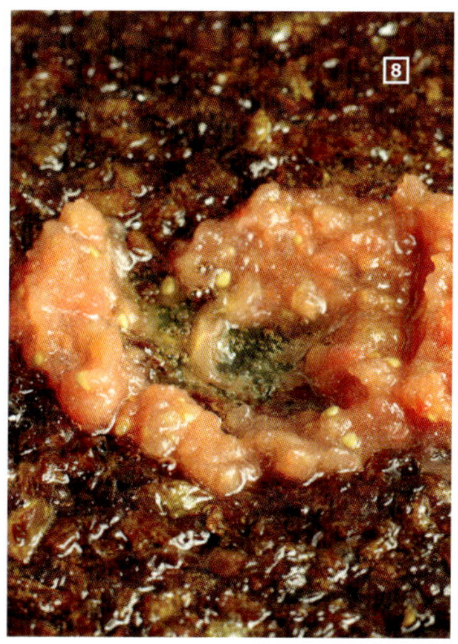
8

9

GLOSARIO

GLOSARIO

Abrillantar. Embellecer un género dándole brillo mediante gelatinas, jaleas, grasas o almíbar.

Acanalar. Realizar cortes longitudinales en la piel de frutas (sobre todo cítricos) o los vegetales (calabacín, pepino, etc.) para decorarla.

Acidez. Indicación de la fuerza ácida de un producto. Se mide científicamente en pHmetros.

Aditivo alimentario. Sustancia sin poder nutritivo que se añade intencionadamente a un producto o elaboración alimentaria para asegurar su conservación, facilitar o mejorar el proceso de elaboración, o modificar sus características organolépticas.

Adobar. Introducir un producto en un preparado más o menos líquido -normalmente con aceite- con la intención de conservarlo, aromatizarlo y, en el caso de las carnes, ablandarlo.

Agaragar. Aditivo alimentario que se extrae de ciertas algas rojas. Hidrato de carbono tipo fibra que se utiliza como gelificante y, por sus propiedades, es un hidrocoloide. En la cocina se suele utilizar como una gelatina caliente.

Alginato. Sal orgánica derivada del hidrato de carbono tipo fibra utilizado como gelificante, espesante y estabilizante. Se extrae de algas pardas.

Almidón. Hidrato de carbono complejo y digerible que constituye la principal reserva energética de casi todos los vegetales. Pertenece al grupo de los glicanos y, por lo tanto, está formado solo por cadenas de glucosa. Por sus propiedades es un hidrocoloide. En la cocina se usa comúnmente en la elaboración de la crema catalana.

Amargo. Uno de los sabores fundamentales que podemos detectar. En la industria alimentaria se considera la quinina como el patrón de amargor.

Amasar. Hacer una masa amalgamando varios ingredientes, que puede trabajarse con las manos o usando una amasadora.

Antiespumante. Producto que impide o reduce la formación de espuma en los alimentos.

Antioxidante. Producto que evita la oxidación de los alimentos. Los aditivos antioxidantes más destacados son los tocoferoles, dos productos artificiales como el butilhidroxianisol (BHA E-320) y el butilhidroxitolueno (BHT E-321). También se utilizan como antioxidantes naturales productos ácidos como el limón o el vinagre, así como el perejil.

Aroma. Percepción recibida por el olfato, por vía retronasal, al captar sustancias volátiles que proporcionan un determinado olor que estimula el olfato. Se relaciona con el *flavour.*

Arropar. Cubrir un género o una masa con un paño para que no se reseque, en el caso del género, o para que fermente, en el caso de la masa.

Ascórbico (ácido). Ácido orgánico utilizado como aditivo antioxidante y aporte vitamínico.

Astringente. Matiz gustativo causado por productos que contraen las capas superficiales de la lengua y provocan una sensación mixta entre el amargor y la sequedad intensa.

Asustar. Interrumpir la cocción de un caldo o guiso por medio de la adición de agua o caldo frío.

Bañar. Emborrachar o abrillantar un producto.

Baño maría. Método de cocción en el que la elaboración se introduce en un recipiente que a su vez se coloca en otro que contiene agua caliente. Este método se emplea para cocer flanes, terrinas o cremas, y también se utiliza para atemperar o encintar cremas o gelatinas.

Biodegradable. Producto que se descompone con el tiempo por acción de los microorganismos. Todos los productos alimentarios son biodegradables, exceptuando la sal, el agua y algunos aditivos.

Blanquear. Escaldar un alimento para depurarlo y eliminarle el mal gusto, olor y sabor.

Boquilla. Instrumento cónico, normalmente de latón o plástico, que se adapta a la manga pastelera con el fin principal de decorar tartas o rellenar.

Bouquet garni. Ramillete o atadillo de hierbas aromáticas que se suele añadir en caldos y estofados.

Bresear. Cocinar un género junto con una *bresa* (hortalizas, vino, caldo, especias).

Bridar. Coger o atar un género con un hilo bramante para que conserve su forma durante la cocción.

Brocheta. Aguja o varilla para asar pequeños trozos de carne, pescado o vegetales.

Caramelizar. Agregar azúcar o caramelo líquido a un molde para que cristalice o lo dore.

Caramelo. Punto de azúcar que adquiere un color tostado y dulce con la cocción.

Carbonara. Crema utilizada para acompañar a la pasta italiana cuyos principales ingredientes son el beicon, la nata y la yema de huevo.

Castigar. Agregar zumo de limón a un jarabe para que caramelice. También se dice de la acción de golpear una carne para romperle los tendones, ablandarla y enternecerla.

Cincelar. Cortar finamente las hortalizas en forma de filamentos. También se refiere a realizar incisiones en pescados para mejorar su cocción.

Cítrico (ácido) (E-330). Ácido orgánico presente en numerosas frutas, sobre todo cítricos (limón, naranja), que se utiliza como aditivo regulador de la acidez y también como conservante.

Clarificar. Operación cuyo objetivo es limpiar sustancias turbias para que se vuelvan límpidas y claras. Se realiza en consomés, gelatinas y mantequillas para volverlos prácticamente transparentes.

Clavetear. Introducir clavos de especia (también llamados clavos de olor) en rodajas de limón o cebolla para aromatizar escabeches, caldos o guisos.

Coagular. Solidificar un líquido mediante la aglutinación de los grandes conglomerados de moléculas que contiene. El líquido se convierte en un sólido gelatinoso, lo cual puede facilitar la separación entre el sólido y el resto del líquido.

Cocer a la inglesa. Cocinar hortalizas o verduras con abundante agua hirviendo, y acto seguido refrescarlas para cortar la cocción.

Cocer o caer en blanco. Cocinar con poca grasa un preparado sin que tome color, o bien cocer una masa en un molde sin relleno.

Colágeno. Proteína que posee propiedades emulsionantes, aireantes y gelificantes.

Coloidal. Relativo a los coloides, que son la dispersión de partículas en un medio continuo.

Concassé. Tipo de corte *grosso modo*, que se refiere principalmente al tomate.

Concentrar. Reducir un líquido, jugo o caldo.

Conservación. Procedimiento destinado a alargar la vida útil de un alimento o a asegurar su perdurabilidad en condiciones aptas para el consumo. Puede ser de tipo físico (esterilización, congelación, etc.) o químico (adición de conservantes).

Cordón. Nombre que recibe el círculo que se dibuja sobre una preparación para decorar un plato.

Cornete. Cucurucho de papel a modo de pequeña manga que se utiliza para decorar un plato.

Coulis. Salsa o mermelada concentrada que se utiliza para realzar platos o postres.

Cuajar. Espesar caldos o cremas por medio de la acción del fuego o de coagulantes.

Decantar. Separar un líquido de su poso, dejando que repose primero para que las impurezas se depositen y vertiéndolo después en otro recipiente.

Desglasar. Añadir vino a una placa de asar o sartén para extraer la grasa o jugo.

Desbarbar. Eliminar los restos de huevo en forma de hilos fritos y rebozados, o bien recortar las barbas del pescado y el marisco.

Desbrozar. Eliminar las partes no comestibles de las verduras y las hortalizas.

Desollar. Quitar la piel del animal.

Despojos. Vísceras, cabezas, patas, cuellos, crestas y otras partes comestibles de las aves y las reses, diferenciadas de la carne.

Dorar. Tostar los alimentos al fuego para proporcionarles un color dorado.

Duxelle. Término francés que designa un picadillo de setas, jamón natural, trufas, champiñones y chalotas. También se denomina así la mezcla de picadillos de verduras que se usan como relleno.

Edulcorante. Todo compuesto químico que produce un sabor dulce. Se pueden dividir en azúcares y aditivos edulcorantes. Habitualmente, el nombre de edulcorante se reserva solo para los aditivos.

Emborrachar. Empapar un bizcocho de almíbar perfumado para darle sabor y consistencia.

Empanar. Pasar un género por harina, huevo y/o pan rallado para, acto seguido, freírlo.

Emplatar. Disponer un género en el plato o en la bandeja para ofrecer el servicio.

Emulsión. Dispersión de un líquido en otro no miscible (mezclable) con él. Como la leche, compuesta de grasa y agua, o la mayonesa, de gotas de aceite dispersas en agua.

Emulsionante. Producto que posibilita la formación y el mantenimiento de una emulsión o mezcla homogénea de dos líquidos no miscibles entre sí, como el aceite y el agua. Las lecitinas y algunas grasas actúan como emulsionantes.

Emulsionar. Batir con el fin de montar o ligar.

Encamisar. Cubrir las paredes de un molde con un género: tocino, zanahorias, etc.

Encintar. Dar el punto adecuado a natas, gelatinas y cremas, con la ayuda de hielo.

Encolar. Adicionar gelatina líquida a un preparado.

Enranciamiento. Descomposición de las moléculas de las grasas, generalmente a causa de las enzimas; los ácidos grasos se oxidan y proporcionan mal sabor, lo que da percepción de rancio.

Enriquecer. Agregar un concentrado o esencia a un producto o elaboración.

Envejecer. Dar tiempo a una carne (generalmente de caza) para que adquiera un sabor más fuerte. Se usa como sinónimo de reposar o madurar.

Enzima. Proteína que actúa como catalizador biológico, es decir, que es capaz de descomponer o sintetizar otras sustancias sin que se vea afectada.

Escabechar. Poner un género en un líquido para conservarlo y para darle un sabor característico.

Escalfar. Cuajar un alimento en agua hirviendo o en otro líquido. Se conoce también como pochar.

Escarchar. Cubrir un género con almíbar y mantenerlo durante un tiempo para que este, al sacarlo, quede como una capa de azúcar.

Escudillar. Echar caldo hirviendo sobre el pan con que se hace la sopa. También se dice del proceso de trabajar una masa, coagulada o semicoagulada, con una manga pastelera. Se escudilla cuando rellenamos piezas, cuando las echamos sobre una bandeja de cocción, cuando decoramos una tarta, cuando estiramos una plancha, etc.

Espolvorear. Cubrir la superficie de un género con azúcar glasé, cacao u otros productos en polvo.

Espumar. Eliminar las impurezas de la superficie de los caldos con la ayuda de una espumadera.

Esterilización. Proceso de conservación mediante el cual se destruyen los microorganismos.

Estofar. Cocer el alimento lentamente, con poco o ningún líquido, en un recipiente cerrado.

Estufar. Someter una masa con levadura a una temperatura adecuada para que suba o fermente.

Faisandé. Sabor parecido al del faisán que toman algunas especies de caza al envejecer. Ave de caza.

Farsa. Picadillo, ingredientes diversos mezclados y ligados que se utilizan para rellenar.

Fécula. Harina del almidón que se extrae de los tubérculos (patatas, tapioca, etc.).

Fermentación. Transformación química llevada a cabo por microorganismos (bacterias, hongos) en combinación, habitualmente, con hidratos de carbono. Hay excepciones, como la fermentación maloláctica del vino.

Flambear. Hacer arder un líquido con alcohol en una elaboración para proporcionarle un aroma característico y un gusto intenso.

Flavour. Término anglosajón que describe el conjunto de percepciones organolépticas (olfativas, gustativas y táctiles) de un producto alimentario.

Gelatina (cola de pescado). Mezcla de proteínas solubles en agua utilizadas como gelificantes. Por sus propiedades es un hidrocoloide.

Gelificante. Producto que da textura a un elemento mediante la formación de un gel. Por sus propiedades pertenece a la familia de los hidrocoloides.

Glasear. Rociar las viandas con su propio jugo y meterlas en el horno para abrillantarlas.

Glucosa. Hidrato de carbono simple (monosacárido). Es un tipo de azúcar utilizado como edulcorante. Conocido en gastronomía y en la industria alimentaria con el nombre de *dextrosa.*

Grasa. Sustancia orgánica (lípido) formada por la combinación de ácidos grasos con glicerina.

Helar. Coagular una mezcla hasta solidificarla utilizando una temperatura baja, 4 °C.

Heñir. Amasar o trabajar la masa con los puños.

Hidratar. Aumentar el contenido de agua.

Hidrato de carbono. Compuesto bioquímico que aporta energía o fibra al organismo.

Homogeneizar. Procedimiento que uniformiza una mezcla de sustancias que están en suspensión.

Incisión. Corte superficial en las viandas para facilitar la cocción en su interior.

Lactosa. Hidrato de carbono de los lácteos.

Laminar. Cortar un género en forma plana.

Lecitina (E-322). Aditivo natural de los fosfolípidos utilizado como emulsionante y antioxidante.

Levadura. Nombre de un grupo de hongos unicelulares muy abundantes en la naturaleza que se usan para producir fermentaciones.

Levantar. Llevar a ebullición un líquido: a 90 °C se hierve y a 75 °C se pasteuriza.

Ligar. Espesar una elaboración líquida.

Liofilización. Técnica que consiste en una deshidratación por sublimación (paso directo de sólido a gas) mediante un calentamiento al vacío.

Lustrar. Espolvorear con azúcar glasé o lustre.

Maillard, reacción de. Conjunto muy complejo de reacciones químicas entre aminoácidos e hidratos de carbono como consecuencia de aplicar alta temperatura (plancha, horno, brasa, guiso, etc.) a algunos alimentos, mediante la cual adoptan una coloración dorada y un gusto característico.

Marcar. Preparar un plato antes de la cocción.

Marchar. Empezar la preparación de un plato.

Mirepoix. Corte de hortalizas en cubos pequeños.

Mise en place. Preparación del género y los utensilios necesarios para la confección de un plato.

Mojar. Añadir a un preparado el líquido necesario para su cocción o para elaborar la salsa o el jugo.

Moldear. Poner un producto o preparación en un molde para que adquiera su forma.

Mondar. Pelar frutas o vegetales.

Montar. Colocar un género en un plato o en una bandeja para su presentación.

Napar. Cubrir totalmente un género con una salsa.

Nitrógeno líquido. Elemento que por encima de -196 °C es un gas, y que se lleva a temperaturas de entre -196 y -21 °C para mantenerlo líquido.

Nutrición. Función básica de todos los organismos vivos para asegurar su desarrollo y un crecimiento óptimo mediante la alimentación.

Nutriente. Toda sustancia de los alimentos útil para el metabolismo orgánico. Los nutrientes pertenecen a los grupos genéricamente denominados proteínas, hidratos de carbono, lípidos, minerales, vitaminas y agua, y todos ellos son indispensables para un buen mantenimiento de la salud.
Olor. Sensación producida por partículas volátiles al entrar en contacto con el órgano del olfato.
Organoléptico. Capacidad de una sustancia (un alimento) para que pueda ser percibida por los sentidos (vista, olfato, tacto, gusto y oído).
Ósmosis. Proceso por el cual el agua pasa, a través de una membrana permeable, de una solución diluida a otra más concentrada.
Oxidación (alimentaria). Proceso por el que los alimentos, en contacto con el aire, van envejeciendo y perdiendo sus propiedades. Ello se debe a una pérdida de electrones por parte de una molécula o ion (átomo con carga eléctrica), que los cede a otra y cambia las características de ambas.
Oxígeno (E-948). Elemento. Gas componente del aire (21 %) y responsable de las oxidaciones alimentarias. Como aditivo (E-948) se utiliza para provocar oxidaciones intencionadas y controladas.
Pasado. En los géneros frescos crudos, define a los que bordean el grado de descomposición. En productos cocinados, el término se refiere a cuando están excesivamente cocidos.
pH. Medida del grado de acidez de un producto en una disolución acuosa.
Prensar. Someter un producto a algún tipo de presión para comprimirlo con un fin concreto.
Proteína. Compuesto bioquímico cuyas moléculas contienen nitrógeno y que contribuye a estructurar el organismo, además de aportar nutrientes.
Punto. Nivel correcto de sazonado y cocción.
Quinina. Alcaloide muy amargo que se extrae de la corteza de las plantas del tipo cincona (por ejemplo, del árbol de la quina).
Rancio. Matiz organoléptico desagradable provocado por la alteración química de las grasas.
Reacción. Transformación de unos compuestos químicos en otros por acción de los reactivos.
Rebozar. Cubrir un género con harina y huevo.
Rectificar. Poner a punto de sazonamiento o color.
Reducir. Disminuir el volumen de un preparado líquido mediante la evaporación.
Reforzar. Añadir a una salsa o sopa algún tipo de concentrado para darle más sabor.
Refrescar. Poner un género en agua fría circulante para cortar su cocción e impedir su amalgamiento.
Rehogar. Cocinar un género total o parcialmente con grasa y sin que tome color.
Roux. Harina y mantequilla a partes iguales. Puede ser blanco, rubio u oscuro.
Sabor. Característica gustativa y olfativa que se percibe en la boca por vía retronasal y que permite identificar los alimentos.
Sacarina (E-954). Producto artificial derivado del benceno (compuesto orgánico formado por 6 carbonos), utilizado como aditivo edulcorante.
Sacarosa. Nombre químico del azúcar. Es un hidrato de carbono formado por la unión de la glucosa (dextrosa) y la fructosa. Esta última es la que aporta la mayor parte del gusto dulce.
Salamandra. Aparato de cocción de panel irradiador utilizado en las cocinas profesionales para glasear, gratinar o caramelizar alimentos. El grill del horno, utilizado con la puerta entreabierta, puede ejercer la misma función que la salamandra.
Salar. Poner en sal un producto crudo.
Salmuera. Solución de agua y sal a la que, en ocasiones, se le suma algún elemento aromático.
Saltear. Cocer un alimento a fuego vivo con poca grasa y haciéndolo saltar para que no se pegue.
Sazonar. Acentuar el sabor de un producto mediante la sal u otros condimentos.
Sofreír. Cocer en grasa lentamente. Rehogar.

Soluble (producto). Producto que, por sus características físicas y/o químicas, puede disolverse en otro al que llamamos *disolvente*.

Sudar. Salar y dejar reposar un alimento (sobre todo hortalizas como el calabacín o la berenjena) para que pierda fuerza y elimine su acidez. También se dice de cocer un género con grasa y con su propio vapor sin que tome color.

Tamizar. Separar, con la ayuda de un tamiz, la parte gruesa o los restos de productos como la harina.

Textura. Propiedad física (densidad, viscosidad, tensión superficial, dureza, etc.) de un producto que le otorga unas características perceptibles por los sentidos, sobre todo por el tacto.

Trabajar. Remover o batir las salsas.

UHT (uperización). Tipo de esterilización que se aplica sobre el producto a una temperatura de entre 140 y 150 °C durante 2 o 4 segundos, con la finalidad de eliminar todos los microorganismos.

Umami. Sabor básico según la división de gustos que se establece en Japón. Se asocia con una sensación metálica o mineral en la boca.

Volátil. Nombre que se da a las moléculas cuando, a causa de su evaporación, se hallan en suspensión o en disolución en el aire.

Xantana **(goma) (E-415).** Hidrato de carbono tipo fibra que se utiliza como aditivo espesante y estabilizante. Por sus propiedades es un hidrocoloide.

ÍNDICE DE RECETAS

FONDOS BÁSICOS

SALSAS Y COMPLEMENTOS

ÍNDICE ANALÍTICO

D

E

W

X

Y

Z

AGRADECIMIENTOS

Son muchas las personas que han colaborado en esta obra; nos sentimos orgullosos. Sin ellas, este libro no habría sido posible, y por ello queremos agradecer su ayuda sincera.

A Joan Pujol, por su extraordinario trabajo, paciencia e implicación. Han sido horas y horas de trabajo, de comentarios y de discusiones que han cuajado en una fotografía maravillosa.

A toda la gente que ha intervenido en el proceso, nada fácil, de elaborar este libro; en concreto, al tándem Montse Armengol y Laura Hoet, y también a Àgata Olivella, que se han implicado durante casi un año en nuestro trabajo.

Por supuesto, a la gente de Editorial Planeta que nos ha apoyado en todo momento, Javi Moreno y David Figueras.

A algunas empresas amigas que nos han apoyado: Lékué, Cata y al equipo de suministros Girona, por su amabilidad y su colaboración, y a Quico de Sosa, por sus productos tan especiales.

A los especialistas que nos han ayudado con los textos: Mireia Anglada, que ha tratado tan correctamente el tema de cocina y salud, y Annette Abstoss, que nos ha revelado los secretos de los germinados.

Al gran equipo de personas de El Celler, que han ayudado en todo momento en la preparación de las recetas y han aportado una mirada crítica. En especial, a Choi, reina de la cocina asiática y de los consejos extravagantes; a Ignacio, que nos ha ayudado y nos ha suministrado productos, soporte logístico y felicidad; al doctor Hernan, rey de la ironía culinaria; a Amanecer; a Mike; a Xavi; a Àlex, Gallego, y en definitiva a todo el maravilloso equipo de El Celler de Can Roca.

Y, naturalmente, queremos dar las gracias a nuestra familia, con quien compartimos la cocina y la vida. Sin ella, nuestra cocina sería una cocina sin pasión.

Joan Roca y Salvador Brugués

Impreso en
EGEDSA
Sabadell (Barcelona)